MW01167475

2,000.

C

RENDIMIENTO DEPORTIVO

Claves para la optimización de los aprendizajes

Luis Miguel Ruiz Pérez
Fernando Sánchez Bañuelos

RENDIMIENTO DEPORTIVO

Claves para la optimización de los aprendizajes

© Gymnos Editorial Deportiva
c/ García de Paredes, 12. 28010 Madrid
E-mail: Gymnos@accessnet.es

Composición y Montaje: Editorial Gymnos
Dirección Editorial y Diseño: Editorial Gymnos

I.S.B.N.: 84-8013-103-9
Depósito Legal M-25932-1997

Impresión: TGA, S.L. - Mantuano, 27 - 28002

Impreso en España - Printed in Spain.

A los deportistas, entrenadores
y todos aquellos que han hecho posible
los grandes avances del deporte español.

AGRADECIMIENTOS

Han pasado años desde que un día decidimos emprender esta empresa. Desde entonces hasta la fecha hemos recibido el apoyo y el ánimo de muchas personas, de ahí que como se suele decir, para sentirnos bien nacidos, deseamos agradecer estos apoyos y colaboraciones que hemos recibido.

En primer lugar, al Comité Olímpico Español que abordó con gran ilusión la tarea de formar y reciclar a los entrenadores y entrenadoras españoles, y podemos decir que lo ha conseguido. En esta labor deseamos destacar a Manuel Llanos, Juan José González Badillo y a Fernando Navarro, responsable y miembros del Centro Olímpico de Estudios Superiores (COES) con los que de forma más cercana hemos desarrollado nuestra labor académica y docente.

Del mismo modo queremos agradecer las críticas, apoyos y sugerencias que los cientos de alumnos del COES y del Instituto Nacional de Educación Física de Madrid (UPM) nos han hecho en los últimos años, ellas nos han permitido mejorar nuestras propuestas iniciales.

A la Biblioteca del COES y del INEF de Madrid, siempre dispuestos a responder a nuestras sugerencias bibliográficas y documentales.

Y a nuestras familias, que calladamente vienen soportando que nos obsesionemos con este tipo de proyectos y les robemos un tiempo que merecen.

A todos ellos nuestro más sentido agradecimiento.

Dr. Luis Miguel Ruiz Pérez (Ajalvir, Madrid)
Dr. Fernando Sánchez Bañuelos (La Navata, Madrid)

PROLOGO

No es habitual que unos Profesores Universitarios soliciten de un deportista que les prologue su obra. No parece normal que los protagonistas del hecho deportivo den el visto bueno a quienes tratan de estudiarlo, analizarlo y mejorarlo, y menos que una antigua alumna presente la obra de quienes fueron sus docentes.

Los profesores Luis Miguel Ruiz Pérez y Fernando Sánchez Bañuelos me han pedido que escriba el prólogo de su libro: **Rendimiento deportivo. Claves para la optimización de los aprendizajes**, y he pensado que ésta sería una excelente ocasión para exponer algunos pensamientos.

Todos aquellos que nos hemos dedicado al alto rendimiento deportivo sabemos que existen numerosos condicionantes que influyen en nuestras actuaciones. Son millones los ensayos que hemos realizado de forma callada y esforzada en tatamis, canchas, gimnasios, piscinas, etc., para tratar de alcanzar unos resultados que a veces tardan en manifestarse y que incluso no se alcanzan.

Todos sabemos que cuando salimos a competir somos puro aprendizaje, somos la expresión del esfuerzo, de la motivación, de las ansiedades y del trabajo peor o mejor realizado. Somos Deportistas de Alto Rendimiento.

Sabemos que existen poderosas razones que gobiernan nuestras acciones y que tienen que ver, como explican los autores, con el control de nuestros movimientos, con la regulación de nuestras acciones técnicas en condiciones muy diferentes. Es muy probable que no lo denominemos así, pero todo lo que hacemos posee un término, ha sido o es estudiado, y es susceptible de mejora y optimización.

En una época en la que se piensa en ir de vacaciones al espacio, el deporte ha mejorado notablemente su bagaje de conocimientos. Hemos sido testigos de experiencias, de propuestas, de sugerencias que llevaban el sello de la mejora rápida y fulgurante , y todos hemos comprobado que lo que realmente nos hace mejorar es un deseo imperioso de ser excelentes en lo que hacemos, y ese es un aspecto que los autores tratan en este libro.

Hemos vivido en primera persona la importancia que tiene tomar buenas decisiones, actuar con estrategia y saber cuándo debemos aplicar las tácticas que hemos aprendido. Somos conscientes de la necesidad de poseer la energía necesaria, las aptitudes físicas y motrices afinadas como un piano, para poder rendir, pero que de poco valen si no la empleamos con inteligencia, o con lógica como también expresan los autores.

Sobre éstas y otras muchas cuestiones trata este libro, pero lo que más me ha llamado la atención es como combinan la explicación académica con multitud de ejemplos que hacen su lectura más amena.

Este libro es como el buen entrenamiento, un volumen de trabajo importante pero distribuido y presentado de forma atractiva para que el entrenador se comprometa de forma más fácil con su lectura. No es un libro sencillo, como tampoco lo son los deportes, pero sí es un libro necesario, y diría imprescindible.

El deporte español ha alcanzado peldaños inimaginables veinte años atrás. Hemos cosechado medallas de todo tipo de campeonatos mundiales, internacionales, Juegos Olímpicos, como para sentir que es resultado de un trabajo bien hecho, y yo he sido testigo y protagonista de ello. Detrás de cada medalla, de cada record, está la labor de los entrenadores y entrenadoras, de su preocupación y de su formación, cada día más científica, en la que libros como el presente han jugado un papel relevante.

El conocimiento y la investigación sobre el Deporte han aumentado notablemente, y libros como el presente son un exponente de ello. Los Profesores Ruiz y Sánchez Bañuelos llevan años comprometidos con la labor de mejorar el nivel de conocimiento de los entrenadores españoles. Su participación en el Master de Alto Rendimiento Deportivo, que el C.O.E. y la Universidad Autónoma de Madrid, vienen desarrollando desde hace años, es un ejemplo claro de este afán.

Rendimiento Deportivo: Claves para la optimización de los aprendizajes, es un texto que creo debería estar en las estanterías de todos los Entrenadores; estoy segura de que se convertirá en un punto de referencia para comprender las complejas situaciones que surgen cuando tratamos de perfeccionar los deportes.

Comenzaba este prólogo diciendo que es extraño que una deportista prologue un libro como éste, aunque lo realmente extraño es que dos Profesores Universitarios hayan captado con tanta precisión el sentir de aquellos que diariamente se afanan por alcanzar el máximo rendimiento y que optimizan, por emplear el término del libro, sus técnicas y tácticas con la esperanza de alcanzar algún día su trocito de gloria.

Miriam Blasco
Campeona del Mundo de Judo 1991
Campeona Olimpica de Judo. Barcelona 1992

INDICE

SEGUNDA PARTE

COMPLEJIDAD Y DIFICULTAD DE LOS DEPORTES

TERCERA PARTE

DETERMINANTES DE LA OPTIMIZACION DEL APRENDIZAJE DEPORTIVO

INTRODUCCION

DE LA INICIACION AL ALTO RENDIMIENTO DEPORTIVO

Como introducción a esta obra en la cual se van a tratar aspectos muy concretos del rendimiento deportivo, como lo son aquellos referidos a la ejecución y el aprendizaje de las acciones motrices que componen la práctica deportiva, queremos dar una visión global de lo que representa el proceso de llegar a ser un deportista de élite, es decir, antes de empezar a analizar las hojas de los árboles, parece conveniente en primer lugar, tener una panorámica del bosque.

Para que se pueda completar de manera satisfactoria el proceso óptimo de evolución del deportista, es decir, desde la iniciación hasta la consecución de un alto rendimiento, hay que considerar en primer lugar, que tiene que llevarse a cabo un proyecto que implica una cuidadosa planificación a largo plazo. Proyecto cuya realización puede dilatarse en el tiempo hasta varias décadas. En esta planificación a largo plazo es posible distinguir fases, que configurarán etapas bien diferenciadas en la carrera del deportista. Algunas de estas fases representan importantes jalones, tanto en lo que se refiere a los procesos de aprendizaje que subyacen en todo progreso deportivo, como en la capacidad de ejecución del deportista a través de su carrera deportiva.

La propia naturaleza reiterativa de la competición deportiva, con sus efemérides periódicas, fuerza a que la preparación esté sometida a una estructura cíclica, esto nos obliga a revisar, aunque sea muy sumariamente, los conceptos que fundamentan la evolución del entrenamiento a través de los estadios más importantes de la carrera del deportista, desde la formación básica a la culminación.

Por otra parte, en la programación de la preparación deportiva enfocada hacia el deporte de alta competición podemos distinguir una serie de grandes etapas: Iniciación, desarrollo, etc. Etapas que se superponen con los estadios evolutivos: infancia, adolescencia, etc., cada uno de ellos se distingue por un diferente nivel de concreción y especificidad en sus objetivos y contenidos, pero todos ellos entrelazados con los vínculos necesarios para que se realicen consecutivamente y de forma adecuada, las mejoras que al final del proceso han de conducir al éxito deportivo.

Desde otra perspectiva, nos encontramos con que en el extremo de mayor concreción de la programación, se encuentra la sesión de trabajo, es decir, los elementos que configuran el entrenamiento día a día. La sesión de trabajo, tomando el símil de Matveev (1983) constituye el eslabón básico en la cadena que supone todo proyecto a largo plazo de preparación deportiva. En el otro extremo, es decir, en el de mayor generalidad respecto a las metas y contenidos, encontraremos el proyecto global que supone la planificación a largo plazo de la carrera de un deportista.

En los niveles intermedios, una referencia muy importante la constituye, sin duda, la organización, extensión y distribución de la temporada anual de competición. Como hemos dicho, el carácter cíclico recurrente del desarrollo competitivo de cada deporte, condiciona en gran manera la estructura cíclica básica del entrenamiento deportivo en los mismos y en consecuencia la estructuración del binomio enseñanza-aprendizaje en relación con el deporte.

Los intervalos cuatrienales entre Juegos Olímpicos, es decir, las Olimpíadas, suponen otro punto de referencia importante en este sentido. Estos dos niveles, temporada y Olimpiada, constituyen los ejes temporales alrededor de los cuales se va a construir la planificación a largo plazo del deportista, y en la cual los procesos vinculados a los aprendizajes deportivos tienen que estar contemplados adecuadamente, para lo cual, para abordar de forma eficiente la enseñanza en el ámbito del deporte de alta competición será indispensable tener un conocimiento excelente de los mismos.

Junto a los conceptos implicados en la estructura temporal cíclica de la programación, resultan, asimismo, importantes los conceptos de carácter evolutivo, que nos van a llevar desde el de la iniciación deportiva, en el comienzo de la carrera del deportista, hasta la de «reinserción», una vez concluida dicha carrera, lo que supone adaptarle a unos niveles «normales» de actividad física.

Para tener una perspectiva más completa sobre el asunto que estamos tratando, será muy conveniente presentar las opiniones, y diversos puntos de vista, que manifiestan algunos destacados especialistas sobre el particular.

Platonov (1988) nos aporta las siguientes ideas:

> *«Sólo un entrenamiento seguido durante varios años permite obtener resultados deportivos de nivel elevado. Su estructura se debe elaborar en función de un determinado número de factores, como por ejemplo:*
> *- El número medio de años exigido por la disciplina o especialidad, para conseguir los resultados óptimos;*
> *- Los segmentos de edad en los cuales se manifiestan habitualmente estos resultados (fracciones de edad óptima);*
> *- Las cualidades individuales del atleta y el ritmo de crecimiento de sus cualidades deportivas;*
> *- La edad en que ha comenzado a entrenarse y especialmente aquella en que accede al entrenamiento específico.*

La planificación racional de un ciclo plurianual se basa en primer lugar en la determinación precisa de las fracciones de edad óptima. Normalmente se distinguen tres:

- El período de los primeros resultados;
- El período de las posibilidades óptimas;
- Finalmente, la del mantenimiento de los resultados elevados.»

Como vemos este autor distingue tres fases aunque, por supuesto, implica asimismo la existencia de una fase previa de iniciación, anterior a la de consecución de los primeros resultados de importancia. Asimismo, Platonov (1988) pone bastante énfasis en adecuar la planificación a los ritmos óptimos de progresión, íntimamente vinculados a la evolución de los aprendizajes, de acuerdo a lo que él denomina «ciclos plurianuales» y no «quemar etapas» en ningún caso.

L. Matveev (1983) por su parte distingue tres fases fundamentales en el desarrollo de un deportista de alta competición, que son las siguientes:

1. Fase de la preparación básica.
- Definición: fundamentación de la capacidad general física y deportiva.
- Duración: 4 a 6 años aproximadamente.
- Etapas: previa de la preparación deportiva; de especialización inicial.

2. Fase de la realización máxima de las posibilidades deportivas.
- Definición: progresión hasta el máximo resultado.
- Duración: variable según deporte.
- Etapas: preculminatoria; de las marcas superiores.

3. Fase de la longevidad deportiva.
- Definición: estabilización y descenso progresivo de los resultados.
- Duración: a partir de los 6 a 10 años desde la especialización en ese deporte en adelante.
- Etapas: de preservación de las marcas; de conservación del grado general de entrenamiento.

Estas fases y sus respectivas etapas no solamente cubren la carrera deportiva sino que prácticamente comprende la totalidad de la vida del deportista. A efectos de este libro, y como síntesis de los expuesto, vamos a distinguir fundamentalmente las siguientes fases en la carrera del deportista:

1 - Iniciación.
2 - Desarrollo.
3 - Optimización.
4 - Mantenimiento.
5 - Desentrenamiento.

Iniciación

Aunque la iniciación en el deporte es posible en cualquier momento de la vida, es natural que el término haya sido empleado, preferentemente, cuando se refiere a los más jóvenes en los cuales se augura una larga carrera deportiva.

Iniciar a los más jóvenes en el deporte debería ser contemplado de la misma manera que se analiza la iniciación de los escolares en la lectura, el cálculo o la informática. Es la fase en la cual el futuro deportista toma contacto con el mundo de los deportes, y preferentemente con uno o varios (pocos) deportes, de forma que se vayan sentando las bases de un deseo de perfeccionar y optimizar la competencia en uno de ellos.

En este proceso de toma de contacto se va estableciendo progresivamente el plan deportivo y al hablar de un proyecto a largo plazo para el desarrollo de deportistas competentes, esta fase posee, por sí misma, una especificidad propia y una serie de distinciones respecto a lo que significa una iniciación con propósitos fundamentalmente formativos y recreativos (Castejón, 1995).

Es habitual que consideremos que la educación física escolar es una "conditio sine qua non" del futuro desarrollo deportivo de un país, pero si se analiza con seriedad, ese mismo razonamiento cabría ser aplicado para las clases de dibujo-pintura, música o de lengua y literatura. Como educadores físicos somos conscientes de la necesidad de que las generaciones españolas reciban una adecuada educación física que les proporcione los medios de sentirse y ser mejores personas, pero no presuponemos que esta circunstancia tenga una relación directa con ser campeones, ya que la vía del alto rendimiento deportivo es una alternativa minoritaria dentro de la formación física y deportiva del individuo, en la cual se combinan de forma compleja, aspectos relativos a un conjunto de decisiones personales del deportista, dentro de un entorno circunstancial asimismo de carácter personal.

No obstante, no queremos significa. en forma alguna que se deban quemar etapas ni acelerar procesos en las fases iniciales de la práctica deportiva, que en ningún caso debe suponer una especialización precoz que lo único que conlleva son dificultades a largo plazo, cuando no a corto (ver Personne, 1987; Mandel, 1987 o Benezis, Simeray y Simon, 1986).

Desde otro punto de vista, hay que considerar con relación a una adecuada conceptualización de la iniciación deportiva, que esta fase no es un acontecimiento o sucesión de acontecimientos, sino un proceso que lleva consigo una vivencia global, que sin duda va a tener en las siguientes fases un tremendo impacto en los sucesivos aprendizajes deportivos de un posible campeón en el futuro. Consideramos que existen una serie de factores que la influyen de manera significativa, y que sería conveniente en este punto plantearlos y reflexionar sobre ellos en relación con la iniciación a la práctica deportiva:

1. Comienzo - primeras experiencias. La iniciación a la práctica de los deportes supone para el individuo las primeras experiencias en una serie de actividades que le dotarán de unas vivencias irrepetibles, que por su carácter de acontecimiento social tienen en la mayoría de los casos la cualidad de generar una serie de expectativas, tanto en el sujeto como en aquellos que le rodean, en las que muchas veces se mezclan el deseo por aprender y el logro de resultados, con un cierto temor a lo desconocido y la sensación ambivalente que produce la percepción de riesgo y atracción-rechazo, que generan no pocos deportes, por ejemplo, el esquí.

Por otra parte, sobre todo en este caso para los niños, estas primeras experiencias suelen tener en una gran cantidad de ocasiones un carácter de juego simbólico respecto al deporte de referencia, tal como se realiza sobre todo en su forma de competición reglada por el mundo adulto, éste es el caso del niño que con una pequeña pelota de goma espuma y una canasta de juguete colgada de la pared de su habitación, emula los mates de sus ídolos de la NBA, o el que sueña con participar en un maratón con los grandes del atletismo. A modo de ejemplo, si quieren anecdótico, unos pequeños párrafos del libro de García Sánchez (1996) para niños y jóvenes, titulado "Oscar, atleta", los cuales nos muestran con gran claridad el pensamiento de aquel que sueña con llegar a ser un atleta, y como el deporte se convierte en un filtro por el que se tamizan todas sus experiencias:

"... Oscar casi siempre piensa en minutos, en segundos, en décimas. En atletismo, lo sabe, un segundo es un mundo. Una décima, todo un país. Ser o no ser. ¡Parece tan fácil! Y no lo es. El deporte le ha hecho conocer una nueva realidad (pág. 13)

... A medio camino entre su cama y la puerta que da al pasillo, vuelve a quedarse embobado frente a otro poster. Ahí, a todo color, se ve a un atleta entrando victorioso en la meta. Es un deportista de medio fondo, lo que él hace en categoría infantil. Y es blanco. Eleva los brazos hacia lo alto en señal de alegría.

Luego piensa en su atleta ideal, de piel oscura y brillante. Músculos tersos y expresión crispada por el esfuerzo " (pág.15)

Ejemplos como el anterior los encontraríamos en la mayoría de los deportes donde niños y niñas asocian a su práctica real, un mundo casi mágico de ficción y aventuras, vinculados con las películas y la literatura infantil que trata de predecirles un posible futuro de éxitos y satisfacciones.

2. Acceso a prácticas y conocimientos. Por otra parte, el proceso de iniciación a la práctica deportiva supone el acceso por parte del individuo al conocimiento, y práctica de una diversidad de actividades vinculadas al deporte. Un elemento muy relevante es la observación de los modelos que en relación con la práctica deportiva se ofrecen continuamente al individuo desde el entorno social en el que vive, de forma que desde las más tempranas edades los niños se ven sometidos a un proceso de "impregnación deportiva", fundamentalmente con relación a los deportes más difundidos dentro de su ámbito cultural, en el que muy a menudo se desencadenan mecanismos de aprendizaje social tipo observación-imitación (Bandura 1986) y que le introducen de lleno en un proceso de socialización deportiva (Gutiérrez, 1996).

También hay que destacar que en muchas ocasiones la iniciación deportiva está cargada de grandes dosis de autodidactismo, tipo ensayo-error. Ocasionalmente, esta modalidad autónoma de progresar en los aprendizajes deportivos se ve facilitada por compañeros o amigos, practicantes más expertos, en un contexto que podríamos calificar de enseñanza informal pero que deja una gran huella en los futuros deportistas.

En consecuencia, sobre todo en lo que se refiere a las disciplinas deportivas más populares, cuando un individuo accede a la enseñanza formal del deporte dista mucho de ser la página en blanco que a muchos profesores o entrenadores les gustaría que fuera, ya que el impacto causado en el sujeto los procesos de observación imitación, autodidactismo y enseñanza informal puede haber sido considerable y lo presentan como un sujeto que posee una historia motriz y deportiva que no debe ignorarse.

Esto nos viene a indicar que en numerosas ocasiones el acceso a las enseñanzas deportivas de carácter formal, y el acceso al conocimiento y práctica de un deporte concreto no son procesos coincidentes, por lo que el inicio de la enseñanza formal de un deporte específico no constituye propiamente el inicio del proceso de iniciación desde cero a dicho deporte, sino que en muchas ocasiones es un estadio más o menos avanzado de dicho proceso de llegar a ser un deportista.

3. Fase inicial del aprendizaje deportivo. Todo proceso de iniciación a una actividad desconocida implica en sí mismo el abordar la fase inicial de una serie de aprendizajes. En el caso de la iniciación deportiva se trata de los momentos iniciales vinculados al aprendizaje motor, una fase en la que el control del movimiento es incipiente y los mecanismos de que dispone el individuo para conseguirlo son todavía poco eficaces, bien desde la perspectiva de los procesos de ajuste momento a momento por comparación con la referencia con utilización de códigos verbales, como desde la perspectiva del desencadenamiento de programas motores insuficientemente eficaces para conseguir el objetivo marcado (veáse Cap. 1).

Estas circunstancias no son ajenas al lento proceso que se produce en no pocos deportes en los momentos iniciales del aprendizaje, ni del abandono que genera por desánimo o aburrimiento. Precisamente es en este particular en el que la aportación de la enseñanza formal del deporte puede tener un impacto más positivo, mediante una metodología de enseñanza que contemple las características de los procesos de aprendizaje subyacentes y a la persona que está en camino de llegar a ser deportista en un tramo de su vida.

4. **La importancia contexto social.** Nunca puede perderse de vista que la práctica del deporte constituye un acontecimiento social, por lo que la misma, en la mayoría de los casos, desvinculada del entorno social carece de sentido. En consecuencia, una aproximación correcta al fenómeno de la práctica deportiva debe tener en cuenta que el deporte se desenvuelve estrechamente vinculado al entorno sociocultural donde se produce su práctica (padres, hermanos, amigos, entrenadores, colegio, clubes, etc.), por lo que consecuentemente está influido por los modelos que se establecen de acuerdo a la propia dinámica social de cada entorno cultural. En este sentido, en los últimos tiempos existen esfuerzos por explicar el papel que los diferentes agentes sociales tienen en el proceso de llegar a ser deportista (De Knop, 1993; Rotella y Bunker, 1987; Durand, 1988). Recientemente, en una publicación periódica se hacía referencia al precio de fabricar un futuro campeón, y cómo el *"Tenis, Fútbol y Golf son los deportes en los que más invierten los padres españoles para lanzar sus hijos al estrellato"* (pág.8) (Suplemento «Su Dinero» del periódico EL MUNDO de 23 de Febrero de 1997)

Estas circunstancias ocasionan que el impacto del deporte, tanto a escala individual como grupal, sobrepase en mucho a los aspectos meramente físicos de su práctica, y constituya de hecho un importante medio de transmisión de valores sociales, algunos de ellos, relacionados con el tipo de práctica que realiza y que son de un carácter muy positivo; como son los vinculados con la educación, la salud y la calidad de vida.

Otros, en referencia a una práctica profesionalizada, se relacionan con aspectos de carácter negativo, como la violencia y la agresión, la transgresión deliberada de las normas o el excesivo mercantilismo. Esta es una de las razones que aconsejan un exquisito tratamiento ético de la enseñanza y el entrenamiento del deporte de los jóvenes talentos, manteniendo siempre en la mente que el deporte es de los deportistas y nunca de los padres, los entrenadores o los federativos.

Desarrollo

La siguiente fase en la carrera del deportista es la que hemos denominado como Desarrollo. En esta fase es en la que se comienza el auténtico proceso de refinamiento del deportista, es la fase en la que el sujeto pasa de forma comprometida, de ser un practicante de un deporte al status de deportista y coincide, en parte, con la etapa en que Platonov (1988) centra la aparición de los primeros resultados de importancia. En esta fase el deportista demuestra un ritmo de progresión más acusado, ya que al progreso en el aprendizaje, la adaptación al esfuerzo y el compromiso personal, unido a la adecuada guía técnica, se une la natural ganancia que llevan consigo los procesos de crecimiento y maduración.

Respecto al concepto de *"etapas del aprendizaje"* en estas dos primeras fases se han cubierto ampliamente las tres etapas típicas preconizadas por numerosos autores, es decir, Inicial, Intermedio y Final, que siguiendo la tradición del aprendizaje motor, denominaremos *"cognitiva, asociativa y autónoma"* (ver Ruiz, 1994). Es preciso señalar que todo deportista, con el talento necesario para poder aspirar a estar algún día en la élite de su deporte, al final de esta fase debe ser, sin duda, un ejecutante excepcional, lo cual implica una elevada cantidad de práctica deliberadamente diseñada para mejorar (Veáse Conclusión).

Optimización

Esta fase supone la culminación de la carrera del deportista, coincide con la fase que Matveev (1983) denomina de Realización Máxima de las Posibilidades Deportivas, y con el período de Posibilidades Optimas de Platonov (1988). Durante este período se alcanzan los mejores resultados del deportista.

Las ganancias en el rendimiento que se producen en esta fase no son, cuantitativamente, ni con mucho, tan espectaculares como las que producen en la fase de desarrollo, pero eso sí, son estos pequeños incrementos en el rendimiento los que establecen la diferencia entre la élite deportiva y los buenos deportistas, pero del "montón". Es una fase que reclama del deportista una plena dedicación al deporte y una lucha constante por mantenerse en la inestable cima que supone la élite deportiva.

Mantenimiento

Esta fase se caracteriza por la estabilización de los resultados del deportista alrededor de sus niveles máximos. En algunos deportes los deportistas intentan prolongar esta fase lo más posible, en gran parte debido a que es ahora donde mejor pueden capitalizar sus buenos resultados. Un ejemplo de lo dicho lo podemos encontrar en muchos deportes y deportistas en la actualidad, los ejemplos en este sentido del Atletismo y el Baloncesto, con profesionales de cerca de 40 años, son paradigmáticos.

Sin embargo, en otros deportes esta fase es muy corta y a veces inexistente, y una vez que el deportista ha culminado su carrera se retira. Este era el caso típico de los nadadores hasta un pasado reciente, y en la actualidad sucede con frecuencia entre las gimnastas de «Artística» y «Rítmica», lo cual plantea problemas a los que se deberá dar una cumplida solución máxime cuando estas atletas han dedicado su infancia al entrenamiento y a la representación de su país en las diferentes competiciones deportivas. Es sin duda un asunto que afecta a la dimensión ética y moral del deporte, y no sólo a la estrictamente deportiva.

Desentrenamiento

Dejar la carrera deportiva es, probablemente, uno de los acontecimientos más dolorosos para los deportistas. Es el momento en el que debe insertarse en un régimen de vida normal que puede acarrear problemas (Olgivie y Taylor, 1992). Son diferentes las razones por las cuales los deportistas entran en esta fase pero fundamentalmente son: 1) Libre elección, 2) Lesión, 3) Edad y 4) Disminución ostensible del rendimiento.

Esto coincide en numerosas ocasiones con una tremenda disminución de la actividad física por parte del sujeto que, como indica Israel (1972), trae consigo un síndrome adverso de desadaptación que se concreta en síntomas como, dolores de cabeza, insomnio, agotamiento, falta de apetito, depresión psicológica, etc. Estos síntomas pueden durar un largo período e indican que el organismo no es capaz de adaptarse rápidamente a la inactividad. Todos los especialistas recomiendan en este sentido una gradual disminución del nivel de actividad física y evitar por todos los medios un régimen de vida totalmente sedentario. De ahí que sea necesario educar a los deportistas para integrarse en una vida donde la actividad física esté presente como medio de mejorar y mantener la salud y el bienestar personal, lo que conlleva el desarrollo de estrategias de afrontamiento.

Olgivie y Taylor (1992) proponen que para evitar las crisis de desentrenamiento y de abandono de la carrera deportiva se planifique desde las fases de desarrollo, optimización y mantenimiento, lo cual evitaría males mayores. Esta educación del atleta supone informarle de este particular para que lo considere algo natural en su vida deportiva, esto conlleva la adecuada información para que planifique sus finanzas de cara al futuro. La Psicología del Deporte está en la actualidad aportando interesantes ideas sobre este asunto que los entrenadores no deberían dejar de lado ya que en ellos está gran parte de esta responsabilidad.

Reiteramos, una vez presentadas estas ideas que una conceptualización correcta de las características y el significado del proceso evolutivo del deportista desde su iniciación deportiva, al logro de sus mejores resultados es necesaria para llegar a comprender adecuadamente el problema en su conjunto, y consecuentemente, poder promover un tratamiento adecuado de los aprendizajes deportivos en los altos niveles de rendimiento. Estamos convencidos que una correcta visión de conjunto constituye el necesario punto de partida para abordar adecuadamente la enseñanza y el entrenamiento con relación al deporte de alta competición.

Para contribuir a esta labor, presentamos a continuación, en las diferentes partes y capítulos de este libro un recorrido por los asuntos, que a nuestro entender, son claves para la optimización deportiva, y deseamos compartirlos con todos aquellos y aquellas responsables del entrenamiento deportivo, y que identificaremos con el término ENTRENADOR, que aunque se presente en masculino no desea ser objeto de crítica sexista, pero que evitará el constante repetir y repetir de el/ella, entrenador/ entrenadora, etc., salvo en aquellos momentos en los que el sexo del protagonista sea imprescindible destacarlo.

El conjunto de todas estas fases puede representarse gráficamente de la forma en que se expresa en la siguiente figura (Fig. I.1).

FASES EN LA CARRERA DEL DEPORTISTA

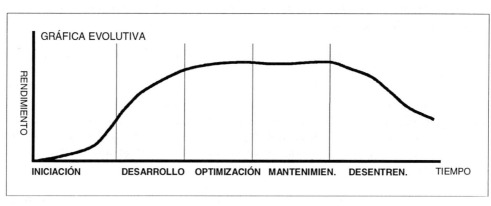

Fig. I. 1   Fases en la carrera del deportista

PRIMERA PARTE
Aprender y Rendir en el Deporte

1. EL CONTROL DE LAS ACCIONES DEPORTIVAS

Los medios de comunicación nos han habituado a contemplar las proezas deportivas de multitud de atletas que son capaces de controlar su cuerpo en las más variadas y complejas circunstancias. Se han superado los 6 metros en pértiga, batido el legendario récord de Bob Beamon, cruzado desiertos y océanos en las más complicadas circunstancias o se han marcado goles dignos de ser reproducidos pictóricamente en el Prado.

Todos estamos asombrados por estos resultados, pero todavía más los aspirantes a deportistas, aquellos que de practicar por divertirse y pasar el rato, han decidido emplear su esfuerzo, energía, tiempo (y también dinero) en alcanzar las cotas más altas en su deporte. Para alcanzar esta meta se ven acompañados por el entrenador, del que se espera conozca los entresijos del oficio, que sepa cuando su atleta está en las mejores condiciones de acometer esa proeza, o que conozca cuáles son las claves para superar al equipo contrario.

Es a este entrenador al que va dirigido este libro. Si tiene la bondad y paciencia de terminarlo encontrará que muchos de los fenómenos y sucesos que ha observado en sus entrenamientos tienen explicación lógica y científica, aunque no seremos nosotros los que vayamos en contra de la parte artística del entrenamiento (*el arte y la ciencia siempre juntos...*), pero sí pensamos que cuanto más conoce sobre el rendimiento humano más *"capacidad artística"* será capaz de desplegar día a día en sus entrenamientos.

La temática central de este libro que tiene en sus manos, es la optimización del aprendizaje deportivo, término éste, el de optimizar, que está de moda y que gustosamente aceptaríamos trocarlo por mejora o simplemente refinamiento del aprendizaje, pero, como ya se puede intuir no deseamos estar fuera del *zeitgeist* que nos envuelve.

Comenzaremos analizando los procesos de adquisición y regulación motriz dentro del ámbito del *Alto Rendimiento Deportivo (ARD)*.

1.1. EL ANALISIS DE LOS PROCESOS DE ADQUISICION Y REGU- LACION MOTRIZ EN EL ALTO RENDIMIENTO DEPORTIVO

El análisis de los procesos de adquisición y regulación motriz tiene su sentido dentro del ámbito del *Alto Rendimiento* en la medida que ayude al entrenador a comprender lo complejos mecanismos, procesos y variables que influyen en la *optimización* del rendimiento del deportista.

Los entrenadores esperan poder mejorar el rendimiento de los atletas al aplicar los conocimientos científicos que en las últimas décadas, se poseen sobre cómo los seres humanos son capaces de controlar los diferentes grados de libertad de su cuerpo en situaciones de alta exigencia, tanto en términos de complejidad informativa como de demanda energética. Pensemos en Carlos Sainz cuando compite o en Michael Jordan cuando nos asombra con sus intervenciones. Qué subyace a todo ello, cómo se podría explicar ese grado de pericia, y lo que es más productivo, cómo se podría promocionar esa excelencia en los deportistas aspirantes.

De acuerdo con lo postulado por Hotz (1995), pensamos que existe una estrecha relación entre aprender habilidades deportivas, refinar el control de los movimientos y el entrenamiento deportivo (Fig. 1.1).

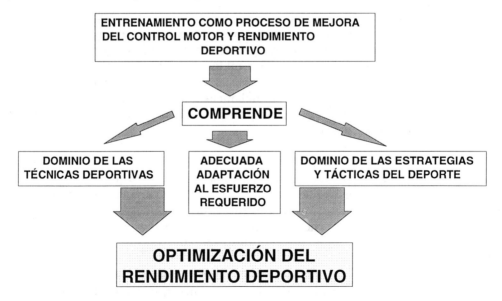

Fig. 1.1   (Adaptado de Hotz, 1995)

De ahí que consideremos importantes los conocimientos sobre control y adquisición motriz y su potencial aplicabilidad dentro del entrenamiento deportivo, ya que según Teipel (1979, pág. 64) el objetivo final de todo deportista y de su entrenador es encontrar una relación óptima entre el gasto energético (tanto físico como operacional), la eficacia en la actuación y el resultado obtenido.

1.2. SOBRE EL PROCESO DE REGULACION DE LAS ACCIONES DEPORTIVAS

Una de las concepciones más tradicionales en el ámbito del entrenamiento deportivo ha sido considerar a los atletas como *mecanismos de respuestas*, sujetos disponibles para poder responder adecuadamente a los requerimientos de las sesiones de entrenamiento y condicionados a un determinado tipo de estímulos, algo así como un ordenador al que se le introduce diariamente los datos del entrenamiento y que es capaz de desplegar toda una serie de operaciones para rendir tal y como estaba previsto. Pero muchas veces, este *"ordenador deportivo"* se bloquea, o no responde adecuadamente a las instrucciones que se le introducen, o no las reconoce, o vaya usted a saber...

Ante esta perspectiva, el entrenador se suele centrar, preferentemente, en transmitir de forma adecuada todas las informaciones necesarias al atleta para que éste sea capaz de llevar a cabo toda una serie de patrones de movimiento técnico, de gestos más o menos complejos y, del mismo modo que usted no se preocupa demasiado por cómo es el entramado interior de su ordenador, sino que espera que funcione adecuadamente, el entrenador actúa habitualmente sin realmente interesarse demasiado por lo que ocurre en su deportista, qué tipo de procesos, operaciones o fenómenos suceden cuando practica, cómo los atletas hacen suyos los conocimientos deportivos, qué les hace capaces de controlar sus movimientos en situaciones de elevada precisión o qué variables, además de las energéticas, influyen en el proceso de optimización.

Este tipo de planteamiento se corresponde con la noción de sistema indeterminado o de *"caja negra"*, que de una manera gráfica se ilustra mediante la siguiente figura (Fig. 1.2):

ESQUEMA DE SISTEMA EN CAJA NEGRA

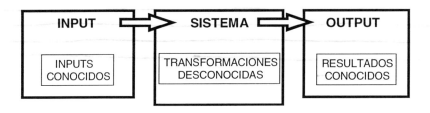

Fig. 1.2   Esquema de sistema en «caja negra»

Se habrá percatado el lector que la descripción anterior se corresponde con una concepción del aprendizaje que estuvo en alza no hace mucho tiempo y que consideraba al deportista como una caja negra, imposible de penetrar, es más, no resultaba interesante especular sobre lo que en ella ocurría, de ahí que se obvió todo comentario favorable a procesos tan importantes en la actualidad como la percepción, la conciencia táctica o las estrategias de actuación.

Es de sobra conocido por todos que antes de la aparición del gesto técnico, de la respuesta motriz, se ponen en acción toda una serie de mecanismos y procesos que la condicionan, ocultos a nuestros ojos pero que están ahí participando plenamente. Como indicó Schnabel (1988) *el control abarca tanto el desarrollo de la propia acción en sus pasos programados (control operativo) como los resultados obtenidos (control resolutivo), algo que caracteriza el gesto bien coordinado.*

Los deportistas no son una *"caja negra"*

El conductismo es la denominación de los planteamientos teóricos que sustentan las ideas que acabamos de comentar. Este movimiento, al menos en sus concepciones más radicales y reduccionistas, se vió puesto en tela de juicio con la aparición, ya desde la década de los años 40, de los trabajos iniciales sobre *Cibernética, Teoría de la Información, Ciencias Cognitivas, Inteligencia artificial o Neurociencias* (no abundaremos en esta cuestión por lo que sugerimos al lector interesado que consulte a Pozo, 1989 o Ruiz, 1994).

Un aspecto central de estas nuevas líneas de investigación y concepción del estudio de los procesos de aprendizaje fue aceptar, que los individuos, en nuestro caso los deportistas, lejos de ser unas *cajas negras* imposibles de descifrar, y en consecuencia de poder conocer y comprender lo que sucede en su interior al aprender y optimizar sus acciones deportivas, pueden ser de hecho susceptibles de análisis y estudio, es decir, de ser descifrados. Esta concepción nos indica caminos a través de los cuales resulta posible explorar y conocer los múltiples procesos y mecanismos implicados en la adquisición y regulación de acciones deportivas, tales como un doble mortal, un lanzamiento de Martillo, una finta en Hockey, etc.

La posibilidad de optimización de todos estos gestos y su producción de forma enormemente precisa, denota que el sistema perceptivo-motor humano, lejos de estar solamente compuesto de receptores de estímulos y mecanismos de respuestas, despliega toda una serie de procesos y operaciones cognitivo - motrices que están relacionados con los diferentes niveles de control y regulación que se observan en el Alto Rendimiento Deportivo.

Esta serie de ideas alternativas a los planteamientos conductistas se corresponden con la noción de caja translúcida, la cual se ilustra convenientemente a través de la figura siguiente (Fig. 1.3):

ESQUEMA DE SISTEMA DETERMINADO

Fig. 1.3   Esquema de sistema determinado

Los numerosos estudios realizados sobre este particular muestran como las diferentes formas de regulación de los movimientos son complejas, como también lo son los diferentes gestos deportivos. Así, entre lanzar un disco y deslizarse sobre la nieve, entre escalar una pared y controlar la bicicleta existen diferencias notables que reclaman que el atleta sea lo suficientemente flexible como para poder controlar, de forma adaptable, el desarrollo y finalidad de la acción, así como su realización en milésimas de segundo.

No cabe duda que existen estrechas relaciones entre este refinamiento y la organización neurológica (consultar Rigal, 1986 o Corraze, 1988 para conocer mejor estas cuestiones). Tratar de comprender el proceso de optimización motriz sin mencionar el papel de los mecanismos neurológicos nos proporcionará una visión incompleta, ya que existe una jerarquía y heterarquía en la organización neurológica del ser humano y si bien, cada componente puede actuar de forma autónoma, se inscriben dentro de un comportamiento global del atleta en situación deportiva, donde las exigencias de su entorno juegan su papel relevante en la regulación de sus acciones. En definitiva, es considerar al deportista como un sistema, pero un sistema contextualizado.

El control motor manifiesta progresiones de arriba a abajo, planificando y organizando las instrucciones en función de las metas previstas, y de abajo a arriba, es decir, el deportista responde de forma rápida a las demandas del medio con patrones de acción que no reclaman la participación consciente y que, sin embargo, poseen un alto valor adaptativo. En la actualidad entre los especialistas en control motor existe un encendido debate sobre este asunto, así mientras existen partidarios de considerar que todas nuestras acciones son tributarias de un procesamiento central de las informaciones, y son denominados *"teóricos motrices"*, para otro sector, las acciones se autorganizan en relación estrecha con el medio sin necesitar el papel de las representaciones mentales, siendo llamados *"teóricos ecológicos"*. Para tener una información más amplia sobre esta problemática recomendando la lectura de Schmidt (1988) y de Williams (1994).

Siguiendo con nuestro recorrido por el proceso de regulación motriz, con la mejora del proceso de adquisición mejora el nivel de control de los movimientos reclamados y su *adaptabilidad*, la consciencia ya no es tan intensa como en el inicio del aprendizaje y ésta va pasando a ser supervisora de la acción global del atleta ante la situación deportiva y, en dicha situación, se espera que éste sea capaz de emplear de forma eficaz y eficiente los conocimientos aprendidos y automatizados por la práctica y el entrenamiento.

No todos los movimientos se controlan de la misma manera

Cualquiera que esté relacionado con el mundo del deporte es testigo todos los días de situaciones, a partir de las cuales es fácil deducir que necesariamente deben existir diferencias entre el control motor que se ejerce en unas o en otras. Por ejemplo, el control de un balón en el juego del Balonmano, de un martillo en Atletismo, del propio cuerpo sobre los patines o del cuerpo del adversario en Judo o Karate.

Cada actividad comentada posee sus propias exigencias y dificultades (ver Capítulo 3), y el sistema humano debe tratar de controlar dichas circunstancias con los recursos que posee y, que éstos no pueden ser los mismos en cantidad y calidad en cada caso.

Por lo tanto si deseamos comprender el proceso de control motor en el deporte es necesario considerar como éste se lleva a cabo y plantearse cuestiones tales como: *¿Existen formas diferentes de controlar las acciones deportivas?, ¿Son nuestros movimientos programas motores a desplegar?, ¿Qué sentido tiene para el entrenador y para el deportista nociones tales como las de retroalimentación (feedback) o de adaptabilidad?* (Ruiz, 1994; Ripoll, 1982).

Los deportistas están sometidos a tales exigencias de control que se les demandan constantemente elevados niveles de adaptabilidad motriz, circunstancia que no tiene parangón con ninguna situación de la vida cotidiana, salvo en situaciones de especialización motriz profesional (por ejemplo: médica, laboral, militar, etc.).

Pensemos en un saltador de Trampolín, un conductor de Rallies, un jugador de Rugby, una gimnasta, un escalador, un jugador de Voleibol, un jugador de Tenis o de Paddle. Todos ellos deben adaptarse a las exigencias de tareas muy diferentes, en términos de incertidumbre, demandas perceptivas y de toma de decisión, exigencias motrices y físicas, debiendo solucionar constantemente problemas de dificultad diversa.

Las situaciones deportivas son intrínsecamente complejas y con un grado variable de inestabilidad, de ahí que el atleta deba manifestar un control motor flexible y no rígido, debiendo estar siempre dispuesto para lo incierto, ya que lo imprevisible podrá ser origen de inestabilidad en sus actuaciones deportivas y, salvo en aquellas modalidades deportivas en las que el entorno no cambia substancialmente, existen otras muchas en las que la esencia es el cambio.

Cuando el entrenador conoce estas circunstancias, busca la optimización de su deportista de tal manera de que manifieste consistencia en sus acciones en un contexto en el que predomina la inconsistencia. Es necesario recordar que no todo consiste en que los atletas automaticen mecánicamente al máximo sus gestos técnicos, sino que deben ser capaces de adaptarlos y adaptarse a las perturbaciones que la situación deportiva les puede imponer (viento, inclemencias, engaños del contrario, inclinación de la pared, estado de la nieve, de la carretera, presencia de una audiencia hostil, oleaje, estado del terreno, etc.) (Ripoll, 1982).

Parafraseando a Henry Wallon (1959), la clave, por lo tanto, no está en preocuparse por «*la fijación en el atleta de un cierto encadenamiento de acciones musculares sino, en desarrollar en el deportista la libertad para que sea capaz de seleccionar las acciones musculares a encadenar en cada situación*». Sin duda es ésta una frase a recordar y para reflexionar, a tenor de lo que se puede observar cotidianamente en muchas canchas y campos de juego en los que tácitamente se traslada al deportista que lo más importante es dominar a la perfección el gesto técnico, cuando éste, el gesto técnico, es un medio para conseguir el objetivo, superar al adversario, alcanzar la meta antes que los demás o evitar ser superado. *¿Cómo promocionar esta forma de pensar y actuar en los deportistas?*

Sin duda supone un cambio en la mentalidad de los entrenadores, algo que esperamos conseguir en este texto si acepta continuar su lectura.

1.3. EL CONTROL MOTOR POR REGULACION PERIFERICA

No decimos nada nuevo si destacamos que numerosos aparatos y dispositivos mecánicos construidos por el ser humano y que nos hacen la vida más cómoda, funcionan bajo el principio de la retroalimentación (*feedback*). Así, los pilotos automáticos o termostatos son ejemplos palpables de la regulación por retroalimentación. También numerosos procesos fisiológicos, adaptación del ritmo cardíaco o ventilatorio, son exponente de este fenómeno, de forma que es evidente que no sólo son los ingenios mecánicos los que manifiestan este tipo de control. Un repaso al respecto sobre fisiología humana nos permitirá comprobar que la acción de muchos mecanismos se desencadena porque los mensajes que recibe el cerebro los activan y, cuando se alcanza un cierto nivel de activación, la función correspondiente se interrumpe.

Desde la perspectiva anteriormente expuesta y trasladada al ámbito deportivo, significa considerar que el control de los movimientos que conforman las técnicas deportivas se produce merced a los mecanismos de retroalimentación sensoriales, mensajes que informan a los sistemas de regulación motriz del sujeto de su estado interno en referencia al movimiento producido y de sus relaciones con el medio de forma prácticamente continua, de ahí el apelativo de sistemas de control en *circuito cerrado a los modelos del control motor que se fundamentan en la acción de los mencionados mecanismos de retroalimentación.* Resumiendo, de acuerdo con Schmidt (1976), en todo sistema cerrado de control motor concurren los siguientes elementos:

a. Una información vía retroalimentación a utilizar.
b. Un mecanismo de comparación que permite la computación del error, en términos de la desviación de la respuesta del atleta en relación al objetivo previsto.

Mediante la figura 1.4 que presentamos a continuación se pretende ilustrar lo anteriormente expresado acerca del papel de la retroalimentación en el control del movimiento.

EL PRINCIPIO DE LA RETROALIMENTACIÓN

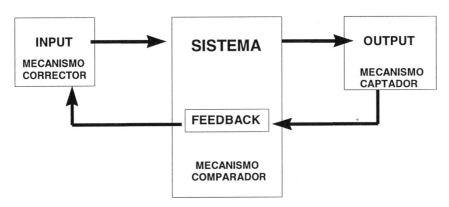

Fig. 1.4   El Principio de la Retroalimentación

Un ejemplo de carácter cotidiano nos ayudará a comprender mejor el asunto en cuestión. Imaginémonos que nos encontramos sobre un monopatín, tal como hacen cientos de niños y niñas que podemos observar en los parques y calles de nuestras ciudades. Nada más poner nuestros pies sobre la plataforma, nuestros sensores empiezan a enviar mensajes al procesador cerebral para que éste sepa cual es la situación, si el equilibrio está salvaguardado o si por el contrario se debe adoptar algún tipo de estrategia correctora. Previamente múltiples respuestas reflejas y automáticas se han desencadenado para salvaguardar nuestra integridad, estamos programados para ello.

Al emplear estas informaciones procedentes de nuestros mecanismos de retroalimentación tratamos de mantener nuestro nivel de actuación, para que al menos no nos caigamos, o de eliminar los errores y desajustes que hayan podido surgir ya que comparamos el objetivo motor pretendido (valor previsto), el cual está representado en forma de un esquema subjetivo de acción en nuestra memoria, con los datos actuales: posición sobre el aparato, rodamiento, movimiento de los brazos, referencias espaciales, etc.; como elemento de referencia (Grosser y Neuimaier, 1986; Ruiz, 1994; Rigal, 1986).

Algo similar ocurre en los deportes donde la precisión en la acción en contextos más o menos estables, es la tónica predominante. El atleta necesita conocer cual es el objetivo de la tarea a realizar, objetivo que se convierte en su referencia de corrección, el cual le servirá para establecer si existen, o no, diferencias entre lo deseado y lo conseguido, entre el objetivo previsto y el resultado obtenido.

Diferentes autores han resaltado esta forma de regulación en sus explicaciones del aprendizaje deportivo, así encontramos en la literatura expresiones tales como: *Ciclo de regulación de encadenamientos jerárquicamente articulados, Ciclos de regulación cibernética, Modelo circular autorregulador del proceso de aprendizaje motor en el deporte, etc.* (veáse Ruiz, 1994). Como indica Roth y col. (1981, pág.88)

> «*Estas teorías de aprendizaje motor tienen todas un punto común: Consideran la retroalimentación de la información sensorial sobre el desarrollo o el resultados del movimiento (feedback) como la condición necesaria para un aprendizaje funcional*»

Uno de los representantes más destacados de este planteamiento es Jack Adams (1971), a través de su teoría del "*Circuito cerrado*" del control motor. Para el mencionado autor, "*el modelo de referencia*" como representación mental del movimiento previsto, constituye lo que él denomina como "*trazo de memoria*", mientras que el conjunto de la información contenida en la retroalimentación sensorial lo denomina como "*trazo perceptivo*". La comparación entre el trazo perceptivo y el trazo de memoria es la operación fundamental que hace posible la detección de errores y en consecuencia poder realizar los ajustes que precise el movimiento. De forma esquemática la teoría de Adams (1971) puede representarse tal como viene expresado en la figura 1.5.

REPRESENTACIÓN ESQUEMATICA DE LA TEORIA DEL CIRCUITO CERRADO DE ADAMS (1971)

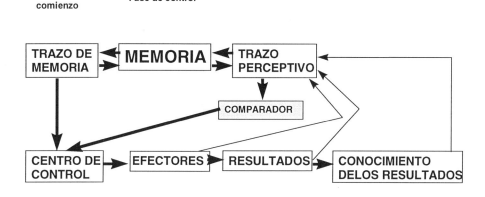

Fig. 1.5   Representación esquemática de la Teoría del Circuito Cerrado (Adams, 1971)

Este modelo es aplicable a aquellas tareas en las que la continuidad de la acción y el ritmo requerido de ejecución permite emplear las retroalimentaciones sensoriales durante el desarrollo de la misma, pero, *¿qué ocurre cuando los movimientos son extremadamente rápidos como en el Boxeo, el Karate o en los Lanzamientos Atléticos? ¿Qué tipo de control es el que regula las acciones en estos deportes? ¿Cómo relacionar todo lo comentado con la optimización? ¿De qué manera se puede establecer relaciones entre este modelo de control motor y el alto rendimiento deportivo?* Sin duda son muchas cuestiones para poderlas responder de una sola vez, de ahí que solicitaremos la ayuda y consejo de algún especialista y trataremos de concretar las respuestas.

Ripoll (1982) considera que la *rapidez del movimiento deportivo, el nivel de dominio alcanzado por el atleta y el almacenamiento de los gestos aprendidos en la memoria*, son aspectos que no deberíamos olvidar nunca si estamos tratando la optimización deportiva. En cuanto a la primera consideración, numerosas investigaciones han confirmado la dificultad existente en numerosos deportes para que los atletas puedan emplear las retroalimentaciones sensoriales dada la extremada rapidez de los mismos, luego se necesita otro tipo de regulación.

En cuanto al nivel de dominio, es un hecho constatado que en los deportistas de alto nivel se llega a alcanzar grado de automatización muy elevado, siendo sus movimientos cada vez más independientes de sus consecuencias sensoriales. Lo que nos indica es que, en la fase inicial de aprendizaje, éste está más regulado por las retroalimentaciones; posteriormente pasa a manifestarse como un programa motor de la técnica automatizada, que puede desplegarse sin necesidad de estas informaciones retroalimentadoras.

Por último, la hipótesis de la existencia de un ilimitado número de modelos internos de los movimientos almacenados en la memoria, los cuales estarán asociados a una información sensorial, ha sido cuestionada en relación a la falta de espacio disponible en la memoria para su almacenamiento y sigue siendo un asunto en pleno debate que no ha obtenido una solución satisfactoria (ver Schmidt, 1975, Ruiz, 1994), sean programas, esquemas, trazos, engramas, conexiones o cualquier otra forma de almacenamiento, lo cierto es que lo aprendido debe estar almacenado en la memoria estable para poder ser utilizado en cualquier momento.

1.4. LA CUESTION DE LA PROGRAMACION CENTRAL

Simplemente con la expresión *Central* ya se indica que debe existir un director de orquesta que dirija y controle la ejecución de la partitura, pero dicha partitura (programa) debe existir para que cada uno de los elementos de la orquesta (sistema motor) que debe actuar, lo haga de forma armoniosa de la manera que la melodía cinética se manifieste en su más alta expresión. Este ejemplo nos sirve para acercarnos a otro conjunto de explicaciones sobre el control motor que nos permite comprender cuando la melodía no es clara o armónica, cuando los grados de libertad de las que nuestro cuerpo dispone, no se coordinan en un gesto melódico o armonioso, lo cual podría deberse a que la partitura no esté claramente transcrita o a que la propia obra no esté bien construida y el compositor deba preocuparse de componerla mejor para que pueda ser ejecutada por la orquesta. Pero quién es el compositor, quiénes conforman la orquesta, quién es el director, cómo se construye la partitura, etc. son aspectos claves para comprender la programación central de las acciones.

Como ya comentamos anteriormente, existen movimientos deportivos que por su rapidez hacen, de hecho, imposible su regulación momento a momento vía retroalimentación sensorial, y que, por lo tanto, reclamarán una programación previa del mismo. Esta programación central del movimiento, es decir que radica en el Sistema Nervioso Central (SNC) por construcción, no depende del empleo de retroalimentaciones sensoriales, ya sean éstas de carácter periférico o propioceptivo durante su desarrollo (ej.: bateo en Béisbol o golpeo en Boxeo o movimientos de carácter balístico en general). Esto supone que el deportista debe poseer la partitura de cada movimiento técnico y que sus músicos (estructuras de coordinación) la hayan practicado para que suenen, como el compositor (el deporte y el entrenador) establecerá que sonarán. Como ocurre con las orquestas, son muchas las horas que deben emplearse para que todos los instrumentos se coordinen y participen cuando es necesario; algo similar ocurre con nuestro organismo que debe ordenar la participación de los diferentes grupos musculares, en el momento, en la forma y con la energía necesaria.

La noción de *programa motor* ha sido clave para los defensores de este tipo de ideas, ya que en dichos programas estaría contenida la información necesaria para la acción, con la especificación de todas las secuencias de instrucciones precisas, con lo que podemos establecer como analogía a una partitura o, utilizando un símil más moderno, a un programa de ordenador. El concepto de programa motor según Corraze (1988), ha tenido diferentes interpretaciones que este autor resume de la siguiente forma:

> *1. Considerarlo como la existencia de movimientos relativamente complejos desprovistos de todo control por retroalimentación.*
> *2. Aceptarlo como parte del movimiento que se ha anticipado y en cuyo marco pueden tener lugar, ocasionalmente, controles por retroalimentación.*
> *3. Definirlo como una organización central del movimiento, o mejor, las secuencias de que esté constituido, en oposición a un encadenamiento periférico.*

La idea de programa motor, entendida como una secuencia jerarquizada de *"instrucciones"* que puede compendiar los puntos anteriores, se puede ilustrar bastante bien a partir de la figura 1.6 que recrea el esquema que propone Marteniuk (1975) y que exponemos a continuación.

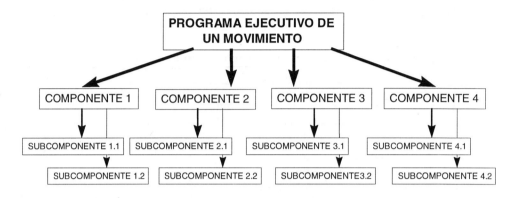

Fig. 1.6   Organización jerárquica y secuencial de un programa motor (Marteniuk, 1975)

Esta noción ha sido definida numerosas veces a lo largo de la historia y siempre se ha considerado bien como un conjunto de instrucciones que el sujeto estructuraría previamente en su cerebro para poder llevar a cabo una acción, sin que fuera necesario el concurso de las retroalimentaciones. En la actualidad se considera como la *representación central* de la habilidad. Estas instrucciones, planificadas previamente, estarán referidas según Semjen (1977) a:

- *Unidades efectoras solicitadas.*
- *Bloques funcionales (Agonistas/antagonistas; fásicos/tónicos) reclamados.*
- *Intensidad y duración de su activación.*
- *Ajuste temporal («timing») de las unidades neuromotrices solicitadas.*

Este tipo de control siempre provoca las dudas sobre la capacidad de la memoria para almacenar todos y cada uno de los programas motrices que un atleta es capaz de aprender a lo largo de su vida deportiva, aunque hasta la fecha no existe oposición para pensar que la memoria sea limitada en su capacidad, tal vez lo sea en el empleo estratégico de dichas informaciones, de ahí que no haya dado una respuesta satisfactoria a los problemas que el estudio, que el aprendizaje motor, tiene planteados en la actualidad.

1.5. EL TIPO DE CONTROL MOTOR DE CARACTER HIBRIDO

Es este el momento en el que nuestra mentalidad ecléctica nos hace considerar que entre el blanco y el negro es posible que existan numerosas tonalidades de grises, y que los modelos de control motor anteriormente presentados no son nada más que los extremos de un "continuum", y que el ser humano, el deportista, necesita modalidades de control motor adaptables a las múltiples circunstancias en las que se va a encontrar. Como ocurre en la vida cotidiana el programa motor de la marcha se despliega sin problemas cuando paseamos por la calle leyendo el periódico o cuando bajamos las escaleras de nuestra casa, pero, *¿qué ocurre cuando la luz de la escalera se apaga, o cuando el terreno deja de ser uniforme y empezamos a recibir mensajes de que es necesario controlar más nuestra marcha o bajada, si no queremos caernos?*

El lector puede dar respuesta a esta cuestión y rápidamente llegará a pensar que en el ser humano debe funcionar una suerte de sistemas combinados o híbridos de control que nos convierte en seres adaptables y no rígidos en nuestras conductas.

Una de las características de los deportistas expertos es su elevada capacidad de adaptación a las perturbaciones que puedan surgir en las situaciones deportivas, el modo de control motor deberá ser más adaptable, lo que supondrá pensar en un modelo híbrido que combine los anteriores. Consideremos que los deportes son por definición complejos y pueden reclamar en un mismo atleta los diferentes tipos de control motor antes comentados. El control motor no se refiere principalmente a un movimiento aislado, sino que también se manifiesta en el desarrollo de una secuencia o secuencias motrices con sus diferentes fases críticas con vistas a la consecución de un objetivo que puede cambiar constantemente. De ahí que la noción de control discontinuo, intermitente o híbrido, que algunos autores han empleado, encaje mejor en nuestros propósitos de explicar el proceso de optimización de los deportes.

En consecuencia, los modelos de carácter híbrido tratan de explicar la capacidad adaptativa situacional de las respuestas motrices del ser humano, tanto las que pueden ser explicadas mediante un control motor momento a momento, como las que su control se fundamenta sobre la base de patrones motores bien definidos y almacenados en la memoria *(programas motores)* y con una exigencia alta de velocidad en la ejecución. La explicación hipotética de como se puede producir el control motor en ambos casos la resume esquemáticamente Schmidt (1975) muy adecuadamente de la forma que se presenta en la figura 1.7. Veamos en primer lugar, como explica dicho autor, la realización de una conducta motriz en *"Circuito Cerrado"*, de forma que pueda ser compatibilizada después con la capacidad del control de un movimiento rápido.

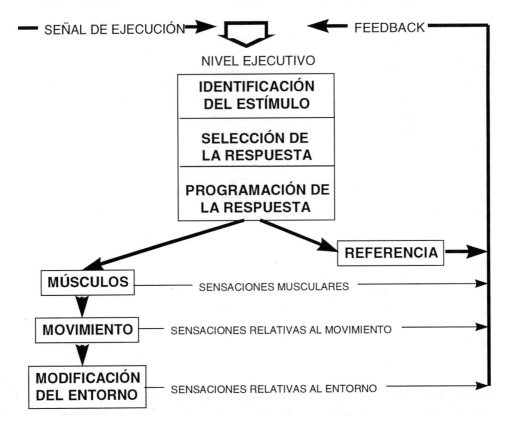

REPRESENTACION GENERAL DE UN MODELO DE COMPORTAMIENTO MOTOR EN CIRCUITO CERRADO (SCHMIDT, 1975)

Fig. 1.7   Representación general de un modelo de comportamiento motor en circuito cerrado (Schmidt, 1975)

En esta figura podemos apreciar, como la respuesta puede ser continuamente evaluada y *"reprogramada"* en función de la retroalimentación sensorial obtenida, en función precisamente de la comparación de la referencia que establece la programación inicial del movimiento con dicha retroalimentación.

En segundo lugar, vamos a presentar la explicación esquemática de la realización de una respuesta rápida, según el mismo autor (Fig. 1.8).

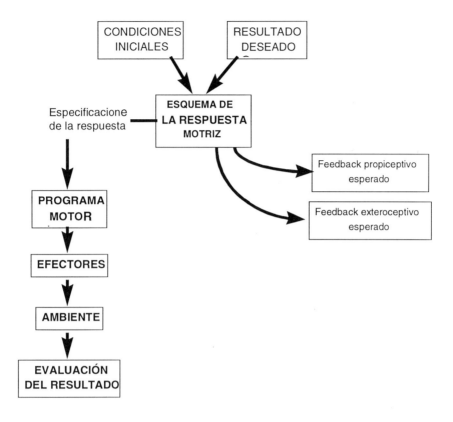

Fig. 1.8   Representación esquemática de una respuesta motriz rápida (Schmidt, 1975)

Como se puede observar el esquema anterior introduce el concepto de *"Esquema Motor"*, que representa un plan previo al movimiento de carácter adaptativo, pero basado en habilidades ya aprendidas, *"Programas motores"*, pero adaptados a la situación específica. Hay que destacar asimismo la idea que el anterior esquema aporta de *"feedback esperado"* o anticipado, como punto de partida para la realización del movimiento. Este concepto de retroalimentación complementa y a la vez se contrapone al concepto básico de control en circuito cerrado de *"feedback obtenido"*, que en el caso de este tipo de respuestas no da tiempo a que pueda ser utilizado.

Por consiguiente, la noción de *"Esquema"*, introducida inicialmente por Pew (1974), y posteriormente desarrollada por Schmidt (1975), constituye el elemento integrador que hace compatibles los dos planteamientos teóricos, ya que contempla tanto las necesidades adaptativas de las conductas motrices compatibilizándolas tanto con la posibilidad de un control en *"circuito cerrado"*, como con la noción de programa motor y las limitaciones de utilización del feedback en un movimiento rápido. La ejecución de una respuesta motriz a partir de los presupuestos de la *"Teoría del Esquema"* (Schmidt, 1975) puede representarse esquemáticamente de la forma siguiente (Fig. 1.9).

REPRESENTACIÓN ESQUEMÁTICA DEL MODELO DE EJECUCIÓN MOTRIZ SEGÚN LA TEORÍA DEL ESQUEMA (SCHMIDT 1975)

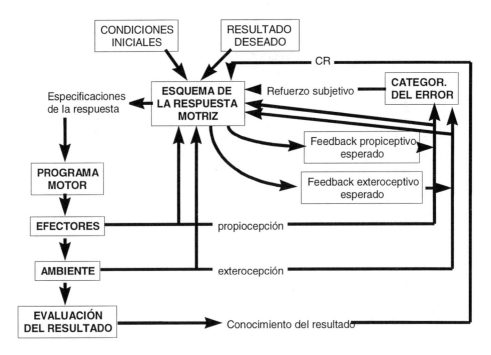

Fig. 1.9   Representación esquemática del modelo de ejecución motriz según la Teoría del Esquema (Schmidt, 1975)

Las propuestas de Schmidt (1975), aún siendo consideradas como incompletas, nos han destacado el papel tan importante que las condiciones iniciales tienen en el proceso de adquisición y optimización deportiva. Asimismo, este modelo presenta la sugerente idea de considerar que los sujetos pueden almacenar en su memoria *programas motrices generales, reglas generales y esquemas motrices capaces de generar nuevas posibilidades de acción* (Ver Oña, 1984; Ruiz, 1994 y 1995).

Por medio del entrenamiento variado, el deportista desarrolla unas reglas generativas, relativamente generales, que le permiten reclamar de su memoria los programas motores (parciales) en una determinada situación para poder dar solución al problema planteado en el juego (Grosser y Neuimaier, 1986). Los programas motrices generales se convirtieron en el entramado fundamental de este modelo teórico, y en ellos se recogerán los elementos invariantes de las diferentes clases de acciones, necesitando únicamente las especificaciones (*parámetros*) concretos de cada situación deportiva para poderse exteriorizar.

La especificidad y la generalidad no tienen por qué ser excluyentes sino que representan diferentes niveles de organización del control motor necesarios para poder comprender la complejidad del aprendizaje deportivo, ya que como indica Hauert (1987) es necesario suponer la existencia de diversos niveles de organización que partirían de la selección de un *Programa Motor General* y que se concretarían en un *Programa Motor Específico* acorde a cada situación planteada en el deporte.

El entrenamiento proporcionará al deportista los conocimientos necesarios de carácter declarativo, procedimental y estratégico (Ruiz, 1995) para decidir qué hacer y seleccionar la respuesta adecuada para una situación dada, así como para evaluar adecuadamente el efecto de sus acciones en el medio, bien mientras la está realizando o una vez concluida su ejecución. Cómo se representa este conocimiento en la memoria es cuestión debatida pero parece existir un cierto consenso en aceptar que este conocimiento se representaría en la memoria de manera *esquemática* (ver Pozo, 1996) y se construiría a partir de la propia práctica del atleta en las numerosas y variadas situaciones de entrenamiento y competición.

Desarrollar una riqueza motriz en los deportistas favorecerá que dispongan de un repertorio de programas y esquemas transferibles a diferentes situaciones deportivas (en el texto de Ruiz, 1995, se desarrolla más extensamente el modelo de Schmidt sobre los esquemas motores).

El deportista aprenderá, por un lado, la técnica del deporte por medio de las tareas, indicaciones del entrenador, lecturas, observaciones y las progresiones apropiadas y, por otro lado, construirá un esquema motor referido a esta categoría de movimientos que le permitirán, por simple modificación del esquema, adaptarlo con relativa rapidez, lo cual ofrece la ventaja de, con menos material almacenado, acometer un gran número de situaciones motrices, algo similar a lo que Bruner (1975) explicaba en torno al lenguaje cuando exponía que el niño adquiere reglas posibles de ser empleadas en múltiples situaciones, lo cual le liberará de estar atado a las concretas. También los especialistas en el deporte han pensado que el deportista debe aprender reglas motrices sobre su deporte para poderlas emplear de forma ajustada a las múltiples situaciones qué esta actividad le puede presentar, pero la clave está en como entrenar al deportista para que las construya y las sepa emplear de forma autónoma y eficaz (Hotz, 1985; Grosser y Neuimairer, 1986).

Esta es la razón de apoyar la propuesta del desarrollo de múltiples esquemas-reglas en el deportista mediante entrenamientos en los que brille la variedad de acciones y situaciones y no sólo ejercicios mecánicos, convirtiendo al deportista en un individuo activo capaz de resolver adecuadamente las tareas de entrenamiento y al entrenador en un diseñador creativo de dichas tareas.

En definitiva, *¿Dónde reside el interés por estas ideas?*:

   1. Diferencia entre las condiciones iniciales previas a la actuación y la realización propiamente dicha del gesto.

Esto es algo que observan fácilmente los entrenadores sobre el terreno, donde la preparación para la actuación es fundamental y puede condicionar de forma notable la realización del propio gesto o la solución al problema planteado. Pensemos en la Gimnasia Deportiva. En este deporte una posición de partida desequilibrada puede afectar a la secuencia completa de movimientos; o en el Tiro con Arco, Tiro Olímpico, etc., donde un anclaje sólido del deportista sobre el terreno es un requisito importante para el rendimiento posterior (Meinel y Schnabel, 1988). Jugar con diferentes posibilidades en las condiciones iniciales, enriquece al deportista dotándole de un bagaje de respuestas que le hace más flexible y adaptable, incluso en los deportes caracterizados por la repetición de una rutina y estabilidad de ejecución respecto al factor espacio-temporal (veáse Capítulo 3).

2. Considera que el atleta construye a lo largo de su vida deportiva programas motrices generales, fórmulas motrices o reglas generativas de acción que libera al sujeto del aquí y ahora y lo presenta como un sujeto flexible y adaptable.

Tenemos que aceptar que los atletas, difícilmente realizan dos veces el mismo gesto exactamente igual y que, por lo tanto, están generando constantes adaptaciones que podrían considerarse nuevas variaciones de un mismo tema, que son en definitiva, nuevos movimientos; nos refiramos al deporte de la Vela, Piragüismo o a la Halterofilia. Esta capacidad generativa puede ser explicada al considerar la existencia de una capacidad genérica para actuar que algunos denominan Programas Motrices Generales, otros Esquemas Motores, en definitiva, existe una sospecha entre los investigadores y es que existe, en el ser humano, la capacidad de ser capaz de producir una variedad amplia de respuestas partiendo de un contenido informativo reducido pero muy relevante, aunque no todos estén de acuerdo en cómo denominarlo.

Digamos, por último, como consecuencia de lo expuesto que nuestro deportista no actúa como una máquina programada, a pesar de las miles de horas que puede invertir en su entrenamiento, ya que siempre tendrá la capacidad de pensar, interpretar decidir y emocionarse, algo que las máquinas difícilmente pueden hacer.

1.6. ¿SON LOS DEPORTISTAS INFORMIVOROS?

Ya se ha comentado el papel que las informaciones tienen en el control de los movimientos. Durante los largos años de entrenamiento el atleta aprende a emplear las múltiples informaciones que surgen de su propio cuerpo y del medio que le rodea.

Los diferentes canales sensoriales y los sensores (analizadores sensoriales) repartidos por su cuerpo le informan de forma selectiva del estado de su cuerpo y de su relación con el medio y los objetos.

Pensemos que nuestros diferentes sistemas senso-perceptivos le ponen al día de nuestra situación y de nuestros movimientos, lo que contemplado desde el punto de vista que se presenta en este libro, es la puerta de entrada de las informaciones que participan en el proceso de optimización y diversificación del movimiento dominado. Optimizar el aprendizaje deportivo supone una compleja relación entre *información y energía*, indicando que, si bien no es posible la regulación y control de las acciones sin información, los rendimientos no podrían exteriorizarse sin la energía necesaria.

De lo dicho pueden deducir que la capacidad de procesar las informaciones y las energías del atleta deben confluir en el máximo rendimiento en el momento, y en el lugar oportuno, es decir, supone haber alcanzado el objetivo marcado en cada fase de la preparación deportiva, ya que como sabemos los desequilibrios entre estos dos componentes del rendimiento deportivo son manifiestos en muchas circunstancias. Existen momentos del proceso de aprendizaje en los que el deportista posee energía pero la falta de conocimiento le hace gastarla de forma desordenada y, por lo tanto, no alcanzar el objetivo previsto, mientras que en otras ocasiones la falta de energía se ve compensada por una actuación inteligente en la que el deportista emplea sus escasos recursos de forma eficiente. Es labor del entrenador equilibrar los dos brazos de la balanza, los dos caballos del tiro, para que la meta prevista se vaya consiguiendo progresivamente y el deportista se sienta capaz y competente para ello.

Volviendo sobre la cuestión de las vías por las que los deportistas obtienen las informaciones para sus actuaciones, numerosas investigaciones llevadas a cabo en los últimos cincuenta años han mostrado como la regulación motriz reclama informaciones de origen diverso, y cómo el ser humano esta construido para *alimentarse* de informaciones, posee complicados sistemas sensoperceptivos : *visual, auditivo, propioceptivo, vestibular, etc.,* no pudiéndose dar un adecuado control motor sin ellos (Schmidt, 1986 ; Farfel, 1988).

Nuestros receptores sensoriales están especializados para responder a tipos específicos de información tales como la luz, la temperatura, la estimulación mecánica, la presión o el sonido y el ámbito deportivo está lleno de informaciones que deben ser captadas, seleccionadas e interpretadas por el atleta, para que pueda emplearlas en la elaboración de sus proyectos motores, de ahí, que estas fuentes de información, como indica Sage (1984) sean necesarias para un movimiento adaptado.

Si estas múltiples y variadas informaciones deben ser analizadas e interpretadas por el deportista, es comprensible que numerosos autores hayan resaltado el papel de los estos sistemas senso-perceptivos (Hotz, 1985, Magill, 1989; Farfel, 1988). Estos sistemas se componen de vías nerviosas aferentes (que canalizan la información hacia el cerebro) y de centros sensoriales y áreas de proyección primarias en el cerebro. Su papel en el control y regulación de los gestos deportivos es muy diferente según el contenido, cantidad, calidad y utilidad de la información disponible sobre el transcurso de la actuación deportiva (Schnabel, 1988).

Al ser diversas las fuentes de información que influyen en la regulación de los movimientos, se pueden distinguir, con los autores alemanes, un *ciclo de regulación interna y otro ciclo de regulación externa* que comportan los sistemas de información propioceptiva, vestibular, visual, acústica y táctil (Hotz, 1985; Grosser y Neuimaier, 1986).

Estos ciclos de regulación funcionan de forma conjunta aunque pueda existir un sistema que predomine sobre el otro en diferentes momentos del proceso de aprendizaje y optimización. La interacción existente entre lo sensorial y lo perceptivo hace que aceptemos la propuesta de Magill (1989) de denominarlos *sistemas senso-perceptivos*, sistemas que no sólo se responsabilizan de la recepción de la información sensorial sino que establecen relaciones con informaciones pasadas y permiten una interpretación de la situación presente.

Está claro que como consecuencia de las múltiples interacciones en los entrenamientos y en las competiciones, los sistemas senso-perceptivos del deportista se *sensibilizan hacia cierto tipo de informaciones específicas*, que una persona sin experiencia sería incapaz de distinguir. Los expertos en el deporte, como los expertos en cualquier otra tarea de la vida (médicos, ingenieros, matemáticos o físicos) han sensibilizado sus sistemas para identificar las señales más cargadas de información para tomar decisiones, captan dónde está la falla en una estructura, dónde se ubica el tumor y sus características o qué tipo de situación de ataque le presenta el oponente.

Por lo que optimizar supone favorecer que los atletas sean capaces de una mayor discriminación, de interpretaciones más ajustadas de las situaciones, en definitiva, de un empleo económico de su esfuerzos cognitivos-motores, siendo sensibles a la más mínima diferencia existente entre estímulos o lo que los especialistas llaman la *mínima diferencia percibida* (J.N.D. - «*just noticiable difference*») y que se suele definir como la *mínima cantidad de cambio en la intensidad del estímulo que puede ser correctamente detectada por el sujeto* (Magill, 1989).

El proceso de optimización del aprendizaje deportivo supone *el entrenamiento de los sistemas senso-perceptivos reclamados en cada deporte, refinándolos y manteniéndolos activos, disponibles y sensibilizados para un rendimiento máximo,* ya que es posible caer en la trampa de pensar que en los atletas de élite ya se ha desarrollado, suficientemente, la capacidad de desplegar estrategias que favorezcan una economía de *detección-rastreo* perceptivo. Pensamos que es imprescindible seguir invirtiendo tiempo y esfuerzo en que nuestros deportistas optimicen su capacidad de *detectar-rastrear informaciones en su campo perceptivo.*

Pensar que en la fase de optimización, el atleta no tiene necesidad de entrenar su *"olfato deportivo"*, es infravalorar el papel de los sistemas senso-perceptivos en el control y regulación de los rendimientos deportivos y supone que el entrenador posee un deficiente *"olfato técnico"*. Pensemos en el ciclista, el corredor de medio fondo o de maratón, el tenista o el nadador, todos ellos deben detectar, interpretar, en definitiva, emplear informaciones de sí mismos o de sus adversarios para tomar decisiones estratégicas ajustadas a cada situación de la competición. La respiración jadeante que escucha de su oponente, el paso pesado, son indicadores de que llegó el momento de despegarse de él. Estas son decisiones que el deportista no toma *"a la buena de dios"*, sino que valora las circunstancias, las cuales están saturadas de informaciones necesarias para decidir qué hacer y cuándo realizarlo.

Percepción interna del movimiento

Al observar a un atleta en plena actuación contemplamos la enorme variedad de ajustes corporales que realiza para mantener la posición, iniciar un movimiento, controlar el artefacto que debe proyectar lo más lejos posible o que debe emplear como intermediario para conseguir su rendimiento óptimo. Todo ello reclama que exista un sistema encargado de atrapar el caudal informativo que procede de sus músculos, tendones y articulaciones (Schnabel, 1988; Hotz, 1985; Mechling, 1990).

El analizador propioceptivo está compuesto de numerosos sensores localizados en músculos, articulaciones y tendones, que permiten que el sistema esté informado de la posición del cuerpo y de sus diferentes cambios en relación con la gravedad. También nos informa de los movimientos del cuerpo y de sus diferentes partes, siendo capaz de registrar los mínimos cambios de posición y de tensión (ver Rigal, 1986). El lector puede realizar la prueba de colocarse con los brazos en cruz y cerrar los ojos, pregúntese por qué sabe que sus brazos están donde están, qué mecanismo favorece que pueda moverse sin abrir los ojos, qué tipo de informaciones son las que su cerebro utiliza y de dónde proceden. Estas y otras muchas preguntas le llevarán inexcusablemente a todo el conjunto de diminutos sensores especializados que nuestro organismo posee.

Estos sensores no sólo dotan de información de entrada sino que son imprescindibles para poder tener la necesaria información de retroalimentación. Sigamos con el ejemplo anterior e imagínese que está sobre una plataforma de equilibrio y que cualquier pequeño movimiento de sus pies desequilibra el soporte, los ajustes y reajustes suponen que estos sensores están activados para recibir informaciones de retorno necesarias para mantener una posición estable sin emplear la visión.

Por lo tanto, estas retroalimentaciones son necesarias para los complicados procesos de comparación entre lo deseado (mantener el equilibrio en la plataforma) y lo conseguido (pérdida de la estabilidad) al actuar, y de este modo poder establecer circuitos de autocorrección. Al ser estas informaciones una fuente de retroalimentación para el atleta, es importante que éstos aprendan a interpretar estas informaciones *propioceptivas y quinestésicas, ¿Cómo?,* eliminando el analizador visual (recordemos que décadas atrás se promocionó el entrenamiento con ojos cerrados como medio de elevar la sensibilidad propioceptiva de los deportistas y aunque los resultados de las investigaciones no hayan sido concluyentes sigue siendo una opción a considerar), (veáse Sage, 1977), ya que en numerosas acciones deportivas los atletas se ven incapacitados para observar el desarrollo de sus acciones técnicas, de ahí, la necesidad de saber interpretar los mensajes que sus músculos, articulaciones o sistema vestibular le envían cuando está en la piscina, combatiendo o en la cancha de Tenis.

Acabamos de nombrar las informaciones vestibulares y no deberíamos pasar por alto su contribución aprendizaje y optimización deportiva, ya que dota al atleta de indicaciones sobre las aceleraciones, los cambios de posición, la estabilidad y el equilibrio corporal, etc., es decir, colabora, con las informaciones propioceptivas para que el deportista reciba informaciones sobre el punto de partida para la realización del movimiento, sobre el transcurso de las acciones, como en el Patinaje, la Gimnasia Artística Deportiva, el Hockey sobre patines o los Saltos de Trampolín, y sobre el resultado de las mismas cuando aterriza en el suelo después de un doble mortal.

Ver para aprender

Si bien la información propioceptiva y quinestésica posee un papel relevante en la regulación del movimiento y su influjo se incrementa con el entrenamiento y el nivel de dominio, esto no disminuye el papel de la información visual en el proceso de optimización deportiva (Sage, 1984). La visión juega un papel muy relevante en el rendimiento deportivo ya que ofrece al atleta informaciones sobre el desarrollo del propio movimiento, del movimiento de sus oponentes o las situación del entorno, de las referencias espaciales, sobre el estado del terreno, superficies y materiales así como con las informaciones que provienen de sus compañeros o de su entrenador.

Su importancia se manifiesta cuando todos los sistemas están disponibles para su empleo, la visión predomina sobre los demás, *"a ver como se hace"; "muéstrame como hay que llevarlo a cabo"; "mira, así tienes que elevar el brazo", "observa en la pantalla lo que hiciste en el partido"*, etc. Son éstos ejemplos de cómo nuestro mundo es visual, por los ojos entra el mayor porcentaje de las informaciones que recibimos, y muchos deportistas mejoraron su capacidad deportiva con una buena corrección óptica.

Existen momentos en los que los atletas no se sienten cómodos en sus actuaciones deportivas si el sistema senso-perceptivo está eliminado o entorpecido, llegando a menores rendimientos cuando el campo visual se ve obstaculizado o reducido, pensemos que el rendimiento en modalidades atléticas tan concretas como el lanzamiento de Jabalina se ve mermado si al atleta se le reduce el campo de visión (Davis, 1991). La importancia de las informaciones visuales centrales o periféricas en el rendimiento deportivo han sido analizadas en numerosos estudios en los que se ha demostrado su papel en el control motor (ver Ripoll, 1982), tal es el caso del Salto de Longitud, el Tenis de Mesa o en los Deportes Colectivos.

Sobre este particular, son clásicos los estudios de Lee (1980), autor que demostró que los saltadores de longitud de élite, como fruto de sus miles de horas de entrenamiento tienen automatizadas sus acciones, ajustan, no obstante, sus últimos pasos empleando informaciones visuales que reciben a lo largo de la carrera de impulso. Este tipo de estudios, así como los que se llevaron a cabo con bebés en la llamada habitación móvil, demostraron que el sistema visual es un sistema expropioceptivo, ya que dota de información del exterior así como del propio individuo con respecto a ese exterior.

En sus estudios con tres saltadoras de alto rendimiento, Lee (1980) analizó el ajuste de las zancadas en la carrera, comprobando como un 50% de estos ajustes fueron realizados en la última zancada. Estos ajustes estuvieron basados en información visual obtenida previamente, proceso del que no fueron conscientes las atletas. Así se demostró cuando fueron interrogadas sobre este particular, hecho que, por otra parte, no es de extrañar dado el carácter tácito del conocimiento de los expertos.

En palabras de este investigador (Lee y col., 1984) durante el trayecto hacia la tabla de batida el deportista obtiene información sobre el error que posiblemente esté cometiendo y, que si no realiza los ajustes necesarios, es probable que no llegue adecuadamente a tomar la tabla. Para acomodarse a estas demandas necesita del sistema visual para que le informe sobre el *tiempo de contacto con la tabla* y poder realizar los ajustes necesarios.

Pero no sólo participa en este tipo de situaciones deportivas, este sistema sensoperceptivo está reclamado en la mayoría de los deportes y para Ripoll (1991) posee una doble función, por un lado, dota al atleta de información sobre la situación *(función semántica)*, identificando e interpretando las informaciones de la situación deportiva y, por otro lado, permite que el sujeto obtenga las informaciones necesarias para llevar a cabo la respuesta, calculando el tiempo necesario para desencadenar la respuesta y coordinarse con el sistema motor para la regulación del gesto deportivo *(función sensomotriz)*.

Esta diferenciación que realiza este autor francés es muy interesante ya que muchos deportes reclaman esta doble función de forma muy intensa, caso de los deportes de colectivos y el entrenador debe ser consciente de que sus deportistas necesitan optimizarlas si desean alcanzar niveles elevados de competencia deportiva.

Los deportes de precisión, de balón o de raqueta, reclaman de forma notable el sistema visual en sus diferentes funciones y en todas sus manifestaciones, así como la capacidad del sujeto para estar en el momento oportuno en el lugar oportuno, realizando los cálculos oculomotores necesarios para adoptar la respuesta más ajustada a cada situación (veáse Capítulo 4).

Los atletas deben optimizar su competencia para rastrear e interpretar las informaciones que el contexto deportivo le presenta, para extraer los datos más relevantes de cada situación, pasando de una captación global de las informaciones a la extracción de datos específicos interpretándolos para ir más allá de la información recibida y poder anticipar la acción del oponente o predecir el futuro inmediato, algo que caracteriza notablemente a los expertos en deporte (ver Ruiz, 1997).

Cuando el sonido ayuda a la regulación de las acciones deportivas

No estamos muy seguros de que el analizador acústico haya recibido la atención necesaria por parte de los especialistas deportivos, salvo en el caso de actividades donde la música juega un papel importante.

Hagamos un examen del conjunto de sonidos que se producen en el contexto deportivo y su significado. Los pasos de un atleta de fondo, su respiración, el sonido de la pelota al ser golpeada por la raqueta en tenis o por la mano en Voleibol, el sonido de las paladas en Piragua, de las tablas de Esquí sobre los diferentes tipos de nieve o los pies arrastrándose sobre el tatami. Aún, no siendo conscientes de ello, los deportistas organizan muchas de sus repuestas basándose en estos sonidos para determinar qué hacer posteriormente o para mantener un ritmo de actuación.

Asimismo, muchas habilidades técnicas poseen una estructura dinámica con una acentuación de puntos de fuerza especialmente intensos y fases de relajación o puntos de aceleración que el deportista debe asimilar, hecho que muchos entrenadores conocen y han empleado para ayudar al deportista a adquirirlas, pensando en los sonidos como medio de favorecer la adquisición del ritmo de actuación necesario.

Todo este conjunto de informaciones acústicas suponen una fuente inestimable de señales que pueden influir en la regulación de los gestos técnicos y que deben ser interpretados por el atleta de forma muy precisa. Así, el esquiador sabe que el cambio del tipo de nieve, por ejemplo, puede conllevar decisiones diferentes. Todo ello nos lleva a pensar que en el proceso de optimización deportiva no sólo es conveniente la filmación de las acciones del atleta para su posterior análisis, sino que también parece adecuado la grabación de los sonidos que pueden ser relevantes, con la finalidad de optimizar la realización precisa de dichas acciones.

Esto puede suponer un recurso didáctico que el entrenador no debería pasar por alto, ya que supone dotar al atleta de elementos de comparación entre lo que realiza y el patrón espacio-temporal (habilidad técnica) necesario para la consecución del objetivo previsto. La comparación de los sonidos de sus prestaciones en situaciones deportivas podría ser empleada en procesos de entrenamiento en los que se busca recuperar dicho nivel alcanzado pero perdido por alguna circunstancia (lesión).

El analizador acústico informa al atleta del desarrollo del propio movimiento como, por ejemplo, en el triple salto, puede ayudar en el establecimiento del ritmo de nado en la piscina, favorece la orientación del atleta en el campo de juego y su relación con el resto de los componentes del equipo, en definitiva, de las múltiples informaciones que pueden rodear la actuación deportiva (sonidos de espectadores, indicaciones del entrenador, reclamos de sus compañeros, sonido del viento, etc.).

La sensibilidad a la que anteriormente apelábamos, supone que, de este conjunto amplio de informaciones, deberá seleccionar las pertinentes y no dejarse atraer por las irrelevantes, lo cual nos lleva a tratar la cuestión de la *atención selectiva*, cuestión que será tratada más adelante, y de cómo los sonidos se podrían emplear como engaños, trucos o incitaciones que provocasen decisiones erróneas en el oponente, quien puede haber adquirido sistemas de producción de respuestas que le indican que ante tal sonido lo adecuado es realizar tal o cual acción (si-entonces; *"if-then"*) (ver Pozo, 1988)

Todo este conjunto amplio de informaciones contribuyen a que el ciclo perceptivo-motor funcione con precisión en cada situación y que los deportistas puedan planificar, organizar y regular de forma precisa sus movimientos, permitiendo actuaciones adaptables a condiciones tan cambiantes como las deportivas.

1.7. OPTIMIZAR EL APRENDIZAJE DE LOS DEPORTES: NUESTRO OBJETIVO

Llegado este punto parece adecuado indicar qué entendemos por optimizar el aprendizaje de los deportes, de tal forma que lo que a continuación se exponga en los diferentes capítulos de este libro cumpla su objetivo primordial: *dotarle de los conocimientos y de las oportunidades de reflexión crítica que les permitan tomar las decisiones más adecuadas para sus deportistas.*

Siendo un término de reciente uso entre la comunidad deportiva, su definición siempre está referida a mejorar, refinar o afinar la competencia de los deportistas en sus diferentes modalidades deportivas. Aceptamos la definición del Diccionario sobre las Ciencias del Deporte (Beyer, 1992, pág. 456) sobre el término *optimización (optimierung, optimization, optimisation)* que a continuación reproducimos:

> *"En el sentido matemático, la optimización corresponde a la búsqueda de una combinación tal de variaciones posibles, que el conjunto de los procesos adopte un valor máximo o mínimo.*
>
> *En el campo de las Ciencias del Deporte la optimización designa la determinación de un camino o el control de la variación sistemática de parámetros con vistas*

a obtener el mejor resultado, teniendo en cuenta las condiciones personales y situacionales. En este contexto "optimización" y "mejor resultado" implican minimizar las influencias nocivas y optimizar la actuación. En el deporte, la optimización se relaciona con el entrenamiento y el aprendizaje, en los que debe controlarse una multitud de variables de influencia por lo que respecta a su interacción para alcanzar un resultado óptimo... (Mechling)"

Pero, cuál debe ser ese camino, qué mapa emplearemos para introducirnos en los complicados terrenos de la mejora deportiva. No nos cabe la menor duda que el entrenador debe ser como un buen explorador que ha obtenido su conocimiento de estar constantemente sobre el terreno pero que conoce sobre cartografía e interpreta los nuevos mapas con gran precisión.

Lo que este libro ofrece al entrenador son claves para la construcción e interpretación de los "mapas" (planes) que permitan tomar las decisiones más conveniente para seguir el camino más adecuado o para abrir nuevas vías de acceso en el proceso de optimización del aprendizaje deportivo. En este sentido, optimizar y conseguir el mejor resultado, supone eliminar todo aquello, personal o ambiental, que pueda entorpecer que el atleta llegue al máximo de sus posibilidades.

La investigación existente en la actualidad así como la observación cotidiana nos ha demostrado que los deportistas raramente alcanzan sus límites teóricos posibles en relación con sus capacidades de adquisición (Thiffault, 1972), lo que nos indica que en el deporte es posible seguir optimizando el aprendizaje en los altos niveles de rendimiento.

La mejora de las acciones estratégicas, tácticas y técnicas y su empleo adaptable siempre es posible cuando el deportista aprende a gestionar sus recursos cognitivos y motrices en cada situación deportiva, así cómo a combinarlos adecuadamente con la energía necesaria para su empleo, ya que parece estar bien establecido que los deportistas de élite poseen un conocimiento íntimo de su esfuerzo físico como fuente de información para un control motor más adecuado.

Por lo tanto, todo proceso de optimización del aprendizaje deportivo debe estar asociado a la optimización de las cualidades coordinativas y físicas o condicionales, así como del aumento del conocimiento sobre dicho deporte (Schnabel, 1988; Ruiz, 1997). Favorecer la optimización supondrá analizar el complejo entramado perceptivo-motor que es el atleta y destacar en él procesos tan importantes como la atención y la anticipación, los procesos de retención y memoria, su estilo personal de actuar y decidir o el efecto del conocimiento de los resultados, para encontrar las condiciones de práctica óptimas para mejorarlos.

El conocimiento científico actual permite sugerir que en los niveles de alto rendimiento deportivo es posible el entrenamiento de las cualidades físicas empleando las técnicas que están dominadas. Es posible elevar el rendimiento físico del deportista cuando se utilizan las habilidades deportivas como instrumento de esta mejora (Meinel y Schnabel, 1988). Así, durante el entrenamiento del salto de altura no sólo se perfecciona la técnica sino que tembién se ven afectadas cualidades físicas necesarias para un rendimiento óptimo. La cuestión clave es seguir estableciendo relaciones regulativas entre el sistema nervioso central, los sistemas orgánicos cardio-vascular, respiratorio, el metabolismo y todo el sistema perceptivo-motor.

Clasificar adecuadamente los deportes y sus técnicas supone comprender su verdadera finalidad y sus posibilidades de desarrollo. La optimización del aprendizaje de los deportes pasa por el ofrecimiento de una abundante gama de situaciones problema en las que el deportista deba plantearse su solución. Producir además de reproducir, ya que es difícil comprender la adaptabilidad motriz, aspecto fundamental del control motor en el deporte, sin una referencia a los problemas motores a los que el deportista debe hacer frente de forma habitual, de tal forma que del repertorio de respuestas que el deportista posea, sea capaz de organizar un movimiento particular para resolver el problema planteado de forma concreta. Estos son asuntos que, si nos acompaña, le presentaremos en los próximos capítulos de este libro.

2. PROCESOS COGNITIVOS EN EL RENDIMIENTO DEPORTIVO

Ya se ha comentado en el capítulo anterior que es común en la actualidad considerar al deportista como un procesador activo de información pero con una capacidad limitada, de ahí que la noción de *información* sea capital para comprender el funcionamiento perceptivo-motor, su procesamiento, así como las estrategias que desarrolla el deportista para seleccionar las informaciones más pertinentes, en muchos casos, en cortos intervalos de tiempo. Décadas atrás se hablaba de los estímulos que el deportista debía recibir para responder adecuadamente, pero los tiempos han cambiado y se ha dotado al deportista de una papel activo en su proceso de optimización, de ahí que haya cambiado la terminología empleada.

Estas informaciones, al estar presentes, eliminan la *incertidumbre* que los deportistas puedan tener en una situación deportiva, de ahí que cuando hablamos de información, inexcusablemente debemos hablar de incertidumbre.

Escalar por una pared, realizar un rally por el desierto o simplemente competir en una carrera de orientación nos muestran como la incertidumbre del terreno, de los acontecimientos y de su secuencia están presentes ante el deportista y que una de las funciones del entrenamiento es prepararle para ser capaz de tratar con diferentes grados de incertidumbre, para lo cual el deportista adquiere conocimientos e informaciones necesarias para esta misión. Una definición válida de *información* es considerarla como la *cantidad de incertidumbre que se ve reducida cuando está presente ante el deportista*. ¿Qué debo hacer?, ¿Cuándo debo hacerlo?, ¿Por qué mi oponente actúa como lo hace?, ¿Qué táctica es la adecuada ante este tipo de ataque?, etc. Estas cuestiones las hemos escuchado muchas veces o nos las hemos planteado alguna vez y todas ellas reclaman información.

En el Deporte de Alto Rendimiento las fuentes de información son diversas, como ya se ha venido comentando. El deportista debe procesar informaciones sobre el *medio* en el que está desarrollando su actividad (agua, nieve, césped, pared, tapiz, campo de juego, así como de los adversarios, compañeros, etc.). En segundo lugar, debe procesar informaciones sobre *sí mismo y su estado personal* así como de *su propia respuesta motriz*, es decir, la *organización de los impulsos nerviosos requeridos para la realización del movimiento* y, por ultimo, debe procesar informaciones sobre *el desarrollo del movimiento y su resultado (feedbacks intrínsecos)* (Famose, 1983).

A estas informaciones habrá que añadir todas aquellas referidas a sus sentimientos de competencia, estados de ánimo, etc. y las sensaciones que le indican si está en el momento óptimo o si existe algún *ruido* (dificultad) que puede entorpecer el procesamiento de la información dentro del sistema.

Este procesamiento informativo es el que dotará al atleta de la comprensión de la situación y favorecerá que emplee los recursos técnicos más adecuados a la misma situación. Esta doble faceta de *comprender y actuar* ha sido, habitualmente, separada de manera artificial, máxime cuando sabemos que en el atleta sus respuestas técnicas están vinculadas íntimamente a un procesamiento informativo anterior, en el que la experiencia -conocimiento de las características y posibilidades de circunstancias similares ya vividas- juega un papel muy importante.

De ahí que la tendencia en la actualidad sea considerar *la optimización del rendimiento deportivo como un proceso complejo de dominio y aplicación, y no únicamente como la repetición mecánica de gestos y tácticas.* En definitiva, la optimización debe ser desarrollada en el contexto deportivo en el que el atleta perfecciona su conocimiento sobre el papel que, dichas técnicas y tácticas, tienen en cada momento del juego deportivo.

2.1. LA NECESIDAD DE UN MODELO PERCEPTIVO-MOTOR EN EL PROCESO DE OPTIMIZACION DEPORTIVA

En las últimas décadas son numerosos *los modelos del funcionamiento perceptivo-motor* que han sido empleados en el seno del Deporte. Cada uno de ellos ha mostrado el impacto de los avances de su tiempo, pero no han estado exentos de limitaciones (Ruiz, 1994; Schmidt, 1990; Schmidt, 1991; Mahlo, 1979; Welford, 1976, Whiting, 1969).

Un modelo de procesamiento de la información muy conocido en el ámbito del deporte fue el presentado en los años 1970 por F. Malho (1976) en el que se destacaron junto con la realización de las respuestas, la percepción y análisis de la situación y su solución mental, circunstancia que reclamaba la participación de la memoria y que daba una perspectiva perceptivo-motriz al rendimiento deportivo.

El ciclo perceptivo-motor está compuesto, por lo tanto, de todo un conjunto de operaciones de procesamiento que a su vez está soportada por toda una serie de mecanismos, habitualmente denominados *senso-perceptivo, de tomas de decisión, de ejecución y control*.

Seleccionar un único modelo como representativo del procesamiento de la información de carácter perceptivo-motriz siempre conlleva un riesgo, en el contexto de este documento se presenta más adelante el ya clásico elaborado por Weldford (1976), y junto con él, queremos presentar, uno de los modelos planteados en la última década, que manifiestan un valor heurístico y pueden dar lugar a una mejor comprensión de los procesos implicados en los aprendizajes deportivos y de la magnitud de su complejidad cuando el objetivo es alcanzar el alto rendimiento. Este modelo, representado en la figura 2.1, es el que propone Robert Kerr (1982).

En él se destaca lo que ya hemos resaltado en páginas anteriores, y es considerar la optimización del aprendizaje como *un proceso global de solución de problemas motrices, es decir, de dominio y aplicación inteligente de lo aprendido*.

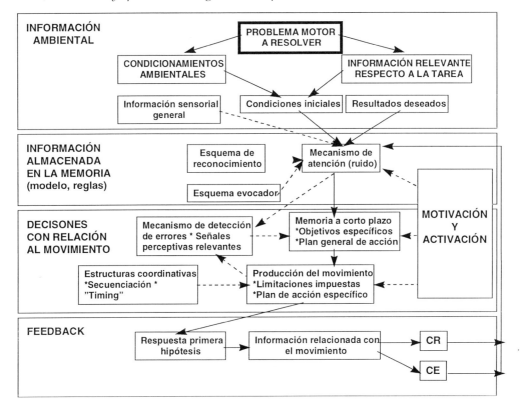

Fig. 2.1

Una propuesta de modelo

En este modelo se destacan una serie de pasos en los que la información ambiental, las decisiones relacionadas con el movimiento técnico a realizar y las retroalimentaciones ligadas a la actuación son aspectos relevantes, pero también lo son la motivación del sujeto, su estado activado y su atención.

Relacionado ya con el proceso de optimización de los aprendizajes deportivos resulta conveniente indicar que:

1. El perfeccionamiento de las técnicas y tácticas es el problema con el que cotidianamente se debe enfrentar el atleta *(problema motor)*, de ahí que, para cumplir este objetivo, necesite procesar informaciones relativas al medio en el que está practicando y las posibles limitaciones que éste le pueda presentar (climatología, situación de práctica con o sin adversarios, caudal de las aguas, estado de la nieve, etc.) *(limitaciones ambientales)*.

También es necesario que seleccione las informaciones que deben incluirse en el programa de acción para conseguir que su gesto técnico al lanzar la jabalina, girar en el aire o pasar a un compañero, sea el adecuado *(informaciones sobre la tarea)*.

Con ello se establecen las que en el Capítulo 1 denominábamos *condiciones iniciales*, es decir, las circunstancias de las que se parte para refinar las acciones en cada deporte y que van a influir de forma importante en la regulación posterior de los movimientos.

2. El *objetivo* a conseguir, es decir, el movimiento a producir como *resultado deseado,* se convierte en la referencia para *comparar* las numerosas retroalimentaciones que irá recibiendo durante el entrenamiento. El sistema perceptivo-motor necesita una información de referencia que permita la *comparación y la detección del error.*

Para poder llevar a cabo el movimiento o la secuencia de movimientos el atleta necesita reclamar de su *memoria* los conocimientos allí almacenados en forma de *modelos, programas, esquemas o reglas de acción*. Para que este proceso se lleve a cabo sin dificultades es necesario eliminar todas aquellas informaciones no pertinentes que pueden interferir (*ruidos*) al buen desarrollo de la toma de decisión sobre cuál debe ser el gesto a organizar y ejecutar.

3. Reclamado el esquema motor pertinente es necesario *especificarlo* en sus parámetros concretos para que el gesto se manifieste de forma coordinada y precisa (*objetivo*). Su ubicación en la memoria a corto plazo lo transfiere hacia el sistema motor para que sean organizadas las unidades motrices convenientes y se produzca el movimiento planeado (*Estructura de coordinación y Sincronización del movimiento - timing*). Es a partir de este momento cuando el deportista establece la hipótesis para solucionar el problema motor planteado con su expresión motriz correspondiente.

4. Por último, el atleta verifica si su plan se diferencia o no del objetivo perseguido. Su capacidad de interpretación de las informaciones sensoriales sobre el desarrollo de la acción (*C.E.= Conocimiento de la Ejecución*) y del resultado (*C.R.= Conocimiento de los Resultados*) le indicarán la necesidad de seguir practicando para eliminar el error apreciado o para mantener el resultado obtenido cuando éste es el deseado.

5. Todo ello debe ser contemplado bajo el prisma de un atleta que desea mejorar, desea optimizar su rendimiento y ser excelente, deseo que le motiva a estar disponible para ello (*Motivación - Activación*).

En este ciclo perceptivo-motor el entrenador o entrenadora puede intervenir de múltiples maneras ya que puede adecuar las condiciones iniciales para que su atleta parta de un punto de partida concreto. Puede ayudarle a emplear sus conocimientos anteriores en el desarrollo, un nuevo gesto técnico o de una táctica innovadora, a seleccionar las señales necesarias para actuar (*atención selectiva*) y de este modo economizar esfuerzo mental, en definitiva, puede ayudarle a que coordine mejor sus movimientos y los contemple dentro del contexto general del deporte.

Es cierto que las modalidades deportivas son muy diferentes, pero ciertos principios pueden tener un gran valor heurístico, como analizamos en el Capítulo 3 al tratar las diferentes exigencias que las técnicas deportivas pueden reclamar del atleta.

Es interesante destacar que en numerosos estudios se ha mostrado como los no deportistas y los deportistas de alto rendimiento deportivo (en adelante, ARD) no difieren de forma notable en las cualidades básicas de su Sistema Nervioso o de sus sistemas sensoriales, lo que sí les diferencia es haber desarrollado formas avanzadas de conocimiento declarativo y procedimental que les caracteriza como expertos en su campo del mismo modo que los diferentes expertos en diferentes ramas del saber (ver Conclusión).

Su expresión se manifiesta en que no sólo el atleta es capaz de movimientos con un menor gasto energético, sino porque emplean un menor esfuerzo mental para seleccionar, organizar y llevar dichos movimientos a cabo.

Entre las cualidades en las que los deportistas de ARD manifiestan superioridad y necesitan un constante entrenamiento son los procesos relativos a la gestión de la atención y los procesos de anticipación. Tal vez la anticipación y la atención sean procesos que en el atleta de ARD destacan por su eficacia y por diferenciarles del resto de los deportistas más novatos.

2.2. PROCESOS DE GESTION DE LA ATENCION Y OPTIMI-ZACION DEPORTIVA

Es suficientemente conocido que los deportes manifiestan diferentes demandas sobre la gestión de la atención y que el aprendizaje reclama este recurso de los atletas de forma variable. En el ARD, como en otras circunstancias de alta exigencia, los deportistas deben decidir sobre qué fuentes de información necesitan ser examinadas, en qué momento hacerlo, durante cuánto tiempo, cómo combinar dicha información con otras fuentes o decidir si la nueva información se debe emplear para tomar decisiones posteriores. En este conjunto de decisiones juega un papel muy importante la *atención*.

Un hecho que se constata al analizar la literatura científica es que los procesos de atención han sido tratados como: *concentración mental, vigilancia, alerta, búsqueda, reflejo de orientación, activación, disposición, atención selectiva, análisis por síntesis, facilitación, etc.*, lo que indica una cierta falta de precisión (Singer, 1991).

En el proceso de optimización deportiva ha resultado muy interesante conocer cómo los atletas emplean estos recursos de la atención y de qué manera se los puede optimizar para que puedan aprender a emplearlos mejor y superar sus rendimientos deportivos, teniendo en cuenta que, en el deporte, es habitual la movilidad de la atención para conjugar informaciones procedentes de fuentes o lugares diversos que, posteriormente, el atleta empleará en la toma de decisiones para la realización de la acción deportiva.

Pensar que estas circunstancias son estables siempre y en todo lugar, es poco menos que negarse a la evidencia, ya que lo que caracteriza el ámbito deportivo es la existencia de múltiples fuentes de distracción que pueden movilizar la atención del atleta hacia fuentes no relevantes y favorecer un rendimiento inadecuado.

Diferentes explicaciones de un mismo fenómeno

Las relaciones entre atención y control motor tienen su propia tradición y los investigadores han explicado de forma muy diversa estas relaciones. Así, es conocida la polémica sobre la ubicación de los procesos selectivos o de filtro en el ciclo perceptivo-motor. Mientras que para unos ésta se manifestaba en los momentos iniciales del procesamiento de la información, cuando los datos todavía no han sido analizados en sus características o lo que es lo mismo, la atención determinara qué información tendría acceso a la conciencia del atleta, bloqueando el resto de informaciones que se perderán (Broadbent, 1958).

Para otros investigadores este filtro de la información se ubicaría en fases más avanzadas, justo antes de que éstas entren en la conciencia del atleta. Es la vieja polémica sobre el lugar de control (*locus de control*) que no ha aclarado mucho sobre el papel de la atención en el sistema perceptivo-motor humano.

En la actualidad, la atención, de ser considerada como un proceso cognitivo ha pasado a ser contemplada *como un control o regulador interno de la actividad cognitivo-motriz* (Ruiz Vargas, 1993). Esto significa que actualmente se considera que el papel de la atención es el de controlar la conducta y el procesamiento cognitivo de las informaciones.

Considerada desde esta perspectiva es conveniente resaltar, por un lado, la *orientación de la atención* que hace referencia a la preparación para actuar y, por otro, la *distribución de los recursos de la atención*, es decir, la capacidad del atleta para procesar la información, capacidad que ya hemos comentado que es limitada, ya que el deportista no puede procesar todo tipo de informaciones que aparecen ante él, sino que debe seleccionar las señales más relevantes basándose en rasgos tales como el color, la forma de los objetos, la textura, importancia del acontecimiento, discrepancia, novedad, etc. De esto se deduce que la disposición, concentración, alerta, etc. del atleta facilitará la activación de los procesos internos que ayuden a dicha selectividad y al empleo eficaz de los recursos de la atención.

¿Para qué atender?

Tradicionalmente la atención se ha resaltado por su función *selectiva*, pero se ha demostrado que posee otra serie de funciones tales como: *facilitadora o inhibitoria de conductas*, es decir, la atención funciona a dos niveles:

1. *Selectivo, excitador y facilitador.*
2. *Cambiante, inhibitorio e interruptor.*

Lo importante es que se ha caído en la cuenta de que éstas son manifestaciones diversas de la atención cuando se la considera como un mecanismo de flujo y selección de la información tanto externa (procedente del medio) como interna (procedente de la memoria a largo plazo) (Ruiz-Vargas, 1993, pág.131). Estos dos tipos de funcionamiento se relacionan con lo que hemos venido destacando como aspectos importantes del control motor y de la optimización deportiva: *las condiciones iniciales y la realización y finalización del gesto técnico o de la acción táctica.*

Dimensiones de la atención

Diferentes estudios han analizado las dimensiones de la atención y su posibilidad de estudio en los deportistas a partir de las investigaciones de Nideffer (1976), y a partir de las cuales también han avanzado autores españoles como De Diego y Sagredo (1992), Balaguer (1994) y Lorenzo González (1996). Es común considerar dos dimensiones, por un lado la dimensión *interna-externa* y por otro lado, la dimensión *amplia y reducida* (fig. 2.2).

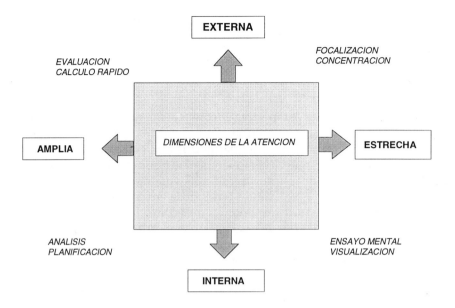

Fig. 2.2

1. *La dimensión externa/interna* indica que el atleta al practicar su técnica puede centrar su atención en los aspectos de la tarea y el contexto donde la realiza o en sus sentimientos; la planificación de la propia acción o el desarrollo de una estrategia personal de actuación, tal y como es el caso de las pruebas de largo aliento en Atletismo, en las que el atleta puede centrar su atención en pensamientos diversos relacionados o no con la prueba.

Esto es factible en actividades deportivas en las que la exigencia de recursos de la atención sobre el exterior es mínima y para la realización emplean acciones técnicas automatizadas. Los atletas de ARD suelen alternar su atención del interior (su técnica, informaciones corporales) al exterior (resto de competidores) o viceversa, lo cual le permite optimizar el empleo de sus recursos y obtener rendimientos elevados.

2. *La dimensión amplia/reducida* indica la cantidad de estímulos que el atleta puede atender. Una atención amplia se reclama ante la situación de tener que optimizar la técnica para iniciar un contraataque en un juego deportivo mientras que en ciertos deportes de precisión como el Tiro con Arco, la atención esta focalizada en el centro de la diana.

Optimizar los procesos de la atención

Una vía de comprensión de estos fenómenos ha sido estudiar a los sujetos de alto nivel y los estudios realizados en los últimos años en diferentes deportes (Bard y

Fleury, 1976; Abernethy y Russell, 1987; Ripoll y Fleurance, 1988) han tratado de aproximarse a esta cuestión analizando la forma de ubicar la mirada y detectar las señales por parte de los atletas, los cuales parecen demostrar unos niveles de la atención óptimos en su empleo y gasto y suelen ser caracterizados por un procesamiento de la información más automático frente a un procesamiento informativo más controlado.

Estos dos tipos de procesamiento son de fácil observación entre los atletas de ARD ya que en muchas circunstancias el sujeto ha automatizado la técnica de tal forma que puede llevarla a cabo de forma rápida, económica, autónoma y consistente, mientras que existen otras circunstancias en las que se hace necesario, por su dificultad, un mayor control (Logan, 1988).

El procesamiento automático se considera que no emplea y, si los emplea, éstos son mínimos, los recursos de la atención, algo que parece ser característico de los *deportes cerrados*, en los que los atletas practican y repiten los movimientos técnicos hasta que éstos fluyen sin necesidad de un control consciente sobre los mismos, es más, dicho control podría provocar fenómenos como el denominado *parálisis por análisis*, cuando el deportista piensa sobre la realización del gesto técnico en el momento de llevarlo a cabo. *La automatización libera la atención para poder emplear con mayor eficacia los recursos de procesamiento.*

En otros contextos los recursos de la atención son reclamados de forma flexible, como es el caso de los *deportes abiertos* en los que los atletas deben procesar numerosas fuentes de información pero sólo seleccionando aquellas que en cada momento son pertinentes, de ahí la necesidad de que el repertorio técnico tenga el nivel de automatización necesario para que los recursos de la atención se desplieguen en la selección de informaciones del contexto de actuación.

Los numerosos estudios realizados en el seno de los deportes de alto rendimiento en los que se ha explorado las demandas de la atención, han demostrado como los deportes de anticipación - coincidencia en los que el sujeto tiene que analizar el estímulo visual, desencadenar una respuesta motriz en sincronía con dicho estímulo así como la propia respuesta, reclaman la puesta en acción de procesos de control que produzcan y regulen de forma automática la respuestas apropiadas con alto nivel de rendimiento, como es el caso del Tenis, Badminton, etc. Estos procesos de control permiten una regulación flexible de comportamientos normalmente inflexibles de nivel automático. Esta es la razón por la que los deportes de alta demanda perceptiva en los que es necesaria una constante adaptación a las exigencias de la actividad, los procesos de control son dominantes y conllevan gastos de la atención más elevados.

Además no debe olvidarse que los procesos de la atención se relacionan con el *estilo cognitivo de los atletas, la anticipación y toma de decisiones*, y con las *experiencias del atleta*. De ahí que resaltemos como otros ya lo hicieron (Nideffer, 1976) la existencia de *estilos de la atención* en los atletas, ya que todos no despliegan sus recursos de la misma manera y con la misma eficacia ni despliegan el mismo tipo de estrategias de la atención.

El ideal en el deporte de alto rendimiento es conseguir que el *atleta* rinda, de forma óptima, sin limitaciones de la atención. Así, cuando la información fuera pertinente, éste sería capaz de un rendimiento elevado, pero cuando ésta información fuera incompleta o errónea, el atleta de ARD deberá ser capaz de desplegar de forma rápida y eficaz todos sus recursos de la atención para eliminar los efectos de estas dificultades.

En definitiva, el atleta de ARD debe poseer las cualidades del más sofisticado ordenador y estar altamente automatizado, pero también debe ser un eficiente estratega, capaz de superar las perturbaciones del medio, los ruidos, y desplegar su atención sobre los movimientos automatizados si las circunstancias así lo determinan.

Esto nos lleva de nuevo a destacar que *control (atención)* y *automatización* no deben ser considerados como nociones opuestas sino que son procesos complementarios, en los que la automatización puede ser controlada si fuera necesario, es esta coordinación de procesos lo que caracterizan las estrategias cognitivas de los deportistas de alto rendimiento. En la siguiente figura 2.3 se ilustran las ideas expresadas anteriormente.

FACTORES QUE PUEDEN INTERVENIR EN EL PROCESO DE OPTIMIZACIÓN DE LA TÉCNICA

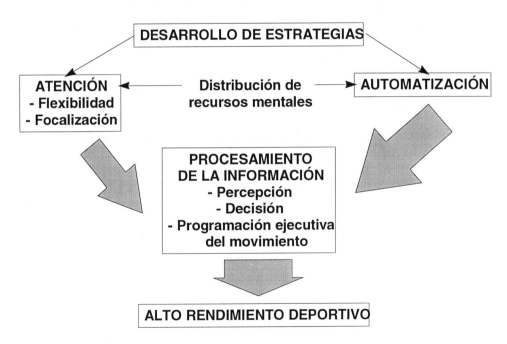

Fig. 2.3   Factores que pueden intervenir en el proceso de optimización de la técnica (Basado en Nougier, Stein y Bonnel, 1991)

Uno de los cometidos del entrenador es ayudar a los atletas a controlar sus *niveles de activación* para que la percepción de los estímulos sea más segura (Christina y Corcos, 1988). Ciertamente que el largo, y nunca acabado, proceso de mejorar el rendimiento deportivo supone que el entrenador deba seguir educando la capacidad de la atención de sus atletas, del mismo modo que se preocupa por sus cualidades condicionales.

Los atletas de ARD deben seguir entrenando su capacidad para seleccionar las señales importantes de su deporte, deben seguir refinando su selectividad para extraer las informaciones visuales, auditivas y tactilo-propioceptivas relevantes de su deporte.

Los entrenadores deben conocer que existe una serie de reclamos de la atención. Dichos reclamos hacen referencia al *movimiento, color, sonido, novedad, intensidad o el contraste con el entorno*. Los atletas deben centrar su atención en aquellas informaciones relativas a su deporte que sean más relevantes a emplear para que el resto de informaciones sean desechadas por el sistema de procesamiento informativo. Son numerosas las circunstancias que pueden *orientar la atención de los atletas*. La intensidad de los estímulos (flash de luz, sonido elevado, movimiento repentino, ...) tiene esta potencialidad. También lo posee la *novedad, la sorpresa y complejidad* de los estímulos (Ruiz, 1994).

El proceso de optimización deportiva se puede ver afectada por toda una serie de potenciales distracciones internas o externas tales como:

- Externos: *Observadores, compañeros, condiciones climáticas, luz, etc.*
- Internos: *Dudas, autocrítica, fatiga, dolores, incomodidades, ansiedad, etc.*

El entrenador tiene la obligación de entrenar la capacidad de la atención de los atletas para evitar dichas distracciones potenciales, así como analizar las demandas de la atención de su deporte, estableciendo unas pautas que indiquen claramente al deportista si para su optimización ésta debe ser *externa o interna, amplia o reducida*. Si las técnicas deportivas a optimizar reclaman una amplitud de la atención, se debe enseñar a los atletas a detectar *qué* señales son las importantes y en *qué* orden van a aparecer dentro de la acción deportiva. Cuando la optimización de la técnica supone el centrar la atención internamente, debe favorecerse que se haga con pensamientos positivos y constructivos, desechando y no atendiendo los negativos (Martens, 1987).

El entrenador debe emplear diferentes técnicas para favorecer que la atención del atleta se oriente hacia la parte de la técnica que debe ser practicada de forma más intensa (Martens, 1987; Christina y Corcos, 1988). Los procedimientos para desarrollar esta capacidad selectiva e inhibitoria han sido múltiples. Por ejemplo, se ha promovido la *familiarización* de los atletas con las posibles fuentes visuales o acústicas de distracción a intervalos regulares, favoreciendo el mantenimiento de la atención en las informaciones pertinentes (Singer, 1991).

Esta práctica del deporte en condiciones de distracción ayudará al deportista a conocer mejor las características del contexto de la realización de su deporte, de forma que pueda centrarse mejor en la tarea para dominarla. Este procedimiento ha sido empleado en la optimización de la técnica del Fútbol Americano y Europeo.

Este proceso de *simulación* favorece no solamente el dominio de la técnica sino también su aplicación. Asimismo, se ayudará a los atletas a mejorar sus recursos de la atención cuando se les resalta la tarea y se la dota del interés necesario para que deseen practicarla abundantemente. Esta tarea es más fácil en unos deportes que en otros, pero una propuesta puede ser convertir los entrenamientos en una *fuente de diversidad de tareas* en las que se busquen diferentes formas de practicar una misma tarea y conseguir un mismo objetivo. Esta propuesta no supone disminuir el tiempo necesario para que las tareas se practiquen, es buscar un equilibrio entre la cantidad y variedad.

Conocidas las limitaciones en el empleo de los recursos de la atención, el entrenador no debe dar abundantes señales al mismo tiempo para que sean atendidas por el atleta, señales que deben ser las *más relevantes* para una ejecución adecuada en cada momento. De ahí que el entrenador deba conocer acerca de cada técnica y táctica de su deporte, cuáles son las señales más relevantes y cerciorarse de que el atleta las conoce y sabe establecer las prioridades correctas.

Otros procedimientos para elevar los niveles de la atención de los atletas de ARD conllevan el empleo de las capacidades de *visualización, concentración, entrenamiento mental, toma de conciencia, relajación, respiración* además de poder entrenarle mediante la aportación de referencias escritas o indicaciones verbales que guíen la atención del atleta hacia la parte importante de campo perceptivo presente.

2.3. PROCESOS DE ANTICIPACION EN EL DEPORTE

De todos es conocido que una de las variables más importantes para responder en el medio natural es la *anticipación* de los acontecimientos que pueden suceder (Schmidt, 1982), sobre todo considerando que existe un lapso de tiempo entre la aparición de una señal y la producción de una respuesta. Cierto que, como indica Roob (1972), en el ámbito del entrenamiento se habla mucho de la anticipación pero no se traduce en las sesiones cotidianas de entrenamiento

> *«La anticipación es una organización temporal tremendamente importante para obtener éxito. Muchas veces los entrenadores han empleado este concepto sin ponerlo en práctica»* (Roob, 1972, pág.49).

Un área relacionada con la atención es la vinculada con los procesos de anticipación reclamados en numerosos deportes tales como el Tenis, Badminton y Deportes de Balón y Pelota, deportes de situación cuya ejecución está basada en tareas abiertas o de regulación externa.

Las actividades deportivas suponen la presencia de una elevada cantidad de informaciones que están presentes en cortos espacios de tiempo, esto supone que en muchas ocasiones el atleta deba procesar previamente las informaciones (*anticipar*) antes que éstas sucedan (Abernethy, 1987), por lo que anticipar implica la coordinación de un gesto técnico con un acontecimiento exterior (Magill, 1989). En el deporte de ARD una de las claves es ocultar los planes de acción al oponente, de ahí la necesidad de promocionar las conductas anticipadoras incitándoles a captar las señales significativas (Mechling, 1990).

La anticipación es un proceso con múltiples facetas que puede facilitar el rendimiento deportivo de muchas maneras ya que permite la integración de la respuesta técnica y reduce de forma clara el número de elecciones y decisiones que deben ser realizadas. También permite un ajuste flexible y fluido del esfuerzo ante la dificultad de tener que elegir y decidir.

La anticipación es una característica que se manifiesta en un alto grado en los deportistas de alto rendimiento, una manifestación clara de esta circunstancia es la sensación de «*que se dispone de todo el tiempo del mundo para responder*». En estos deportistas se manifiestan las conductas anticipadoras bajo una doble vertiente:

> - *Por una capacidad para predecir, a partir de informaciones externas, los acontecimientos posteriores.*
> - *Por una capacidad para la anticipación de señales internas que contribuyen a la organización y ejecución de la respuesta motriz requerida.*

Los deportes rápidos e inciertos de balón y/o pelota reclaman que el deportista despliegue una estrategia adecuada de atención selectiva que reduzca la información necesaria para ser procesada, en estos contextos deportivos los atletas aprenden a reconocer las *redundancias* dentro del campo perceptivo presentado por los adversarios. En las actividades deportivas existen niveles de repetitividad de los acontecimientos y, aprender sobre ellos, supone una menor incertidumbre en el atleta ya que aprovecha esta ventaja para superar las limitaciones que tiene impuestas por su tiempo de reacción (Marteniuk, 1976).

La existencia de redundancias supone que el atleta pueda aprender sobre ellas en un campo de actividad concreto y sea capaz de conocer la secuencia de acontecimientos que probablemente sucederán ante determinadas circunstancias, lo que le pondrá «*varias jugadas o técnicas*» por delante de su oponente. Habitualmente los deportistas han aprendido por sí mismos que es imposible atender a todas las informaciones que pueden estar presentes en una situación deportiva y que, por lo tanto, deben anticiparse para, de este modo, disponer del tiempo necesario y entonces, decidir y actuar.

En deportes de raqueta tales como el Tenis, Badminton o Squash se eleva la eficacia cuando se actúa basándose en las *probabilidades subjetivas* de que un acontecimiento vaya a suceder (Alain y Proteau, 1980). La capacidad para anticipar qué golpe será el más adecuado reduce de forma importante el tiempo de respuesta. Esta capacidad se consigue de dos maneras:

> 1. *Valorando la probabilidad de posibles acontecimientos.*
> 2. *Evaluando la probabilidad de los acontecimientos que pueden jugar un papel importante en la determinación de la rapidez de las decisiones que vendrán después del gesto técnico anticipado.*

Las investigaciones de Kane (1969) mostraron como un atleta de alto rendimiento como Muhammed Ali tenía un tiempo de reacción de 190 milisegundos, lo que es un valor promedio. Si un golpe rápido en Boxeo emplea 40 milisegundos. *¿Cómo es posible esquivar un golpe de esas características?, ¿Qué caracterizaba a este boxeador para poder esquivar este tipo de golpes?* Muhammed Alí era capaz de anticipar no sólo el tipo de golpe empleado por su oponente sino también de prever cuándo lo iba a emplear.

Esta dimensión temporal de los procesos de anticipación supone considerar diferentes aspectos de una respuesta ante una situación deportiva en la que se reclama un gesto técnico para su solución y que representamos en la figura 2.4:

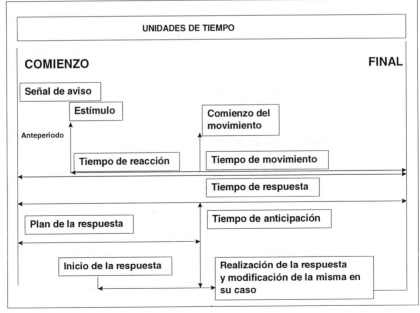

Fig. 2.4   (Basado en Drowatzsky, 1981)

Si un deportista, en un deporte de combate, de oposición o de conjunto, es capaz de anticipar las acciones técnicas y tácticas de sus adversarios dispondrá de un tiempo más elevado para preparar su respuesta. Estas conductas son, por lo tanto, capitales para una eficaz participación en el deporte de alto rendimiento.

¿Existen diferentes tipos de anticipación a optimizar?

Los procesos de anticipación han sido estudiados y categorizados, distinguiéndose diferentes tipos de anticipación. Cuestiones tales como *¿Cuánto tiempo empleará?, ¿Cuándo acaecerá?, ¿Dónde ocurrirá? y ¿Qué pasará?*, son claves en los procesos de anticipación. El aspecto temporal hace referencia a cuándo un suceso ocurrirá, mientras que el aspecto espacial supone considerar el lugar dónde el suceso acontecerá y para la organización de la respuesta es adecuado conocer en avance qué tipo de respuesta debe ser ejecutada.

La clasificación más conocida fue la expuesta por Poulton en 1957 y que hacía referencia a la existencia de tres tipos de anticipación, clasificación que ha sido popular entre los especialistas de este ámbito (Marteniuk, 1976; Drowatzky, 1981; Schmidt, 1986; 1990):

1. Anticipación efectora, *o aquella anticipación de las aferencias relacionadas con la producción de una respuesta motriz y que supone la predicción del tiempo que se empleará en la realización de un gesto técnico. Esta anticipación es imprescindible siempre que el deportista tenga que coincidir con algún acontecimiento externo (golpeo de un volante, pelota, bateo, etc.) Este tipo de anticipación resuelve los problemas que plantean preguntas tales como: ¿Me moveré con la rapidez necesaria?*

2. Anticipación receptora, *que hace referencia a la predicción del tiempo que empleará un determinado acontecimiento en suceder (vuelo de la pelota), es decir, de las características de los estímulos bajo condiciones en los que éstos están presentes mientras se planifican las respuestas. Supone la previsión de acontecimientos y la preparación del sujeto para el futuro más inmediato. Este tipo de anticipación capacita al atleta para que realice ajustes cognitivos o motrices que faciliten su actuación y resuelve los problemas que plantean preguntas tales como: ¿Cuánto tiempo durará un suceso?*

La anticipación receptora también implica a la anticipación efectora en la medida que el deportista tiene que predecir el momento y duración de su respuesta para que coincida con un móvil del que hay que anticipar el tiempo que empleará para llegar hasta su posición.

3. Anticipación perceptiva *o la anticipación de las características de los estímulos cuando éstos no están presentes. Este es el tipo más complejo de anticipación ya que el deportista debe aprender las señales predictoras, por lo tanto, depende del aprendizaje y capacita al atleta para interpretar las regularidades de los estímulos y poder anti-*

*cipar su ocurrencia espacial y temporal. Por ejemplo, anticipar las acciones de un deter-
minado jugador cuya forma habitual de actuar permite conocer cuáles van a ser sus
acciones a partir de la aparición de determinados estímulos o señales anticipando toda
una secuencia de acciones.*

*Otro ejemplo puede ser la realización de una secuencia gimnástica sobre un aparato
donde cada componente de la rutina debe comenzar en el momento justo de la finalización del anterior. Como indica Marteniuk (1976, pág.102) una forma de optimizar esta
capacidad anticipadora es destacando el papel de los feedbacks propioceptivos.*

Mechling (1990) considera la existencia de una denominada *anticipación activa-
da,* que está relacionada con la adaptación anticipada en términos de activación previa de todos los elementos perceptivo-motrices que deben ser empleados. Para este
autor la anticipación receptora es reemplazada por la perceptiva y efectora como
consecuencia del aprendizaje y experiencia, esto supone que el atleta no necesita
mantener la mirada en el balón a lo largo de toda la trayectoria hasta la toma de
contacto.

Esta observación fue estudiada pormenorizadamente por Whiting (1969) y colaboradores, quienes encontraron que no era cierta una máxima empleada por los entrenadores de Deportes de balón o pelota, para quienes era necesario «*Mantener el ojo sobre
la pelota*».

El planteamiento de Whiting (1969) se basaba en las siguientes cuestiones:

- *¿Cuál es la razón por la cual el deportista debe mirar constantemente la pelota?*
- *¿Cuanto tiempo debe mantener su atención visual sobre la pelota para poder respon-
der ajustadamente en una habilidad técnica concreta?*
- *¿Qué hacen realmente los deportistas de élite en estos deportes?*

Tal vez la primera constatación fue demostrar que es físicamente imposible mantener la mirada en la pelota en toda su trayectoria, máxime considerando la velocidad
que los móviles tienen en los deportes de alto nivel. El deportista despliega su capacidad de predicción para poder ajustarse a las situaciones de cambio que dichos
deportes presentan.

Ciertamente es probable que la afirmación que los deportistas suelen expresar,
indicando que son capaces de ver en toda su trayectoria la pelota de tenis hasta que
toma contacto con la raqueta, no sea otra cosa que un proceso por el cual los sistemas
sensoperceptivos suelen completar el campo perceptivo, una especie de relleno
perceptivo, que favorece la estabilidad informativa.

Es necesario optimizar el conocimiento de los sujetos sobre la predicción de las
trayectorias o de los acontecimientos así como el empleo de señales secundarias que
ayuden a dicha predicción.

Resaltando el componente espacio-temporal, Schmidt (1986) distinguió dos modalidades en los procesos de anticipación:

1. Anticipación espacial o de acontecimientos *que supone conocer qué tipos de estímulos van a estar presentes y qué tipo de respuesta será requerida para solucionar el problema deportivo.*
2. Anticipación temporal *supone que el deportista conoce la respuesta que puede ser realizada, disminuyendo drásticamente el tiempo empleado para responder.*

Los beneficios de la conducta anticipadora son claros ya que si el defensa de un equipo de fútbol o balonmano puede anticipar cuáles serán los movimientos del atacante (anticipación espacial) y cuándo sucederán (anticipación temporal), puede comenzar su actuación defensiva para cortar la progresión del ataque.

Esto no es algo sencillo, ya que como saben los entrenadores, es necesario que el deportista *conozca abundantemente sobre las costumbres técnicas y tácticas del oponente y sobre la regularidad de sus actuaciones.* Esto resalta la importancia del estudio del oponente antes de enfrentarse a él. También parece adecuado inculcar en la mente de los atletas la necesidad *de evitar que sus acciones sean redundantes y regulares,* o lo que es lo mismo, actuar de forma predecible ante sus adversarios, ya que podrán ser fácilmente anticipadas, de ahí que para una optimización de las conductas anticipadoras se deba promocionar la variedad, la aleatoriedad en el empleo de los recursos frente la repetitividad; la sorpresa frente a la monotonía y la emisión de mensajes falsos que inciten al oponente a anticipar erróneamente, lo cual puede tener efectos desastrosos para éste y muy beneficiosos para nuestro atleta.

En definitiva, el atleta de ARD debe provocar que sea difícil para su oponente anticipar sus acciones, elevando la incertidumbre y la duda sobre qué es lo que hará y cuándo lo realizará en cada momento del juego o del combate.

No obstante, el entrenador en el ARD debe considerar la idea de que la anticipación posee beneficios y costos y, si es adecuada en diferentes situaciones en las que la relación acierto/error es favorable al éxito, en otros momentos puede ser catastrófica si esta lleva consigo la pérdida del control de la situación. Se debe promocionar que el atleta anticipe, pero considerando que en otras ocasiones los beneficios de anticiparse pueden ser menores comparados con el efecto de una errónea anticipación y viceversa (Schmidt, 1986, pág.129-130).

En estos procesos de anticipación los sistemas senso-perceptivos participan de forma notable, de tal modo que son clásicos los estudios realizados implicando el sistema visual y su participación en los deportes de ARD, auditivo y propioceptivo. En páginas anteriores se ha destacado el papel de las retroinformaciones propioceptivas en el funcionamiento perceptivo - motor y los deportista de ARD son exponente de la capacidad para *anticipar cuáles serán las características del feedback propioceptivo* que recibirán al realizar un gesto técnico, de ahí su importancia en el proceso de optimización.

Para Marteniuk (1976, pág. 100) esta competencia es importante por dos razones:

1. *Reduce la cantidad de información que el deportista tiene que controlar. Así, cuando la técnica se realiza como estaba previsto el sujeto reclama de forma más fácil su capacidad de procesamiento informativo.*

2. *Es importante para la corrección de los errores técnicos ya que dicho feedback anticipado ocurre antes de que el resultado de la acción sea conocido y podrá ser empleado para corregir los últimos componentes del gesto técnico, cuando éste no es demasiado rápido. La corrección del error supondrá un proceso de comparación entre el feedback anticipado y el feedback recibido, al ser activados los sensores propioceptivos al realizarse el gesto técnico.*

Por su lado, el sistema visual es reclamado en todos aquellos deportes en los que existe un móvil que debe ser atrapado, interceptado, esquivado, despejado o conducido. La velocidad de dicho móvil hace que en muchas ocasiones el sujeto no pueda esperar a que éste realice todo su recorrido sino que debe emplear su conocimiento sobre las trayectorias, conocimiento que ha ido acumulando en sus sesiones de entrenamiento y anticiparse para disponer del tiempo necesario para actuar, algo que en muchos casos no es posible, como se demuestra en muchos castigos máximos en deportes como el Fútbol o Balonmano.

Todo lo comentado nos confirma en la idea de que la anticipación se aprende y no todo es cuestión de «*reflejos*»...

¿Cómo optimizar los procesos de anticipación en el deporte?

Los diferentes estudios llevados a cabo han mostrado que son variados los factores que pueden influir en los procesos de anticipación (Magill, 1989, pág.161-165) y que podríamos resumirlos:

1. *Posibilidad de predicción de los estímulos.* Este es uno de los potentes factores que influyen en la capacidad de un sujeto para anticipar. La predicción se considera como la consistencia de un patrón espacio-temporal sobre la aparición de un estímulo. Un estímulo es altamente predecible en el plano espacial cuando es habitual en su trayectoria hasta llegar al sujeto o al blanco. Es predecible temporalmente cuando es regular el tiempo empleado para la realización del gesto o en la trayectoria del móvil.

2. *Velocidad del estímulo.* En este factor se considera que existe un "continuum" en relación con la velocidad de los estímulos, que va desde los que suceden lentamente (una dejada en un deporte de raqueta) y aquellos que se realizan rápidamente (un saque en Tenis). La dificultad es mayor en los puntos extremos, es decir, cuando el estimulo viaja lentamente o cuando lo hace rápidamente representándose como una U invertida la relación entre la precisión anticipadora y la velocidad del estímulo.

3. *Tiempo de presencia del estímulo.* Ya hemos comentado anteriormente cómo ha sido común entre los entrenadores de deportes de balón o pelota la máxima de mantener el ojo en la pelota lo más posible y la imposibilidad de poderse llevar a cabo dicha conducta.

La optimización de estas conductas supone que el atleta de ARD debe seguir elevando su conocimiento sobre los estímulos e informaciones que existen o pueden surgir en su deporte. Esta familiaridad con ellos determinará que no sea necesario seguirlos durante su trayectoria sino anticiparlos con grandes posibilidades de éxito. No obstante, como estrategia instructiva con los principiantes puede ser adecuada para incitarles a captar informaciones sobre uno de los elementos importantes del juego: la pelota, balón o volante. Con los atletas de ARD se les debe entrenar para que obtengan la mayor cantidad de informaciones *lo antes posible.*

4. *Cantidad de entrenamiento.* Como se deduce de lo anteriormente tratado la práctica es un elemento capital para educar las conductas anticipadoras de los deportistas, siendo que en numerosos deportes se deba enfatizar los aspectos perceptivo-visuales y propioceptivos de la actividad más que centrarse en la propia respuesta técnica, de ahí que, como se ha ido destacando en diferentes apartados de este libro, puede ser plausible el alimentar el sistema perceptivo-motor de los deportistas con experiencias variadas de anticipación en sus respectivos deportes, destacando sus aspectos espacio-temporales, en diferentes condiciones de exigencia.

5. *Complejidad de la respuesta.* Diferentes investigaciones han mostrado como la conducta anticipadora decrece cuando la complejidad de la respuesta aumenta. En el mundo de los deportes la complejidad de los gestos y situaciones es altamente variable de ahí que los procesos de anticipación se vean rodeados en muchas ocasiones de una incertidumbre que pueda llevar a una actuación anticipada inadecuada y que tenga como resultado la pérdida de la posición ganada, del balón o la caída sobre el tapiz.

El principio antes reseñado de educar a los sujetos hacia lo imprevisible y a vencer las incertidumbres en cualquier tipo de tarea, puede ser una aceptable estrategia de trabajo en los deportes abiertos, sin olvidarnos de los márgenes de incertidumbre que en los deportes cerrados también pueden existir y que deben ser manejados por el entrenador y el deportista.

En resumen, los procesos de atención y anticipación, lejos de conseguirse, debido a cambios ligados al crecimiento y desarrollo, están estrechamente relacionados con la práctica, el entrenamiento y la buena instrucción. Los entrenadores deben considerar que las posibilidades selectivas y anticipadoras de sus atletas son susceptibles de seguir siendo optimizadas en los altos niveles de rendimiento, lo cual reclama un amplio conocimiento del Deporte en cuestión de sus exigencias de la atención, de la complejidad de sus gestos técnicos y tácticos y de la dinámica de su desarrollo, en la que los procesos de anticipación estarán reclamados con mayor o menor intensidad.

Para que el atleta capte señales que estén cargadas de información, realice previsiones sobre las acciones de los adversarios o de los móviles que éstos manejan, es necesario e imprescindible organizar sesiones de entrenamiento que simulen la realidad, ello redundará en una mejora de las prestaciones.

SEGUNDA PARTE

Complejidad y Dificultad de los Deportes

3. COMPLEJIDAD DE REALIZACION DE LAS ACCIONES DEPORTIVAS

Para poder llegar a ser excelente en el deporte, el deportista debe ir alcanzando objetivos, cada vez más exigentes, que le demanda un planteamiento comprometido de su vida y un despliegue inusitado de esfuerzo y dedicación.

En el mundo de la optimización, excelencia y alto rendimiento nos movemos dentro de unos conceptos muy concretos y claves. Uno de ellos es el de *eficiencia*, particularmente importante para comprender el proceso de aprendizaje de la técnica, táctica y estrategia deportiva. La propia definición de habilidad deportiva ha evolucionado hacia interpretaciones de adquisición de competencia para solucionar problemas complejos (Guthrie, 1957; Singer, 1980; Robb, 1972; Sparrow, 1983; Ruiz, 1994). Un deportista es competente cuando actua con eficiencia en las diferentes situaciones que su deporte le plantea.

Famose (1992) definía la eficiencia en la realización de una tarea motriz como la relación existente entre el nivel del resultado obtenido y el coste/gasto empleado para alcanzar dicho resultado. Es esto clave en el mundo del deporte. Imaginémonos a dos ciclistas que terminan un recorrido en un tiempo similar pero mientras que uno de ellos necesita de las asistencias para poder reponerse del esfuerzo, el otro se baja de la bicicleta, comenta la prueba con un compañero y va por su propio pie a dejar la bicicleta. *¿Cuál de los dos es más eficiente? ¿Cuál fue la relación objetivo/coste existente en los dos deportistas?*

Cualquier actividad relacionada con el deporte de alto nivel representa un gasto metabólico y energético muy elevado, que se manifiesta a través de toda a una serie de parámetros fisiológicos. El deportista necesita energía para poder cumplir su cometido, pero necesita emplearla de manera inteligente. Hablar de *«coste empleado en la actividad»* nos lleva inexcusablemente a la vertiente fisiológica, de esfuerzo físico empleado, pero la optimización deportiva conlleva una vertiente cognitiva nada desdeñable, de «*esfuerzo y coste cognitivo*», de «*carga mental*», que constituye el esfuerzo perceptivo-cognitivo real y percibido, que manifiesta el atleta y que se convierte en un indicador muy interesante de las demandas que dicho deporte reclama y que en muchas ocasiones pasan desapercibidas a los ojos del entrenador. Del mismo modo que un atleta se siente competente para realizar un esfuerzo físico de horas, debe sentirse capaz de desplegar sus recursos de la atención, perceptivos o motivaciones en las sesiones de entrenamiento y en la competición deportiva.

Esta noción de *eficiencia* convive con otra noción importante en el deporte como es la de *eficacia*, la cual está desvinculada del gasto empleado en la acción y se centra solamente en resaltar el *nivel y la calidad del resultado independientemente del coste que puede llevar consigo* (Famose, 1992).

Desde el punto de vista de la eficiencia, tal y como ha sido definida, una actividad deportiva puede ser llevada a cabo con éxito dentro de una competición mediante una variedad de *alternativas*, cada una de las cuales conlleva un gasto determinado y diferente. Es evidente que alguna de estas alternativas representará la solución más eficiente al problema planteado, y que supondrá una diferente demanda energética. Un mayor nivel de competencia puede corresponderse con un aumento de la eficiencia, ya que la correcta administración de los recursos energéticos disponibles es una de las premisas más importantes en el rendimiento deportivo.

Dentro del ámbito de la optimización del aprendizaje deportivo hay que resaltar que el incremento del nivel exigencia competitiva desde la iniciación a la élite, eleva la dificultad *objetiva* de las metas propuestas y supone una demanda constante de mejora del nivel de ejecución, es decir, de la eficacia, de ahí que sean importantes tanto la eficiencia como la eficacia, aunque en muchas ocasiones el orden secuencial en el aprendizaje pueda ser alcanzar la eficacia en primer lugar para después ir incrementando la eficiencia.

La optimización en el aprendizaje deportivo debiera plantear conseguir una utilización más económica de los recursos disponibles, así como un aumento progresivo de los mismos, para que la actuación deportiva sea expresión de una conjugación excelente de ambas cualidades: eficacia y eficiencia. Una comprensión de las fases por las que atraviesa el proceso de optimización y de las demandas crecientes tanto cuantitativas como cualitativas que ésta conlleva, debe constituir una de las prioridades del entrenador. En este sentido, deseamos indicar que es imperioso romper con la idea errónea de considerar la técnica como algo estático que debe ser reproducido rutinariamente por el deportista. El entrenador debe comprender que la técnica se optimiza cuando está redefinida por el deportista y es expresión de su propio estilo de actuación.

3.1. LA DIFICULTAD Y COMPLEJIDAD DEL DEPORTE

Los deportes son complejos entramados de conocimientos, exigencias perceptivas, de tomas de decisión y ejecutivas que el deportista debe aprender para poder actuar con competencia en su deporte. Esta dificultad más objetiva varía de unos deportes a otros, ya que entre navegar a Vela, montar a caballo o realizar un combate de Judo existen claras diferencias entre las técnicas, tácticas y estrategias reclamadas. Como habrá podido pensar el lector, la dificultad también puede ser relativa y subjetiva, ya que es conocido que la técnica en relación con el Alto Rendimiento Deportivo se adquiere después de un proceso de aprendizaje largo y costoso, como consecuencia del cual el deportista llega a adquirir la competencia para realizarla correctamente y con aparente facilidad, lo que en sí mismo es difícil y exigente.

La dificultad intrínseca

El carácter intrínseco de la dificultad de una tarea deportiva estará en relación íntima con las demandas de control motor que reclame, ya que existen acciones deportivas en el ámbito del deporte de alto nivel cuya realización supone un gran problema hasta para los campeones más expertos y otras que son asequibles a la mayoría de los practicantes.

El hecho de que las técnicas deportivas puedan ser realizadas de una manera eficaz y eficiente por parte del deportista no las convierte en fáciles y sencillas, ya que el deportista ha aprendido a emplear sus recursos energéticos e informativos de manera eficaz y eficiente. Puede decirse sin lugar a dudas, que con el aprendizaje y el entrenamiento, se va superando progresivamente la dificultad intrínseca que supone la ejecución de dicha técnica. Es, ésta, una de las razones principales de la intervención técnico-pedagógica del entrenador.

También en este caso, el término *dificultad* convive con el término *complejidad*, que resalta el componente de incertidumbre de la situación y de los elementos que componen la propia ejecución, tal es como lo emplean Hayes y Marteniuk (1976) o Alain y Salmela (1980). Otros, sin embargo, como Meister (1976) y Billing (1980) emplean el término complejidad para referirse a la *dificultad objetiva de una tarea*, haciendo abstracción del nivel de competencia del deportista y empleando el concepto de dificultad para referirse al nivel de competencia motriz. Estos autores consideran que el incremento de la dificultad objetiva produce un aumento de la probabilidad de error y, por lo tanto, supone un mayor obstáculo para alcanzar un rendimiento óptimo, postulado con el que estamos de acuerdo y que sin duda constituye una de la premisas importantes del entrenamiento deportivo.

La percepción subjetiva de la dificultad

Si en lugar de referirnos a la dificultad de ejecución de una acción deportiva desde el punto de vista de sus características intrínsecas, nos referimos a la dificultad de la misma en términos subjetivos, estamos considerando el proceso por el cual el sujeto interpreta de forma personal las demandas de la tarea deportiva y considera si será capaz o no de realizarla. En este proceso de evaluación personal que el deportista realiza se ponen en contacto el nivel de competencia del sujeto con las exigencias de las tareas en un momento determinado para la ejecución de la misma. La diferencia entre el estado o nivel de competencia deportiva actual y el requerido por el deporte, define la cantidad de aprendizaje que debe llevarse a cabo para alcanzar la meta propuesta.

En consecuencia una de las funciones relevantes del proceso de entrenamiento deportivo es reducir la dificultad subjetiva que supone la ejecución de la técnica o elementos tácticos necesarios y elevar el sentimiento de competencia.

Mientras que la dificultad objetiva, que implica la óptima ejecución de la técnica supone una referencia estable, la dificultad subjetiva es algo variable. La evolución de la dificultad subjetiva no siempre tiene un signo positivo, teniendo en cuenta la naturaleza de la competición deportiva y las exigencias de la misma y, considerando todas las incidencias que pueden ocurrir, la dificultad subjetiva puede aumentar por una serie de causas entre las cuales podemos citar: *Olvido, Desadaptación al esfuerzo requerido, Involución o Aparición de inhibiciones de origen psicológico.*

Este tipo de ideas nos conecta con la noción de *Autoeficacia* enunciada por Bandura (1986), un sentimiento por el cual el sujeto confía en poseer los recursos necesarios para poder alcanzar los objetivos establecidos. La diferencia entre el nivel deportivo deseado y el nivel actual será, por tanto, un aspecto a considerar y evaluar de forma continua por el entrenador para poder establecer la progresión en el aprendizaje más adecuada a cada deportista, es decir, los niveles óptimos de dificultad que permitan una adquisición progresiva de la excelencia en el deporte.

Con todo ello, se puede comprender como el proceso de optimización deportiva es una constante interacción entre la dificultad objetiva y las percepciones de dificultad que el atleta manifiesta. Así, una tarea difícil para un atleta poco competente puede convertirse en una fuente de ansiedad y estrés, mientras que para un atleta competente puede ser un acicate para su deseo de dominio y maestría. El entrenador al diseñar las situaciones de práctica se convierte en un manipulador de la dificultad del contexto de entrenamiento en el que se conjuga la dimensión objetiva y la subjetiva de cada deporte de forma continua y progresiva

La diversidad de las técnicas deportivas a optimizar

En concordancia con lo expresado en los puntos precedentes consideramos que es necesario establecer la dificultad intrínseca que la ejecución de las técnicas deportivas posee en el Alto Rendimiento Deportivo, es decir, sus exigencias respecto al control motor y a sus demandas peceptivo-cognitivas y físicas, ya que ello es una de las premisas básicas que todo entrenador debe tener en cuenta para poder facilitar eficientemente la optimización del aprendizaje deportivo. *¿Cómo podríamos llevar a cabo un largo viaje si no tenemos previsto las distancia a recorrer, el tipo de vías por las que transitaremos y el vehículo que vamos a utilizar?* Podríamos no llegar a nuestro destino, quedarnos sin gasolina o tener una avería que podría haber sido evitada con una valoración adecuada de las exigencias de dicho viaje.

El entrenador se enfrenta ante la problemática de facilitar el aprendizaje de tareas deportivas de muy diversas características y complejidad, tales como dar un doble mortal, nadar mariposa, montar en motocicleta, correr sobre obstáculos o jugar al fútbol. Cada una de estas actividades deportivas posee su propio entramado de conocimientos, procedimientos y estrategias que deben ser analizadas con detalle si se quiere ofrecer el camino (método) más adecuado para alcanzar los objetivos y propósitos previstos. Para poder determinar cuáles son estas características diferenciales de cada deporte y sus peculiares requisitos es necesario que nos armemos de las herramientas que nos permitan indagar sobre las mismas y que nos doten de una idea clara y precisa de cuál es el proceso mediante el cual el deportista lleva a cabo las diferentes acciones deportivas, cuáles son los recursos disponibles y necesarios así como los mecanismos implicados.

A este proceso de establecer la dificultad y complejidad de los aprendizajes deportivos lo denominaremos A*nálisis de la Dificultad Deportiva (ADD)* y lo comentaremos en al apartado siguiente.

3.2. EL ANALISIS DE LA DIFICULTAD DEPORTIVA

El primer paso que es necesario dar para comenzar este proceso de análisis, es *reconocer que el deportista es el centro del proceso de optimización.* La dificultad del control motor en los deportes está directamente relacionada con el tipo, calidad y cantidad de información que el deportista tiene que procesar (interpretar) para poder actuar y con las exigencias energéticas reclamadas para una correcta actuación. Ya comentamos al comienzo de este libro que el proceso de aprendizaje deportivo es una estrecha interacción entre *información y energía,* entre recursos perceptivo-cognitivos y físicos, entre intenciones y acciones.

Desde el punto de vista que acabamos de exponer, la orientación teórica y conceptual que aborda la problemática que nos ocupa y que ha sido denominada del «*Procesamiento cognitivo de la Información*», permite la posibilidad de, por una parte, adentrarnos en las características del proceso de ejecución motriz y control motor en sí mismo, y por otra, poder posteriormente analizar las demandas de la ejecución de las técnicas deportivas en contraste con dicho proceso. Muchos son los autores que han aplicado estas ideas al campo del deporte y que han dado lugar a numerosos modelos o representaciones gráficas de dicho procesamiento. Marteniuk (1976), Welford (1976), Kerr (1982), Ripoll (1982), Singer (1980), Whiting (1969), Schmidt (1992) o el propio Mahlo (1976), son ejemplos de esta tendencia (ver Ruiz, 1994).

Uno de los primeros modelos debe su autoría a Welford (1976); en él trató de describir y explicar el aprendizaje y realización de tareas motrices y puede constituir, junto con el ya presentado en el Capítulo 2, un buen elemento de reflexión para analizar los conceptos básicos que están presentes en estos modelos del procesamiento de la información, en su relación con las características de la dificultad de las diferentes tareas deportivas. Fue denominado *Esquema General del Sistema Senso-Motor Humano* y lo presentamos a continuación figura 3.1.

ESQUEMA HIPOTÉTICO DEL SISTEMA SENSOMOTOR HUMANO SEGÚN WELFORD

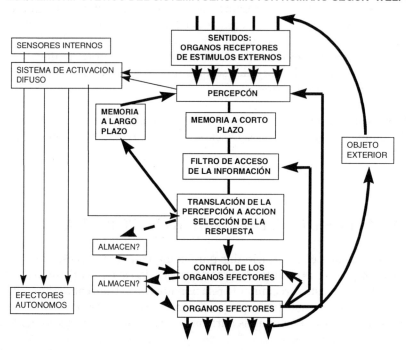

Fig. 3.1   Esquema hipotético del sistema sensomotor humano (Welford, 1976)

Según este autor, es necesario destacar la presencia de, al menos, tres mecanismos principales:

1) Mecanismo perceptivo.
2) Mecanismo de decisión.
3) Mecanismo de ejecución y control.

84

De forma simplificada y en relación con el aprendizaje deportivo podríamos resumirlo de la siguiente manera según se expresa en la figura 3.2.

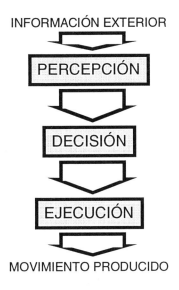

Fig. 3.2

Consideremos un jugador de Baloncesto al que se le acaba de realizar un pase en los últimos instantes de un partido cuya victoria depende de una canasta. El público corea a su equipo y el ambiente es ensordecedor, la tensión del partido está en su punto más álgido. Puede suceder que no lo recoja por no haber percibido correctamente su trayectoria, en este caso su percepción habría fallado no interpretando adecuadamente la acción de su compañero, lo cual supondría la posesión del balón por el equipo contrario y la pérdida de la última oportunidad, en definitiva, una tragedia.

Pero, pensemos que lo ha alcanzado y que con él en las manos tiene que decidir en milésimas de segundo qué hacer, mientras todos son voces, manos alzadas, gestos de los defensores ocultándole la visión de la canasta, de repente, ve una salida a la situación, considera que está en buena posición para tirar a canasta y, por lo tanto, no se lo piensa dos veces y tira, pero la mala suerte hace que aparezca una mano inesperada que bloquea el tiro.

Sin duda esto nos indica que no fue una buena decisión tirar y que debía haber colaborado con otro jugador, hablaríamos de un error en la toma de decisión. Pero sigamos con nuestro relato, también puede suceder, que después de haber considerado que la mejor decisión es tirar, al elevarse un empujón de un defensa le desequilibra y falla la canasta a causa de una deficiente ejecución técnica, por lo que podríamos argumentar que el problema se halló en la realización del tiro.

En este deporte está claro que los tres mecanismos intervienen de una manera significativa y el fallo, en cualquiera de ellos, puede suponer el fracaso en la consecución del objetivo, ya que un procesamiento óptimo de la información en cada situación pone al deportista ante la posibilidad de emplear con eficacia y eficiencia sus recursos técnicos y tácticos. Es fácil deducir, por lo tanto, que el aprendizaje y optimización de este deporte debe implicar la optimización de cada uno de los mecanismos implicados y todos ellos en su conjunto. Pero no es difícil pensar que existen otros deportes en los que la participación de cada uno de los mecanismos es muy diferente. Para comprender mejor esta idea vamos a analizar de forma comparativa otras modalidades deportivas en relación con el ejemplo anteriormente expuesto.

En *primer lugar*, el citado jugador no sabe a ciencia cierta cuándo le van a dar el pase, si éste será interceptado en su camino por un oponente, o cuál va a ser la trayectoria que imprima al balón el pasador, es decir, depende de factores externos los cuales escapan a su control directo. No obstante debe saber reaccionar adecuadamente según lo exija cada circunstancia. Está claro que el saltador de altura que se enfrenta ante el listón antes de comenzar su carrera de impulso, no está en absoluto en el caso anterior, ya que dentro de su campo perceptivo toda aquella información de importancia para la ejecución de su tarea motriz es estable y conocida de antemano.

Nos encontramos, por lo tanto, ante dos deportes diferentes que exigen un tratamiento diferente respecto al entrenamiento y optimización y, en los cuales, es patente que las exigencias relativas a la percepción-ejecución no son las mismas, siendo las primeras mayores en el caso del baloncesto.

En *segundo lugar*, el jugador que acaba de recibir el pase se enfrenta a un problema de decisión, que le supone, fundamentalmente, tener que elegir entre tres posibilidades: *pasar, penetrar o tirar* con sus correspondientes alternativas de ejecución técnica y de acomodo táctico-estratégico. Si en este momento comparamos el problema de decisión de nuestro jugador con el de saltador de altura o el de un nadador a punto de tomar la salida, se puede comprender fácilmente que son totalmente diferentes. La única alternativa del saltador o del nadador, dentro del contexto en el que actúa, es zambullirse y nadar, llevando a cabo la ejecución del modelo técnico de salida en los 100 metros, o en el Fosbury Flop, que haya aprendido-optimizado a lo largo de su entrenamiento.

Por esta razón, a diferencia del jugador de Baloncesto, no tienen una elevada exigencia de toma de decisión y sus errores no suelen ser de esta índole, ya que no existen alternativas con las que tratar, el gesto técnico esta previsto.

Esto nos lleva a no considerar la modalidad atlética del Salto de Altura o la Natación como deportes esencialmente de toma de decisión o estratégicos y deben, por lo tanto recibir un tratamiento diferente en su entrenamiento al Fútbol, Baloncesto o Waterpolo.

En tercer lugar, habrá que decir que, las tres tareas deportivas mencionadas (Baloncesto, Salto de Altura, Salida en Natación) tienen en común el que exigen un alto nivel de coordinación neuromuscular para poder ajustar la respuesta motriz a un modelo técnico de rendimiento previamente establecido, la técnica específica de cada modalidad deportiva y, en este aspecto, el proceso de optimización del aprendizaje deportivo puede ser muy similar. Sin embargo el tipo de esfuerzo físico que reclaman es sensiblemente diferente y la adaptación metabólica exigida al deportista es distinta, y su entrenamiento, en consecuencia, también debe ser diferenciado.

Apoyándonos en todo lo anterior, podemos concluir que los diferentes deportes reclaman de manera diferente la participación de los mecanismos comentados y que esto debería ser suficiente como para considerar la manera en que son entrenados los deportistas en las múltiples modalidades deportivas que conocemos. Esta conclusión, que se enmarca dentro de los modelos del «*Procesamiento cognitivo de la Información*», nos lleva a considerar que, a efectos de las necesidades de optimización del aprendizaje que debe cubrir el entrenamiento deportivo del alto nivel, las tareas, ejercicios y actividades motrices ofrecidas deben haber sido analizadas y clasificadas previamente para tal efecto, tanto en términos de sus exigencias de ejecución técnica como de sus exigencias perceptivas y de la decisión. Por esta razón, a continuación procederemos a ofrecer modelos de análisis que favorezca al entrenador esta labor.

En la actuación deportiva, de una manera secuencial, intervienen, en mayor o menor medida, los tres mecanismos, de ahí que tomando este hecho como referencia, se vaya a proceder a un análisis de la dificultad de los deportes con el fin de facilitar unos planteamientos más avanzados de su entrenamiento, es decir, *considerando las acciones deportivas en función de sus particulares características perceptivas, cognitivas (toma de decisión) y de ejecución respecto a su aprendizaje y realización*. Para ello, nos hemos fundamentado en propuestas anteriores de autores muy diversos tales como Billing (1980), Famose (1992), Singer y Gerson (1980), Landers y Boutcher (1975), etc., los cuales nos han ofrecido reflexiones y soporte empírico para poder acometer el reto de desarrollar un modelo de análisis aplicable al alto rendimiento deportivo, el cual presentaremos en los capítulos siguientes.

4. ADAPTACION SENSOPERCEPTIVA

En capítulos precedentes hemos comentado el papel de los procesos senso-perceptivos en el aprendizaje deportivo. Aprender un deporte y refinarlo supone refinar también, el mecanismo que permite la entrada de la información y su posterior tratamiento. Al caos informativo que supone una sesión de entrenamiento o una competición deportiva, se reclama un medio de dar sentido a tanta información, de interpretar dichas informaciones para lo cual se necesita una verdadera optimización senso-perceptiva.

La percepción ha sido abundantemente estudiada por la Psicología y no es nuestra intención abundar en esta cuestión, pero sí deseamos destacar que los deportes son más o menos exigentes en la medida que el entorno en el que el deportista debe actuar es estable o incierto, en que las informaciones se pueden o no predecir, en que están presentes las señales necesarias para poder decidir o cuando debe anticipar. Es por ello que, un punto de partida muy interesante de análisis de la dificultad de los deportes, es considerar las condiciones del entorno en el que éstos se realizan.

4.1. LOS ENTORNOS DEL DEPORTE

Las diferentes modalidades deportivas podrían ser caracterizadas y clasificadas según el entorno en el que se celebran. De forma simple podríamos decir que existen deportes de Nieve, Agua o Aéreos, pero nos quedaríamos insatisfechos. Esta misma insatisfacción la tuvieron investigadores como Barbara Knapp (1963) quien basándose en los estudios del psicólogo inglés Poulton (1956), planteó la posibilidad de clasificar las tareas motrices y, por lo tanto, los deportes en:

1. *Predominantemente perceptivos.*
2. *Predominantemente habituales.*

Pero ¿qué sentido le dió a los términos perceptivo y habitual?. Partamos de un ejemplo tomado del mundo del deporte. Cualquiera que haya jugado y competido en el Tenis habrá podido constatar que una cosa es pelotear contra una pared sólo, que colocarse a un lado de la red con un oponente enfrente, en el campo de juego con todo un conjunto de señales en el suelo y una pelota que puede alcanzar velocidades de vértigo.

El sentido común nos indica que es muy probable que no se repita dos veces seguidas el mismo golpe, que el oponente tratará de forzarnos a jugar a su ritmo y que debemos estar centrados en el juego para poder captar e interpretar las constantes señales que de la pelota y oponente nos llegan a través de la visión. Es difícil considerar que este deporte es «habitual», es decir, repetitivo, mecánico y de baja exigencia perceptiva. Algo similar ocurre en el Fútbol, Balonmano, Voleibol, Ciclismo o Esgrima, deportes que demandan del deportista que esté en constante estado de alerta para captar e interpretar las situaciones de juego o de competición.

En los deportes denominados como «predominantemente perceptivos», el individuo está mediatizado en su ejecución motriz por los cambios de la situación que se produzcan en el entorno, ya que los mismos son consustanciales a la naturaleza de este tipo de especialidades deportivas. Son, en palabras de Farfel (1988), deportes de situación.

Pensemos ahora en los deportes del Remo, Piragua, Gimnasia Artística o en una carrera atlética. No podemos decir que no exista una demanda perceptiva, ya que ésta siempre está presente en todas nuestras actividades cotidianas, pero esta característica no es la predominante.

La práctica de estos deportes supone una repetición casi idéntica de las mismas instrucciones ya que los cambios de situación son escasos. El gimnasta repite la rutina una y otra vez y no espera que el aparato cambie de lugar o que el tapiz comience a temblar. El piragüista observa la línea final de meta y posee una calle donde deberá vaciarse en busca del resultado previsto. Son muchas las modalidades deportivas y atléticas que responden a este criterio de estabilidad, certeza y predicción en el entorno de actuación: el Salto de Altura, de Trampolín, el Lanzamiento de Peso o una prueba en Natación, de ahí que Knapp (1963) las denominase «predominantemente habituales». En ellas la repetición del gesto técnico sea el fundamento de la preparación y optimización deportiva.

Como indica González Badillo refiriéndose a la Halterofilia (1991, pág. 30):

> «La técnica constituye uno de los elementos fundamentales del entrenamiento del levantamiento de pesas... Aspectos que el entrenador no debe olvidar son: un ritmo bien definido, fluidez en los movimientos y una trayectoria correcta».

En esa misma línea de argumentación Bravo et al. (1990, pág. 28) indican que la preparación técnica del velocista:

«Consiste en la realización repetida y metódica del gesto deportivo objeto de aprendizaje hasta conseguir la maestría, el dominio y la automatización con vistas a la competición».

Aunque en este mismo deporte Alvarez del Villar (1994, pág. 15) nos llame la atención del peligro que supone una excesiva mecanización de los atletas, así para este autor:

«Se acostumbra desde los primeros pasos en la enseñanza de la técnica a imponer ejercicios desde fuera y enseñar a que se hagan bien... A veces es mejor no imponer la metodología, pues con ellos se resta imaginación creadora para resolver un problema».

Las especialidades deportivas que pueden ser clasificadas como predominantemente habituales están compuestas de técnicas de ejecución de carácter fijo y estable. Por ejemplo, un lanzador de Disco, para cumplir con su objetivo de rendimiento, se sitúa en un círculo de lanzamiento de unas dimensiones y especificaciones de construcción muy definidas, con un objeto (Disco) a lanzar perfectamente conocido y absolutamente reglamentado, y despliega una respuesta fija, la técnica de lanzamiento, que habitualmente practica y refina en los entrenamientos, de ahí que su problema a resolver es cómo conseguir con todos sus recursos disponibles lanzar lo más lejos posible. Como indica Martínez (1993, pág. 150):

«En el lanzamiento de Disco es importante la elección de la velocidad óptima de giro... Si esta velocidad fuera demasiado elevada en relación con las posibilidades individuales, la justa relación entre tensión- desconcentracción se podría alterar».

Esta rigurosidad en la respuesta no le será de gran utilidad al tirador de esgrima, ya que además de dominar la técnica debe saber gestionarla de manera eficaz y eficiente en un espacio y tiempo determinado y ante un conjunto abundante de informaciones del oponente, muchas de ellas engañosas (fintas).

Esta clasificación, en preferentemente habituales o perceptivas, ha tenido una acogida limitada entre los estudiosos del deporte siendo, sin embargo, mejor acogidas las denominaciones de abierto y cerrado, que Poulton (1956), (Whiting, 1969) empleó en el ámbito industrial. Este autor clasificó las tareas y deportes en:

1. Abiertos.
2. Cerrados.

Según esta clasificación se definen como *deportes de carácter abierto* aquellos para cuya realización es esencialmente necesario el circuito de «feedback» externo o periférico, en los que las informaciones de situación de tipo visual y auditivo juegan un papel primordial, como por ejemplo en los deportes de balón, pelota y raqueta. Por ejemplo, en el caso de la Pelota Mano (VV.AA., 1991):

«*El pelotari debe acomodarse a las características de la instalación... el material al ser artesanal varía muchísimo...*».

Estas consideraciones realizadas por los especialistas en este deporte nos muestra como la adaptabilidad es la característica principal del pelotari.

Los deportes de carácter cerrado se distinguen, sin embargo, porque en ellos la ejecución de las acciones está controlada de una manera predominante por los circuitos de feedback de carácter interno (información sensorial de carácter propioceptivo), como por ejemplo en la Halterofilia. En este caso la actuación es previsible, la haltera está ante el deportista que debe coordinar perfectamente su cuerpo para poderla elevar. Para González Badillo (1991, pág.30):

«*Alcanzar una técnica de alto nivel es una tarea compleja y difícil porque depende de muchos factores: Coordinación, percepción quinestésica, movilidad articular...*».

Por lo tanto, la importancia de un control del movimiento perfectamente automatizado, a través de una práctica exhaustiva y deliberada, en las mismas condiciones estables de la competición, es primordial en el caso de estos deportes.

El caso de los deportes de balón es totalmente diferente. Con estos presupuestos Whiting (1979) realizó una categorización de los deportes en los que el balón o pelota era un elemento esencial, encontrando que:

1. Existen deportes en los que la localización del móvil en el espacio por medio de la visión, seguido del atrape con una o las dos manos, o por medio de una prolongación instrumental es la actividad esencial (Beísbol, Lacrosse)

2. Existen también deportes similares a los anteriores, pero en los que el móvil debe ser soltado en un lapso mínimo de tiempo, para enviarlo a un blanco móvil o inmóvil, tal es el caso del béisbol.

3. En otros deportes es esencial mover una pelota que ya se posee hacia un objetivo en condiciones diferentes como ocurre en el deporte del Golf o del Fútbol

De todo lo comentado, podemos sacar como consecuencia que *para los deportes de tipo abierto la variabilidad de las condiciones de práctica en la optimización del aprendizaje constituye una premisa fundamental*. Por ejemplo, es prácticamente imposible que en las situaciones reales de juego, un futbolista pueda repetir un disparo a puerta idéntico a otro anterior.

Es el momento en el que los entrenadores empiecen a reflexionar sobre los procedimientos de práctica cerrados para deportes que reclaman de los deportistas una actuación en un entorno abierto, con lo cual no exageramos si decimos que no se educará la competencia perceptiva cuando se fundamente el proceso de optimización en una práctica repetitiva y mecánica de gestos técnicos.

Es incuestionable, que el futbolista de nuestro ejemplo tendrá que adaptarse continuamente con relación a una serie de factores externos, de los cuales obtiene la información que necesita a través de la visión central y periférica sobre la marcha, ya que si cerrase los ojos, aunque fuera tan solo por unos instantes, se encontraría al abrirlos *fuera de posición* en el terreno de juego, ya que durante esos breves momentos han acaecido todo un conjunto de cambios no previsibles en su mayoría y ha perdido el elemento perceptivo de control que le permite situarse y actuar de acuerdo al desarrollo del juego.

Sin embargo al halterófilo, que no tiene que estar pendiente de si la zona de levantamiento cambiará de textura, forma o color y, por lo tanto, todas sus energías están centradas en unos discos y una barra que inmóvil está ante sus ojos, su respuesta es clara y precisa, levantarla en uno o dos tiempos, otras alternativas no son posibles ni necesarias.

Por lo tanto, *las condiciones de entrenamiento deportivo en los deportes de carácter cerrado, deberán estar centradas en optimizar en el deportista la utilización de las informaciones sensoriales, preferentemente de carácter propioceptivo, presentes en la realización de la acción y que constituyen el elemento central del control de este tipo de movimientos,* como ocurre en el Tiro con Arco. Con esto no queremos afirmar que no exista la posibilidad de un entrenamiento de la variabilidad, la cual también puede estar presente y es recomendable, por razones no solo de la optimización del aprendizaje, sino también de motivación, sino que debe tenerse muy en cuenta el contexto final en el que el rendimiento deportivo se llevará a cabo.

En este sentido, Navarro et al. (1990, pág. 70) con relación a la Natación resaltan el *Principio de variedad en el entrenamiento de la Natación*, concretándolo de la manera siguiente:

> «*Un alto volumen de entrenamiento va unido a que ciertos elementos técnicos o ejercicios sean repetidos muchas veces. Esto lleva a la monotonía y aburrimiento. Sobre todo en deportes que como la Natación predomina la resistencia y el repertorio de elementos técnicos es mínimo. Para vencer o aminorar este problema, el entrenador debe disponer de un gran repertorio de ejercicios que permitan la alternancia periódica. Los ejercicios deben ser elegidos a condición de que sean similares a la acción técnica del deporte practicado...*».

Como en el caso anterior, en el Tiro con Pistola, Dardos, Bolos o el Billar, la práctica de estos deportes es repetitiva respecto a las condiciones del entorno, ya que las sesiones de entrenamiento tratan de reproducir prácticamente aquellas que se producen en la competición. Ubicación, posición de partida (elevación del arma, posición del dardo, del taco o sujeción del bolo), localización visual de la diana y realización del gesto técnico correspondiente (lanzar, presión sobre el disparador, golpear con el taco la bola, etc.). Todo este trabajo persigue elevar la conciencia perceptiva del deportista para que, una vez adquirido el patrón correcto de actuación, lo reproduzca con la mínima variación en la competición.

Sin embargo, no se nos escapa que se puede introducir variabilidad al manipular las variables rapidez y distancia con respecto a la diana, tamaño de la diana, pesos de las armas, etc. algo que deberían también tener en cuenta los entrenadores.

La regulación temporal del movimiento

Tratándose de cómo mejorar el mecanismo perceptivo, justo es que mencionemos el aspecto temporal de las acciones, ya que esta regulación temporal juega un papel muy importante en el rendimiento deportivo. Rarell (1974) y después Singer (1980) consideraron esta cuestión al contemplar el análisis de las habilidades deportivas desde una perspectiva de predominio temporal.

Esta regulación temporal puede ser externa, interna o autorregulada, o mixta. En esta clasificación Singer (1980) introduce un enfoque ecléctico para contemplar las diversas posibilidades que comprenden las acciones deportivas, añadiendo una nueva categoría de tareas, que denominó de *Regulación Mixta*. En esta categoría se engloban gran cantidad de tareas que presentan en mayor o menor grado ambas características propias de los otros dos tipos de tareas ya descritos. Así, si consideramos una carrera de 100 metros lisos, en la salida podemos encontrar que el componente es de regulación externa ya que el corredor debe reaccionar ante un estímulo exterior, cuya información le va a llegar procedente de un sentido periférico (el oído). Sin embargo, una vez puesto en acción, el resto de la carrera, supone fundamentalmente un problema de *«autorregulación»* de una respuesta fija previamente determinada.

Fundamentalmente Singer (1980), más que una clasificación en categorías cerradas, propone que las tareas motrices y deportivas puedan ubicarse en un «continuum», de la forma en que se presenta en la tabla 4.1:

TIPO DE TAREA	NIVEL DIFICULTAD	EJEMPLOS DE DEPORTES
AUTORREGULACION	BAJA	Lanzamiento de disco Tiro con arco Salto de trampolín
REGULACION MIXTA	MEDIA	Atletismo carreras Voleibol Fútbol
REGULACION EXTERNA	ALTA	Esgrima

Tabla 4.1

Cuando de lo que se trata es de movilizar y manejar objetos

Los deportes son tan numerosos y variados que es difícil establecer una sola vía de acceso a su complejidad. Un gran número de ellos suponen el control y manejo de objetos muy diversos (pala, raqueta, pelota, balón, disco, martillo, etc.). Incluso dentro de este manejo y control de los objetos las situaciones son muy diversas ya que mientras en el Lanzamiento de Martillo el deportista autorregula su ritmo para soltar en un momento dado el artefacto y proyectarlo para que llegue lo más lejos posible, en Badminton el volante vuela por la acción del oponente y es necesario acoplarse a su movimiento para poderlo devolver al otro lado de la red.

Como se puede comprobar, el sólo hecho de indicar que se maneja un objeto no es suficiente para poder analizar su complejidad y dificultad. Las características del entorno en el que se realizan y las demandas de control que éstos implican, son fundamentales.

Gentile (1972) y Gentile y Col. (1975) desarrollaron un sistema de clasificación que puede ser útil para nuestros propósitos ya que supone una transición entre las consideraciones hechas en el punto anterior, sobre todo en lo que se refiere a la clasificación de Poulton y la inclusión, como elemento de análisis del manejo de objetos y de las modificaciones del entorno, tal y como sucede en numerosos deportes. Esta autora establece, en principio, dos posibles categorías, por un lado, aquellas que suponen la: *Modificación de la postura o posición de uno mismo* y, por otro lado, aquellas que implican la: *Movilización o manipulación de objetos o cosas que se encuentran en el entorno*.

Combinando estos componentes con las posibilidades básicas espacio-temporales, Gentile y sus colaboradores obtuvieron la siguiente clasificación de las tareas motrices-deportivas, según cuatro tipos que pueden ser representadas como un «continuum», tal y como se presenta en la tabla 4.2.

ESTADO INICIAL DEL OBJETO	TAREA CERRADA	EXIGENCIA DE CAMBIO DE UNA A OTRA RESPUESTA
EN REPOSO	Lanzamientos en Atletismo	SIN CAMBIOS
EN REPOSO	Los diferentes golpes en un recorrido de Golf	CON CAMBIOS
EN MOVIMIENTO	Golpeo de una pelota lanzada por una máquina en Tenis	SIN CAMBIOS
EN MOVIMIENTO	Las paradas de un portero de Fútbol	CON CAMBIOS

Tabla 4.2

Otra de las clasificaciones más conocidas y empleadas por numeroso especialistas del ámbito de la actividad física y el deporte es la elaborada por Fitts (1975). Este investigador propuso un sistema para analizar las tareas motrices en las que debería tenerse en cuenta las complejas relaciones que se establecen entre el sujeto y su entorno, entorno en el que habitualmente se manejan objetos. Con estas premisas estableció la existencia de cuatro posibilidades o niveles:

Nivel I. Persona y objeto inicialmente estáticos.
Nivel II. Persona estática y objeto en movimiento.
Nivel III. Persona en movimiento y objeto estático.
Nivel IV. Persona y objeto en movimiento.

Para mejor ilustrar estas categorías se va a proporcionar algún ejemplo de cada una de las mismas. Los especialistas en los deportes de pelota e instrumento (bate o raqueta) saben de la dificultad que manifiestan los novatos para ser capaces de controlar su instrumento y, a su vez, utilizarlo para proyectar un móvil. La pelota llega hasta ellos a tal velocidad y con tantas trayectorias que son incapaces de organizar una respuesta adecuada para cada ocasión. Circunstancias como ésta provocó el diseño de materiales o situaciones que mantengan al deportista en el nivel I de dificultad, ya que los soportes en forma de T o las pelotas colgadas permiten que el deportista parte de una situación autorregulada ante un móvil estático.

A medida que el nivel de competencia mejora, el dinamismo hace presencia en el entrenamiento y ya el deportista o el móvil se mueve, la pelota se mueve como un péndulo y el sujeto aprende sobre las trayectorias y redundancias, todo ello nos introduce en los niveles II y III de dificultad, hasta llegar a situaciones de práctica en las que todo se mueve, sujetos y objetos (nivel IV). Todo esto nos hace pensar que el proceso de mejora y optimización del aprendizaje deportivo no es otra cosa que un recorrido a través de los diferentes niveles de dificultad para terminar en el destino propio de cada deporte con sus exigencias y demandas perceptivas propias.

La incertidumbre de los deportes

Con una aproximación, tal vez más abstracta, al emplear los conceptos de *espacio y tiempo*, Higgins (1977), nos introduce en las nociones de «*incertidumbre espacial y temporal*», que como se puede comprobar, conectan directamente con las ideas de Gentile y Col. (1975), y con las de Fitts (1975) anteriormente presentadas. Las dos categorías que este autor establece son:

1. *Condicionamientos espaciales de la tarea.*
2. *Condicionamientos temporales de la tarea.*

A partir de estas dos categorías Higgings (1977) deduce cuatro tipos de tareas motrices y deportivas bien diferenciados:

1). Tareas sin grandes condicionamientos ni de tipo espacial ni de tipo temporal. Desde el punto de vista perceptivo de la dificultad de las condiciones del entorno estas tareas se pueden considerar menos exigentes. Por ejemplo, realizar un equilibrio de manos en el suelo.

2). Tareas con predominio de las exigencias espaciales sobre las temporales. Por ejemplo, en una salida en la barra fija, ajustar el movimiento al espacio a recorrer para acabar en un estacionamiento perfecto.

3).Tareas en las que predominan las exigencias temporales sobre los espaciales. Por ejemplo, ganar un salto entre dos en baloncesto, llegar antes que el otro al balón.

4). Tareas con grandes exigencias tanto desde el punto de vista espacial como desde el punto de vista temporal. Por ejemplo, una acción de ataque con éxito en Esgrima, estableciendo la distancia justa y ritmo del movimiento adecuado.

Como se puede comprobar, el asunto parece que se complica, ya que nos damos cuenta que, en referencia a un mismo problema, el análisis de las demandas perceptivas y la obtención de claves para su desarrollo y optimización, ha sido contemplado por diferentes autores desde diferentes puntos de vista y lo que no contempla un autor se ve compensado por los otros.

Siempre surgen personas que sintetizan y reúnen de forma más reducida las ideas principales de sus antecesores. Así M. Roob (1968, 1972) trató de sintetizar sus ideas con las de Poulton y Fitts integrándolas en un solo modelo donde tiene en cuenta tanto *el estado del objeto y la persona como el tipo de control necesario y las circunstancias que mediatizan el movimiento.*

Propósito de la acción motriz

Analizadas las propuestas anteriores, creemos necesario dar un mayor protagonismo al deportista considerando sus propósitos e intenciones, de ahí que en todo análisis deba tenerse en cuenta el *Propósito de la acción motriz,* lo que de alguna forma complementa las iniciativas sintetizadoras ya presentadas. La intención que encierra una tarea deportiva en la que el manejo y control de un objeto es elemento principal, puede ser, en primer lugar, simplemente *manipulativa,* es decir, se actúa sobre un objeto pasivo (pelota, balón) produciendo un cambio de posición en el espacio del mismo. Este tipo de tareas generalmente habituales tienen un carácter *autorregulador* y no poseen una elevada exigencia de carácter perceptivo.

Esta circunstancia caracteriza muchas de nuestras acciones de la vida. En el deporte un ejemplo lo representa la Halterofilia ya que en esta modalidad deportiva la complejidad no se haya en el mecanismo perceptivo, aunque este mecanismo no está ausente, ya que todos los sensores que están repartidos en músculos, tendones y articulaciones, por ejemplo, envían constantemente al cerebro del deportista información propioceptiva sobre sus movimientos técnicos, y éste se vuelve muy sensible a estas informaciones, aprendiendo a interpretarlas correctamente.

En otras ocasiones, como en el caso de los Lanzamientos, el artefacto se encuentra inicialmente pasivo y es el deportista el que debe accionar sobre el mismo para que se desplace en nuestro entorno más o menos lejano. La exigencia de esta tarea se puede encontrar en que el propósito de la actividad es alcanzar la máxima distancia, obtener el máximo de precisión o una combinación de ambas. Incluso cuando se trata de la precisión sobre un blanco, éste puede estar estacionario o móvil, pensemos en el Tiro con Arco o en alguna modalidad de Tiro con Pistola.

Por último, nos encontramos con una variante significativa dentro de los lanzamientos, que vamos a llamar «*golpeos*». En este tipo de tareas la acción lleva consigo percutir de una forma concreta a un objeto bien con alguna parte de nuestro cuerpo o bien con algún instrumento que llevemos agarrado o adosado. Cuando el objeto a golpear se encuentra pasivo, como por ejemplo la pelota en el caso del Golf o la bola en el caso del Billar, la exigencia perceptiva es menor, ya que la acción es de carácter esencialmente autorregulada.

¿Qué ocurre cuando el objeto se encuentra en movimiento y debe ser golpeado o devuelto? Sin duda, reclama que el deportista esté atento, perciba su trayectoria, la anticipe y decida qué acción es la más conveniente.

Consideremos, un cuarto caso, nos referimos a las conductas que implica la *interceptación de un objeto*, por ejemplo, una acción técnica en el Tenis, donde observamos una doble componente de interceptación y de proyección-devolución, mientras que la recepción de un pase en Balonmano tiene simplemente un componente de interceptación, que sin duda en la continuidad del juego puede acabar en un lanzamiento o en un pase, pero la presión temporal que impone el oponente no es diferente que la existente en el tenis.

Desde el punto de vista de su aprendizaje y enseñanza resulta más fácil la simple interceptación, ya que en ella el sujeto sólo debe percibir-decidir una sola alternativa, aquella que implica parar la trayectoria del móvil. Cosa diferente es cuando además de cortar la trayectoria del móvil, se debe controlar y decidir qué hacer con él, algo que caracteriza a numerosos deportes de balón, pelota o volante.

Siguiendo un orden lógico de posibilidades, podemos pensar que en un caso el objeto móvil «*busque*» al deportista, como en el caso de un pase que un compañero de juego envía, lo cual si nos permite el lector podríamos denominar: *móvil buscándonos*. En otros casos, el móvil parece que trata de evitar que sea atrapado o despejado, o al menos, el oponente lo moviliza con la esperanza de que no sea alcanzado, como ocurre cuando tratan de marcar un gol a un portero, de ahí que podríamos denominar a esta circunstancia: *móvil evitándonos*. El portero de Balonmano tiene que intentar por todos los medios, utilizando todas las partes de su cuerpo, bien por golpeo (despeje) o bien por agarre del balón, evitar que el balón se introduzca en la portería, pero éste suele llevar efecto o ser dirigido hacia zonas en las que su control es más problemático.

En este último caso, el problema perceptivo supone para el deportista un cálculo de las trayectorias más difícil que en el anterior y para su resolución habrá que optimizar la capacidad anticipadora basada en una evaluación perceptiva correcta en condiciones de incertidumbre variada. Como indica Whiting (1979) es muy conveniente bañar constantemente a los deportistas en trayectorias variadas y de exigencia variada, lo que dotará al deportista del conocimiento necesario para solucionar problemas inciertos. Recordemos que una de las esencias del deporte es la incertidumbre que puede llegar a provocar en el deportista y que, como los entrenadores, debe llegar a manejar con eficacia y eficiencia.

Las tareas deportivas que impliquen interceptación son catalogadas de «regulación externa» y «abierta», por lo tanto, sus exigencias en el ámbito perceptivo son de gran interés para el entrenador y posible fuente de dificultades para el deportista.

4.2. ¿COMO OPTIMIZAR EL MECANISMO SENSO-PERCEPTIVO?

Llegado a este punto cabe plantearse de qué manera lo comentado puede afectar o influir en su concepción del aprendizaje y la enseñanza. Creemos que hemos abierto una puerta para que usted pueda entrar a explorar el componente senso-perceptivo. De los numerosos intentos de aplicar los modelos a la enseñanza (ver Ruiz, 1994), hemos seleccionado las ideas de Billing (1980), quien destacó que la *dificultad perceptiva* de una tarea debe ser susceptible de manipulación por parte del entrenador, en lo que se refiere al carácter de la *estimulación perceptiva* que supone la realización de las acciones deportivas. Por lo tanto, en este sentido, el citado autor señala que el grado de dificultad está relacionado a una serie de factores tales como:

1. *El número de estímulos a los que se debe atender.*
2. *El número de estímulos que se encuentran presentes.*
3. *La velocidad y la duración de los estímulos.*
4. *La intensidad de los estímulos.*
5. *La extensión en la que los estímulos pueden ser conflictivos o confusos.*

De acuerdo con estos criterios se pueden analizar los diferentes aprendizajes deportivos y establecer un orden jerárquico de complejidad que, sin duda, será coherente con todo lo anteriormente expuesto al respecto. Así, desde el punto de vista de la dificultad perceptiva, no estaría mal contemplar estos cinco puntos desde la perspectiva, por ejemplo, del portero de Balonmano:

1. *Jugador con la pelota y jugadores susceptibles de pase peligroso.*
2. *Todos los restantes jugadores y asistentes.*
3. *Tiro de gran velocidad desde unos pocos metros.*
4. *Móvil relativamente pequeño.*

5. Móvil evitándonos, con posible intención de engaño por parte del lanzador, y asimismo, con posibles interferencias visuales por parte de otros jugadores.

En consecuencia, se puede, considerar esta tarea como de una gran complejidad perceptiva. Como contrapartida se puede analizar de la misma forma, un tiro libre en Baloncesto, con lo que obtendríamos lo siguiente:

1. Estímulo único, fijo y conocido.
2. El resto de los jugadores que reglamentariamente deben permanecer estáticos y los asistentes.
3. La canasta está fija.
4. El aro se encuentra visualmente enmarcado por el tablero y el recuadro negro, y acentuado por la red.
5. A excepción del ruido que puede producir el público, caso de que haya, la situación en sí no presenta conflicto ni confusión, podríamos considerar esta tarea, en el ámbito perceptivo, como de baja complejidad.

Teniendo en cuenta estos cinco puntos que acabamos de presentar, podemos llegar a realizar una estimación bastante correcta del grado de complejidad de las tareas deportivas a enseñar respecto a sus demandas de ajuste perceptivo. A partir de estas ideas se puede racionalizar el diseño de las progresiones de enseñanza, para optimizar los procesos de aprendizaje que se encuentran en relación con el mecanismo sensoperceptivo.

Debemos puntualizar que todos los componentes del análisis propuesto llevan implícito, de una manera lógica, un principio de *jerarquización* (de fácil a difícil) de las tareas según sea el problema perceptivo que deseamos plantear. Conocer el deporte en profundidad supone poder caracterizarlo según sus exigencias perceptivas, este análisis que el entrenador debe realizar le permitirá establecer las condiciones de práctica más favorables para elevar la competencia perceptivo-motriz del deportista en situaciones donde ésta, ya de por sí, es elevada.

Como resumen de lo expuesto nada como una tabla que sintetice un conjunto de conocimientos amplio y variado como el presentado en este capítulo.

SINTESIS DE LA VALORACION DE LA DIFICULTAD PERCEPTIVA DE LAS ACCIONES DEPORTIVAS

ELEMENTO DE ANALISIS	CONDICIONES DE MENOR DIFICULTAD	CONDICIONES DE MAYOR DIFICULTAD
CONDICIONES DE ENTORNO	ENTORNO ESTABLE «Tareas Habituales»	ENTORNO CAMBIANTE «Tareas Perceptivas»
TIPO DE CONTROL PRIORITARIO	BASADO EN INFOR-MACION SENSORIAL INTERNA «Tareas cerradas»	BASADO EN INFOR-MACION SENSORIAL EXTERNA «Tareas abiertas»
CARACTER DE LA REGULACION TEMPORAL	TIEMPO Y RITMO DE EJECUCION IMPUESTO POR UNO MISMO «Tareas Autorreguladas»	TIEMPO Y RITMO DE EJECUCION EXTERNA-MENTE IMPUESTO «Tareas de regulación externa»
RELACION INICIAL ENTRE SUJETO Y OBJETO	INDIVIDUO Y OBJETO ESTATICOS	INDIVIDUO Y OBJETO EN MOVIMIENTO
CONDICIONES DE VARIABI-LIDAD DE UNA RESPUESTA A LA SIGUIENTE	SIN CAMBIOS	CON CAMBIOS
SEGUN EL TIPO Y NIVEL DE ESTIMULACION SENSORIAL	•Pequeño número de estímulos a atender • Pequeño número de estímulos presentes •Poca velocidad del estímulo • Mucha duración del estímulo • Estímulo claro e inequívoco	• Gran número de estímu-los a atender • Gran número de estímulos presentes • Mucha velocidad del estímulo • Poca duración del estímulo • Estímulo confuso o conflictivo

Tabla 4.3   Síntesis de la valoración de la dificultad perceptiva de las acciones deportivas.

5.   DECISIONES INTELIGENTES

La vida lleva consigo tener que decidir constantemente. Asimismo, decidir también es un elemento esencial y consustancial del deporte. El jugador de Hockey necesita tomar constantemente decisiones: *¿Qué ocurre? ¿Qué hacer? ¿Cómo hacerlo?* y llevarlo a cabo. La literatura especializada viene dedicando una gran atención a este componente relevante del procesamiento cognitivo de la información y que, en los deportes abiertos, de situación y de regulación externa es lo más característico (Temprado, 1989).

Como hemos expuesto en el capítulo anterior, las exigencias de carácter perceptivo en los deportes pueden variar enormemente, oscilando de tareas cuyo componente perceptivo es prácticamente nulo a tareas para cuya realización el individuo debe ser capaz de integrar en patrones significativos una enorme avalancha de información cuyo origen es el entorno más inmediato.

En la cabeza del deportista se llevan a cabo todo un conjunto de operaciones, de cálculos, en los que el conocimiento juega un papel relevante. Pero *¿qué conocimientos?* Conocimientos sobre el deporte en cuestión, de sus técnicas, de sus reglas, estrategias y tácticas. Conocimientos sobre las diferentes formas de actuar y cuándo son más adecuadas, sin olvidarnos de lo que algunos denominan conocimiento afectivo (Wall, 1986; Ruiz, 1995) y que es primordial para ser excelente, haciendo referencia al sentimiento de satisfacción y de confianza en las propias posibilidades, y que otros autores denominan autoeficacia, confianza deportiva o competencia percibida.

Los deportistas necesitan como buenos procesadores de información, datos que les indiquen qué es lo que está sucediendo, un propósito que les guíe y los medios necesarios para conseguir dicho propósito. Coincidimos con Temprado (1992) cuando afirma que la actividad de toma de decisiones en el deporte es esencialmente una actividad cognitiva y afectiva. El proceso de optimización deportiva supone no sólo dotarle de situaciones para que mejore su capacidad de decidir, sino también implica dotarle de la confianza para que lo haga.

Las decisiones se ven influidas por el estado anímico y afectivo del deportista, sus miedos, temores, confianza en sus posibilidades, apetencias, fatiga, presión del ambiente o de la evaluación subjetiva que realiza del riesgo que conllevan dichas decisiones.

Partamos de un ejemplo, en el deporte del Badminton, el jugador está ante la necesidad de moverse constantemente en el campo, decidir cuándo y cómo hacerlo y gestionar cognitivamente las informaciones que surgen de su oponente y del móvil, para poder anticiparse a sus acciones. Cosa diferente es la del escalador que en la pared, con una temperatura e inclemencias difíciles, debe decidir qué vía es la más adecuada con el riesgo que conlleva equivocarse.

5.1. ¿QUE INFLUYE EN LA DIFICULTAD DE LA TOMA DE DECISION?

Decidir es un acto complejo que está reclamado en numerosas actividades de la vida (economía, política, educación, deporte, etc.). Si algo caracteriza al deporte es que es un escenario en el que decidir es fundamental, de ahí que no sea extraño que pensemos que es necesario que los deportistas no sólo deban optimizar sus técnica sino también su capacidad de elegir, de escoger entre diferentes opciones y alternativas. Podríamos clasificar los deportes según sus exigencias de toma de decisión, algo que sugerimos al lector una vez lea este capítulo.

Consideremos, por ejemplo, el Lanzamiento de Jabalina, en esta modalidad del Atletismo comprobamos que las decisiones son de carácter muy simple ya que el deportista está ante la disyuntiva de lanzar o no lanzar, lo cual es algo relativamente muy sencillo y que permite un periodo de concentración y un cierto margen de tiempo. Si lo comparamos con las alternativas que se presentan en el Fútbol a un delantero que está avanzando hacia la portería contraria con la intención de penetrar, nos encontramos ante una deportista dispuesto a decidir qué hacer y cuándo hacerlo bajo la presión del tiempo y de los oponentes. Como expresan los expertos en estas cuestiones (Temprado, 1989, pág. 54):

> «Está gestionando de forma inmediata su motricidad según unos objetivos, en presencia de incertidumbre, bajo presión temporal y con exigencias de precisión».

y como indican Bonozzoni y Leali con relación al Fútbol (1995, pág. 35):

> «Cometería un error aquel jugador en posesión del balón que, pudiendo efectuar tranquilamente un pase hacia adelante, lo hiciese, por el contrario, hacia atrás o lateralmente».

Esta explicación, aparentemente sencilla, conlleva tomar decisiones, el problema es seleccionar aquella o aquellas acciones que pueden resultar más eficientes y que desemboquen en la consecución del anhelado gol. A nadie se le oculta lo complejo de la toma de decisión del jugador en dicha circunstancia y, por tanto, lo fácil que resulta equivocarse.

De ahí que estos mismos autores en unos párrafos más adelante indican, con la misma sencillez: «*El ataque en profundidad, con tal que no conlleve el riesgo de perder fácilmente el balón, siempre debe ser el objetivo primario del equipo*». Decidir puede tener su coste y sus consecuencias; de ahí que existan personas y deportistas que pueden manifestar una inhibición en la toma de decisiones, que se vean paralizados ante la disyuntiva de tener que lanzar un penalti en un partido decisivo con el marcador adverso, pero con la posibilidad de ganar si marca dicho gol. Otros por el contrario, padecen un exagerado deseo de decidir constantemente, casi de forma inconsciente, y de tomar responsabilidades para las que probablemente no están preparados, con los posibles efectos negativos de esta conducta.

En el ámbito del deporte las estrategias de toma de decisión están recibiendo una atención especial ya que son el eje principal de numerosos deportes. Como indica Gilovich (1984) el ámbito de los deportes es propicio para estudiar la toma de decisiones, es un laboratorio ecológico, dado el dinamismo, complejidad, riesgo e incertidumbre que caracterizan a los deportes. Por lo tanto, salvo que estimemos que el pensamiento táctico es un regalo (don) de la naturaleza para algunos jugadores, es preciso plantearse su desarrollo y optimización desde la base.

Como indica Accame (1995) en su libro sobre «La zona en el Fútbol» :

> «*Creo que es absurdo hablar de una predestinación táctica del futbolista, a menos que declaremos la bancarrota de una preparación de base*».

Algo que entrenadores del Fúbol Sala como Sampedro (1993) apoyan al diseñar toda una *educación táctica* para los más jóvenes en este deporte. Para este autor el juego es el vehículo más adecuado para introducir las nociones tácticas, itinerario que iría desde los juegos más infantiles hasta los juegos específicos y adaptados, cargados de las nociones tácticas necesarias para el deporte en cuestión.

Para Antón (1990, pág. 26) en esta misma línea de argumentación y con relación al Balonmano, propone una progresión para pasar de las formas elementales del juego a la máxima complejidad en ese deporte que, de forma resumida, presentamos en la figura 5.1.

Esta idea de modificar los juegos, de aprovechar su caudal de posibilidades ha vuelto a ser reconsiderada por los entrenadores y los educadores bajo expresiones como los *juegos modificados o la enseñanza comprensiva de los deportes* (Devís y Peiró,

1992), propuesta que ofrece un notable motivo para la reflexión, sobre todo en la formación de los futuros deportistas.

En esa misma línea de argumentación se expresa Wein (1992, pág. 281) en relación con el Hockey cuando sugiere que:

«*Una sesión de entrenamiento que no intente mejorar la visión de juego, no exige la toma de decisiones por parte del jugador: no lo involucra totalmente de forma mental y física, no facilita la ganancia de experiencias y no logra enseñar cómo actuar sin bola, siendo poco eficaz, poco motivadora, atractiva y formativa*».

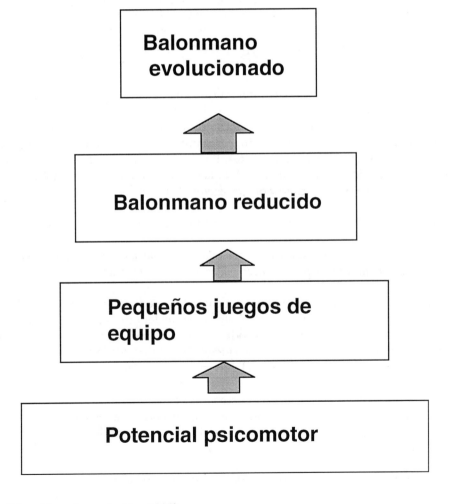

Fig. 5.1   (Basada en Antón, 1990)

Una vez expuesto globalmente el problema, se hace necesario penetrar en este complejo terreno de las decisiones para tratar de entresacar los factores que la configuran y la forma de optimizarlos en el deporte.

Número de decisiones y diversidad de propósitos de las tareas deportivas

El primer factor que deseamos destacar es el número de decisiones diferentes que es necesario tomar para la ejecución eficiente de una tarea deportiva.

Por ejemplo, el jugador de Baloncesto cuando recibe el balón tiene tres decisiones posibles: pasar, tirar o avanzar; algo similar le ocurre al jugador de Balonmano o a la jugadora de Fútbol. También le ocurre al jugador de Voleibol, quien debe decidir si pasar a un compañero el balón o enviarlo al campo contrario; al judoka que debe decidir si atacar o esperar a que su oponente inicie el ataque para aprovecharse de él o al jugador de Badminton. En este deporte Manuel Hernández (1989, pág.79) analiza los diferentes tipos de juego de individuales en los que los propósitos juegan un papel decisivo. Así, propone tres diferentes tipos de juego:

> *1.* **La Teoría de la distancia** *o enviar el volante al lugar más alejado de la pista después de cada golpe.*
> *2.* **La Teoría de las cuatro esquinas** *para provocar que el oponente realice desplazamientos largos y no llegue a alcanzar el volante.*
> *3.* **La Teoría de la finta y el contrapié** *que consiste en engañar al contrario haciéndole creer que se va a realizar un golpe y en el último momento realizar otro; para poder ser eficaz en este propósito se debe observar los pies del oponente para actuar en sentido contrario a los movimientos de avance o retroceso.*

Todas estas circunstancias suponen que el número de decisiones y las intenciones varían notablemente. Está claro que cuanto mayor sea el número de decisiones la complejidad de la tarea a este respecto será mayor, lo cual nos lleva a utilizar, de nuevo, la noción de *probabilidad subjetiva* (Whiting, 1979), es decir, el deportista debe conocer al máximo las posibles consecuencias de sus acciones o las de sus oponentes.

La optimización deportiva debe suponer en este apartado conseguir que el deportista aprenda sobre la posible ocurrencia de un suceso, de ahí que conocer los hábitos tácticos del oponente, la forma de moverse o su estilo de toma de decisiones, es decir, la forma habitual de tomar decisiones es crucial.

Decidir es apostar de forma personal, es arriesgarse como indica Temprado (1992). Este mismo autor nos presenta un esquema muy interesante en el que se reúnen los elementos más decisivos de este asunto (Figura 5.2). En los deportes de raqueta, se ha demostrado cómo los deportistas emplean una parte importante de su tiempo en conocer el gesto de su oponente para anticiparse y poder reducir notablemente su tiempo de toma de decisión (Alain y Proteau, 1980).

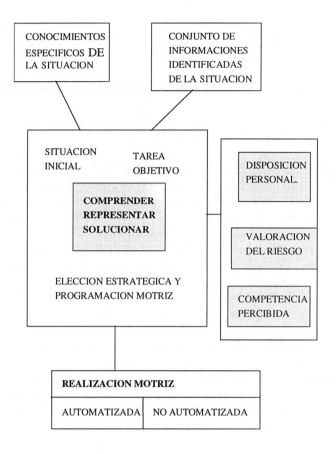

Fig. 5.2   (Basada en Temprado, 1992)

Como se puede observar, el deportista está constantemente procesando informaciones de origen externo e interno (sus pensamientos) para poder actuar. Como indican Bakker, Whiting y Van der Brug (1992, Cap. VI):

> «Las situaciones deportivas suponen una constante fuente de suministro de informaciones múltiples y variadas».

Esto les lleva a acuñar la noción de *estructura de suministro* a la que los novatos les resulta muy difícil acceder, pero totalmente necesaria para poder representarse la situación de juego en tiempo real y para manejar las posibles decisiones que en algunos casos son originales, lo cual nos hace pensar en su inteligencia para el juego.

Pero sabemos que esta denominación, para muchos investigadores de otras áreas del conocimiento, no tiene un valor científico, ya que, para muchos, la inteligencia se manifiesta en otras circunstancias y no en las deportivas. Sin embargo, Gadner (1983) explicó las debilidades de una noción de inteligencia basada en datos lingüísticos o lógico-matemáticos. Existen otras manifestaciones de la inteligencia y las variadas exigencias de los deportes reclaman alguna de dichas manifestaciones; nos referimos a la inteligencia corporal, motriz o deportiva que tiene una clara expresión en las actuaciones de Michael Jordan o de Carlos Moyá. Como indica el profesor Marina (1993, pág. 92) con relación al movimiento inteligente:

> *«En la jugada de Baloncesto encontramos los elementos estructurales de toda actividad creadora: la invención del proyecto, su promulgación, las operaciones para realizarlo, los actos de evaluación. La inteligencia posibilita la ejecución de estas posibilidades libres».*

Comparemos la exigencia de toma de decisión de dos deportistas de un mismo deporte: el Atletismo. Un corredor de 100 metros y un corredor de mediofondo. La estrategia y táctica del corredor de 100 metros es realmente simple; sin embargo, en el corredor de mediofondo hay un elemento que determinará la estrategia del corredor y que influirá de forma directa en las diferentes tácticas a emplear a lo largo de la prueba, como es el propósito que el corredor se plantee en dicha carrera.

Si el propósito del corredor es obtener la mejor marca posible las decisiones sobre como gestionar sus recursos energéticos y su esfuerzo plantearán una estrategia y táctica distintas, a cuando el objetivo del corredor es ganar la carrera o clasificarse. En este caso el factor de toma de decisión queda claro ya que el mediofondista se enfrenta ante un problema mucho más complejo que en el caso del corredor de 100 metros.

En este problema, tal y como hemos analizado, influyen la *duración de la prueba y la variedad de objetivos y sub-objetivos* que se pueden plantear para la realización de la misma. Las pruebas de breve duración necesariamente limitan la capacidad de toma de decisión del sujeto, así como las tareas con un objetivo muy concreto y único o con un esquema de movimiento para conseguirlo muy estudiado y fijo, todas ellas no se caracterizan por ser exigentes en lo referente a la toma de decisión. Por lo tanto, son deportes de toma de decisión aquellos en los que el deportista se ve confrontado ante diferentes alternativas bajo una presión temporal e incertidumbre más o menos manifiesta.

Número de alternativas en cada decisión

Otro elemento, que no se debe olvidar cuando se trata la toma de decisión, es que el deportista se puede encontrar con la dificultad de tener que gestionar la posibilidad de emplear varias técnicas o varias soluciones al problema táctico presentado o que encuentra en el transcurso del juego, de ahí que el entrenador deba considerar en el proceso de optimización el número de posibilidades de respuestas alternativas con las que se enfrentará el deportista al actuar en las numerosas situaciones de su deporte.

En los ejemplos que hemos puesto en el apartado anterior, la alternativa en la respuesta motriz era unitaria en ambos casos, correr en la dirección que marca la pista; la matización era fundamentalmente cuantitativa, velocidad en el ritmo de actuación y distribución consecuente con el esfuerzo.

Pero no todos los deportes manifiestan estas características, en muchos deportes lo característico es que el deportista sea capaz de cambiar su proyecto de acción a partir de las señales de error que puede recibir y evaluar. Esto nos hace referencia a una modalidad de conocimiento muy característica de los expertos en deporte como es el metaconocimiento sobre las acciones (Ruiz, 1995) y que supone que los deportistas no sólo saben sobre su deporte sino que han desarrollado una conciencia de los que conocen sobre ellos mismos y poseen habilidades que le permiten una mayor autorregulación y un mejor control de sus actuaciones. Evalúan mejor las situaciones, su dificultad y riesgo, relacionando mejor estas características con sus propias competencias, en definitiva, saben lo que es posible ser realizado en condiciones muy diferentes.

Esta actividad de toma de decisión sobre las alternativas más factibles se puede presentar en escenarios o espacios de cálculo de toma de decisión muy diferentes, como es el caso de estar atacando o esperando el ataque, es decir, tomando la iniciativa o esperando. En ambas existe la necesidad de elegir y, por ambas, ha de pasar y alternar el deportista, lo que hace todavía más importante su optimización. Tampoco debiéramos olvidar que podemos hablar de decisiones individuales y de decisiones colectivas y que en muchos deportes mantienen un tira y afloja que el entrenador debe saber coordinar para que el propósito del encuentro sea conseguido, es decir, superar al equipo oponente.

Existen circunstancias donde una decisión individual puede suponer un éxito para el equipo, decisión que, de haber sido errónea, hubiera supuesto un fracaso, pero se llevó a cabo y salió bien. Eso no suele ser lo habitual, del mismo modo que existen estilos de toma de decisión fruto de las preferencias y del cálculo de probabilidades subjetivas, creemos que existen estilos colectivos de decidir y así hablamos de que tal *equipo ha marcado el ritmo de juego o sigue el ritmo de juego del oponente o que tal equipo suele ser conservador.*

El entrenador debe ser consciente que la libertad de los deportistas y su obligación de culminar las oportunidades claras de conseguir un tanto, deben combinarse con la disciplina del grupo que elabora una jugada y decide cuando culminarla. Incluso en los deportes de toma de decisión cabe realizar muchas caracterizaciones. Consideremos el Tenis, en el desarrollo del juego; el tenista, además de decidir la velocidad y dirección de su desplazamiento para alcanzar una buena posición, tendrá que decidir qué tipo de golpe va a emplear, la dirección que va a imprimir a ese golpe y con qué fuerza le va a dar a la pelota y, todo ello, en décimas o milésimas de segundo, algo a todas luces imposible si no existiera un fenómeno que es denominado de *anticipación* al que nos hemos referido en el Capítulo 2.

Como vemos, el número de decisiones en la actuación deportiva puede ser muy grande, aumentando el grado de complejidad cuando a cada decisión le corresponden diferentes alternativas. Sobre este particular y, aunque no sea más que de pasada, será necesario consignar aquí que cada alternativa motriz puede suponer un problema de ejecución complejo y, aunque es posible marcar goles con el trasero, no es lo habitual; el jugador se ve limitado en su capacidad de toma de decisión cuando no posee los gestos técnicos adecuados para llevar a la práctica dicha solución. Existen actividades como el ajedrez en las que la dimensión motriz de la solución es simple y sólo reclama levantar con la mano una pieza para posarla en otra zona del tablero, pero este no es el caso habitual del deporte. Acciones como rematar en Voleibol, golpear con el interior en Fútbol o, por ejemplo, realizar la primera de hombro en Judo, reclaman un dominio técnico refinado.

Pensemos en un judoka en el que el repertorio técnico es limitado, es probable que durante el combate haya captado cuál es la debilidad de su oponente y sepa cuándo es oportuno entrar con el hombro o la pierna, pero cada vez que lo intenta no es capaz de derribar a su oponente porque su conocimiento técnico es débil, no puede decidir sobre el empleo de una *«llave»* o *«técnica»* porque no domina su realización, por más que sepa que esa técnica fuera la más apropiada para esa circunstancia. Es el eterno problema del decir y el hacer, algo que en el deporte se supera con un entrenamiento óptimo y competente.

Del mismo modo, sirve de poco un jugador de Voley Playa que constantemente telegrafía sus decisiones al oponente y que su gestión de toma de decisión sea sencilla de controlar por el adversario debido a sus débiles *fundamentos tácticos y estratégicos*. Este jugador cuando en un determinado momento tenga la oportunidad de adquirir una ventaja clara para rematar, no optará por la alternativa más eficaz porque no sabrá *leerla*, no la interpretará, y esperará a circunstancias más *habituales* en las que las cascadas de toma de decisiones están más predeterminadas, situación que no agradará en absoluto al entrenador ni a su compañero que saben muy bien, que una optimización de la toma de decisión en este deporte supone que sean capaces tanto de crear como de reducir incertidumbre. Como indican Mata, de la Encarnación y Rodríguez (1994, pág. 77) con relación a este deporte:

> *«El acierto a la hora de escoger al compañero es vital para la obtención de resultados positivos».*

Para posteriormente destacar que entre las características necesarias para que el equipo sea competente está el que sus jugadores sean versátiles, es decir, *«capaces de adaptarse a distintos ritmos y condiciones de juego»*.

Tiempo requerido para la toma de decisión

Hablemos ahora de la presión temporal. Todos recordamos de nuestra época de aprendices deportivos como nos incomodaba el que el entrenador nos pidiera más rapidez en nuestras decisiones: *¡Tira ya!, ¡pasa ya!, ¡es para hoy!, ¡no tenemos todo el día!, ¡no ves que fulanito estaba desmarcado!*, etc. *(¡cómo ibamos a verlo si nuestros ojos no dejaban de mirar el balón para no perderlo!).* Estas y otras muchas lindezas las hemos sufrido y las seguimos escuchando en las canchas deportivas. Lo que no se escuchaba era el callado sentir de muchos deportistas: *¡Por qué no me enseñas a decidir mejor, a no atosigarme al decidir, a no tener miedo a decidir!...*

La rapidez con la que una decisión tenga que ser tomada es otro punto importante a considerar cuando analizamos las decisiones en el deporte. Tomemos por ejemplo a un lanzador de peso que acaba de penetrar en el círculo y está a punto de comenzar su propio ritual de preparación y concentración, previo a tomar la decisión de iniciar el lanzamiento. Es evidente que este caso no se caracteriza por una gran presión temporal ya que hay tiempo para meditar, repasar mentalmente el movimiento y poderse concentrar adecuadamente para rendir al máximo. Por el contrario, otras actividades deportivas exigen del atleta que tome una serie de decisiones en un tiempo muy reducido, hecho que sucede, por regla general, en todos los deportes de combate y oposición.

Consideremos, por ejemplo, a un tirador de esgrima que tiene que decidir ante una acción del adversario el tipo de respuesta más apropiada para lo cual debe decidir en tiempo mínimo, ya que *«si se lo piensa mucho»* puede darse por *«tocado»*... Esta circunstancia reclama del deportista que emplee estrategias visuales que se basarán en un pensamiento táctico destinado a permitirle la identificación y la resolución del problema que el oponente le presenta (Ripoll, 1987), algo similar le ocurre el jugador de Voleibol o al luchador de Grecorromana.

Hay que destacar aquí, para eliminar equívocos, que estamos hablando en este caso del tiempo de decisión y queremos deslindar claramente este concepto del *«tiempo de percepción»*, que definimos como el *«tiempo que necesita un individuo para percibir un estímulo o conjunto de estímulos e integrarlo en un patrón significativo»*; y del *«tiempo de ejecución»*, que depende de la velocidad de ejecución del individuo y que es el *«tiempo que transcurre desde que el sujeto da 'la orden' para el inicio de la respuesta hasta la terminación de la misma»*.

Para una mayor aclaración de estos conceptos imaginemos a un nadador dispuesto a tomar la salida en una prueba. La posición inicial es reglamentariamente una posición estática, que los investigadores pueden determinar con la tecnología necesaria (cinematografía, registro del sonido, células fotoeléctricas, etc.), pudiendo valorar el tiempo que transcurre entre la aparición del estímulo que señala la salida y la aparición del principio de la respuesta, tiempo de percepción más tiempo de decisión; comúnmente se denomina a este tiempo *«tiempo de reacción»*. Así, como el tiempo que tarda entre la aparición del inicio de la respuesta y la finalización de la misma, momento en que los pies pierden contacto con la plataforma de salida, al que se denomina *«tiempo de ejecución»*.

Hemos destacado en este ejemplo tres momentos diferentes: «*Aparición del estímulo, señal que da origen a la salida; aparición del inicio de la respuesta y pérdida de contacto de los pies con la plataforma*». Desde el primero al segundo momento se han movilizado en el sujeto los mecanismos de percepción y de decisión. En este ejemplo las relaciones lógicas que llevan al nadador a tomar su decisión son en extremo simples (señal-salir), en esta tarea en concreto el papel fundamental en la rapidez de la decisión lo juega el tiempo de percepción. No ocurre así en otras muchas situaciones en las cuales el tiempo de percepción no es el único factor determinante en la rapidez de la toma de decisión.

Cuando un boxeador está en el *ring* ante su adversario y está realizando un desplazamiento lateral acompañado de finta, «*un juicio*» equivocado sobre las intenciones del contrario puede acabar con sus ilusiones de ganar el combate, y terminar en la lona. Todo esto puede ocurrir si no es capaz de «*Percibir - juzgar - decidir - actuar*» en un tiempo mínimo.

Es este un caso, como en el Kárate, en el que la complejidad de la decisión indudablemente se acrecienta porque el oponente tratará siempre de acrecentar la incertidumbre. El hecho de que el deportista haya optimizado su capacidad de toma de decisión y haya aprendido a anticipar las acciones del oponente basándose en señales cargadas de información significativa, le permitirá un ahorro de tiempo vital para poder ir por delante de la táctica de su oponente.

Cuando las relaciones de causa-efecto, a las que el movimiento se debe atener para lograr su propósito, no son tan inmediatas, como en el caso del nadador, el sujeto se encuentra ante la necesidad de «*pensar*» lo que va a hacer. Al tiempo que esto reclama lo vamos a definir aquí como *tiempo de decisión*. Durante este tiempo el individuo esta aplicando la *lógica motriz y esta reclamando del sistema, la estrategia y táctica más adecuadas para la situación* y la velocidad con que sea capaz de aplicar esta lógica, es uno de los determinantes fundamentales del éxito en multitud de ocasiones.

La velocidad con la que se llega a una decisión está mediatizada en innumerables situaciones por la misma naturaleza de esta decisión. Por ejemplo, un escalador tiene que analizar la topografía de la pared, seleccionar la ruta, identificar y seleccionar los agarres y emplearlos para trepar. Como ya comentamos en el Capítulo 2, Ripoll (1993) sugiere que esta situación pone en acción las funciones semántica y sensomotriz de la visión. Semántica en la medida que analiza las características de la pared y de los posibles agarres y sensomotriz para determinar la complejidad de los gestos motores necesarios.

En el caso de un jugador de Baloncesto que recibe en una posición ventajosa el balón puede decidir de inmediato penetrar, si no lo hace así podría desde esa posición tirar, pero si duda y el tiempo pasa, desaparecerá la ventaja conseguida en la situación y se verá forzado a pasar atrás o arriesgarse a perder el balón. Cuanto mayor es la presión, mayor esl la complejidad de las estrategias visuales y mayor el tiempo de respuesta, es decir, la decisión depende de la correcta interpretación de la situación en tiempo mínimo, de ahí que el deporte de alto nivel reclame de los deportistas niveles altos de vigilancia y alerta.

La rapidez con que de una manera correcta un individuo sea capaz de aplicar la *«lógica motriz»*, es el fundamento de algo que podemos definir como *inteligencia deportiva* y que tiene una incidencia crucial en todos los deportes, en los que se espera que los deportistas actúen de manera inteligente.

Lógica motriz, táctica, estrategia y toma de decisiones

Cuando tratamos la toma de decisiones en el deporte, inevitablemente surgen toda una serie de nociones que sirven para explicar fenómenos que observamos de forma habitual en los acontecimientos deportivos.

En uno de los encuentros de fútbol más carismáticos de la liga 1996-1997 entre el Real Madrid y el Atlético de Madrid, en el que el primero ganó al segundo, uno de los futbolistas más destacados fue Raúl. Todos quedaron asombrados por la forma en la que actuó para conseguir el primer gol y como fue el verdadero dinamizador del resto de los goles que esa noche conseguiría su equipo en el Estadio Calderón. Observar y analizar esta jugada es una forma de aclarar muchos de los conceptos que hemos ido presentando en estas páginas: *Oposición cerrada de los defensas, presión, incertidumbre y necesidad de decidir*, es decir, todos los ingredientes de un deporte de regulación externa y abierto.

Podría haber pasado, esperado a la llegada de algún otro compañero, pero no, avanzó, sorteó a sus adversarios, vio el lugar propicio para proyectar el balón y lo hizo. El mismo jugador lo expresaba a la prensa con una claridad meridiana que presentamos a continuación:

> *«Redondo me envió un balón que fue hacia mi izquierda, lo enganché, me libré de un defensa (Geli), me metí en el área por el borde izquierdo y engañé con un quiebro a otro defensa (López); me iba emocionado yo solo, así que intenté marcharme no por dentro sino por el exterior y me fui otra vez del defensa (López); no miré a nadie, vi un hueco y chuté raso y con fuerza»* (Declaración a Carlos E. Carbajosa en el periódico EL MUNDO del Lunes 20 de Enero de 1997)

Estas declaraciones son el exponente más claro de la lógica y el conocimiento que el jugador poseía de la situación, algo que le hace destacar ante los demás. Desde hace una década se viene analizando el papel del conocimiento en el rendimiento experto de los deportistas, de ahí que no sea extraño considerar que deportistas como Raúl, Olano, Fiz, Carballo, Conchita Martínez, Indurain, Arantxa Sánchez Vicario, Olazábal o Carlos Sainz son deportistas que poseen unas estructuras de conocimiento procedimental y unas redes semánticas sobre su deporte similares a las que presentan otros expertos en otros dominios, lo que les permite gestionar las situaciones y decidir de forma más competente que sus oponentes. Son deportistas que manifiestan un conocimiento metacognitivo notable que les permite analizar y evaluar las situaciones de juego de forma precisa y actuar de forma táctica y estratégica con gran éxito.

Todo ello nos lleva a introducir aquí las nociones de estrategia y de táctica, términos que pueden variar según el contexto y la persona que los emplea. Es común que en la literatura psicológica de temple cognitivo las estrategias hayan recibido una especial atención, y por lo tanto, los especialistas en deporte las hayan analizado entre los deportistas de diferentes niveles de pericia. Así, la forma particular y económica con la que un deportista procesa la información sobre una situación y soluciona el problema planteado, podría denominarse la estrategia personal de actuación, es lo que Temprado (1989) ha denominado como la «*gestión estratégica*».

Gréhaigne y Godbout (1995) hacen referencia a los términos de estrategia y táctica en el dominio deportivo, indicando que las *estrategias* son:

> «*Un conjunto de acciones de juego preestablecidas para acometer con éxito la solución de diferentes situaciones, con la finalidad de sorprender al oponente y sobrepasarle*».

Es una concepción de alto nivel, es el plan general, que se ve complementada con la de *táctica* la cual supone las «*adaptaciones puntuales que el deportista realiza a las nuevas configuraciones de juego*».

Entre los especialistas en el deporte, las interpretaciones de estos términos son variadas y no siempre coincidentes. Así, para Algarra (1990) en el Ciclismo la táctica supone *arte, concepción creativa ante posibles supuestos que rigen las leyes de la maniobra estratégica* (pág.133). Para este autor las tácticas en el Ciclismo están basadas en:

- *Valoración del propio potencial y el del oponente.*
- *Principios de ocultación y sorpresa estandarizados.*

La Táctica para el profesor Algarra es «*sinónimo de respuesta acertada y adaptada a situaciones complejas que surgen en las carreras, que permite una inversión de la energía en el momento y lugar oportuno, evitando todo gasto superfluo que beneficie a los demás*» (pág. 133). Con relación a la noción de estrategia, este mismo autor indica que la estrategia es la manera de poner en acción la táctica y, como él mismo indica:

> «*No deberíamos nunca confundir el concepto de táctica, que indica con nitidez la línea a seguir, con el de estrategia, que es el recurso en que se basa la táctica para llegar al objetivo propuesto*» (pág. 196)

Para Riera (1994) la estrategia deportiva debe ser considerada en sus tres aspectos principales: *Objetivo, planificación y globalidad.* El *objetivo o propósito* del deporte indica la dirección que la actuación ha de tomar. Es el referente: ganar, clasificarse, colocarse entre los tres primeros. En cuanto a la *planificación*, ésta considera que puede ser de corto, medio o largo plazo, según el momento del club o deportista. Por último, la referencia a la *globalidad* de la situación deportiva, a su realidad.

Como se comprueba existen algunas diferencias entre lo que la psicología cognitiva entiende por estrategia, muy centrada en el deportista y en lo que hace para solucionar problemas y la definición que se da en el deporte más centrada en los esquemas y planes de juego previamente establecidos para superar a un oponente. Lo cierto es que las estrategias pueden ser propias o propuestas por el entrenador, ambas son relevantes ya que, es probable que, de entrenadores estratégicos surjan deportistas estratégicos.

Es más aproximado que la noción de táctica, *de pensamiento táctico, de conciencia táctica* esté más cercana a la noción psicológica de *estrategia* y a la de *lógica motriz* del profesor Sánchez Bañuelos (1986). Para Temprado (1992) el pensamiento táctico conlleva conocimientos almacenados en forma de escenarios, es decir, indicadores de condiciones-acción, de objetivos a conseguir y efectos a producir, algo que permite al deportista comprender las relaciones existentes entre los diferentes elementos de la situación problema.

Entre los especialistas en Tenis, la técnica, táctica y entrenamiento técnico debe mantener una estrecha relación (Arranz, Andrade y Crespo, 1993, vol. II, pág. 13-273). Para estos autores las relaciones entre estrategia, táctica y técnica suponen que el entrenador se encuentre ante la dificultad de no provocar que sus entrenamientos rompan esta relación (Figura 5.3.).

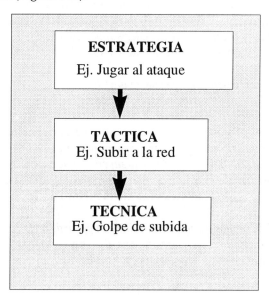

Fig. 5.3

Este conocimiento es el que guía al deportista en la toma de decisiones reduciendo la carga informativa, sobre todo en deportes en los que existen verdaderas cascadas de toma de decisiones, como podemos observar en la Fig.5.4 referida al Rugby (Usero y Rubio, 1996).

Tampoco debiéramos olvidar que pueden darse casos de compensación en el deporte mediante el cual «*un deportista puede compensar problemas técnicos con una capacidad superior de análisis del juego*» (Salmela, Durand y Bush, 1994)

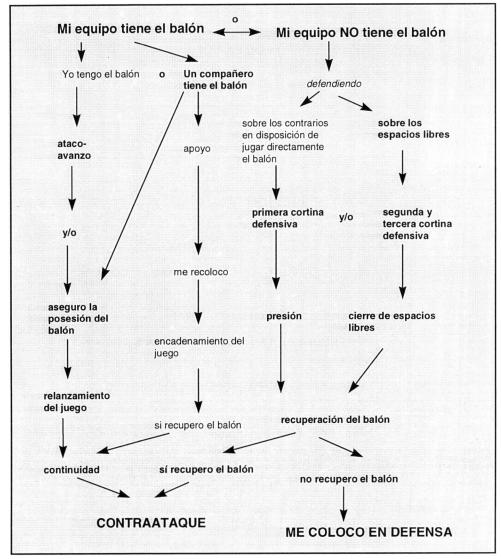

Fig. 5.4   Cascada de decisiones de ataque y defensa en el Rugby

Todos los deportes están compuestos de toda una serie de estrategias y reglas de actuación con sus correspondientes tácticas para solucionar los problemas planteados. Es un reto para los entrenadores el establecer dichas reglas generales de actuación con sus posibles tácticas de actuación, lo que sin duda revertirá en la mejora de la toma de decisiones en el deporte.

Básicamente los deportes colectivos poseen una serie de principios fundamentales que Martínez de Dios (1996) en relación con el Hockey presenta en la Fig. 5.5

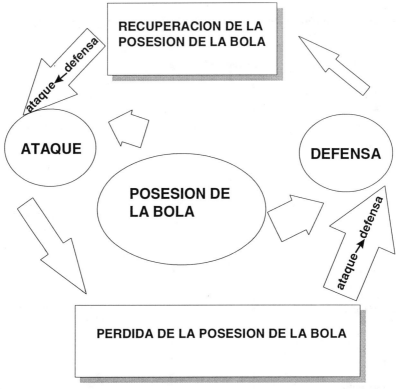

Fig. 5.5

Grehaigne y Godbout (1995) realizan una análisis de los deportes colectivos y resaltan la necesidad de indagar mejor las relaciones existentes entre conocimiento y rendimiento deportivo. En su concepción de los deportes colectivos destacan cuál es el sistema de conocimientos que éstos poseen y presentamos de forma gráfica en la figura 5.6.

Para estos autores es muy interesante que los entrenadores analicen los deportes y establezcan las reglas y los principios de acción que los rigen; así, por ejemplo, en los deportes de balón principios de acción son: *Mantener la posesión del balón* con diferentes tácticas tales como:

118

- *Tener muchos compañeros a quienes pasar.*
- *Proteger el balón.*
- *Mantener el balón lejos del oponente y cerca de sí.*
- *Pasar al espacio detrás del defensor y enfrente del atacante.*

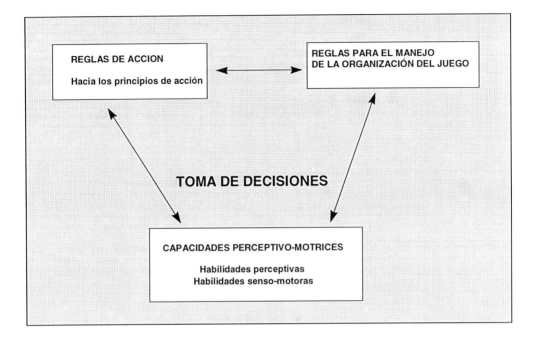

Fig. 5.6

Si como entrenador de un deporte colectivo, usted piensa en los principios que rigen su deporte, seguro que encontrará que *cambiar la progresión del oponente, ganar el balón de nuevo, defender la zona de portería, crear incertidumbre, crear y explotar los espacios disponibles, mantener el balón en movimiento* son aspectos relevantes. Alrededor de ello se pueden destacar las reglas de acción en las que los deportistas se fundamentarán para decidir, lo que elevará su conocimiento táctico. En el caso del Fútbol, Bonizzoni y Leali (1995, pág. 33-40) señalan 8 *Principios Fundamentales de la Táctica de Ataque*:

1° *Escalonamiento en el ataque.*
2° *Ataque a la portería adversaria.*
3° *Mantenimiento de la posesión del balón.*
4° *Ampliación del frente de ataque.*
5° *Movilidad en el ataque.*
6° *Improvisación y sorpresa en el ataque.*
7° *Superioridad numérica.*
8° *Adaptación del ataque a las características de la defensa adversaria.*

Como se puede comprobar los especialistas en los diferentes deportes han establecido una serie de principios tácticos que responderán a los diferentes supuestos estratégicos que durante la competición se establecerán.

Si lo contemplamos desde la perspectiva de un deporte como el Tenis, Arranz,
Andrade y Crespo (1993, pág. 28-29) consideran que deben ser 10 los *Principios Tácticos* en este deporte:

$1°$ *Seguir un plan.*
$2°$ *Controlar el juego: Consistencia y Seguridad.*
$3°$ *Mantener el propio ritmo*
$4°$ *Explotar los puntos débiles del adversario.*
$5°$ *Jugar variado.*
$6°$ *Seleccionar los golpes.*
$7°$ *Tomar la iniciativa.*
$8°$ *Jugar al porcentaje.*
$9°$ *Anticiparse.*
$10°$ *Adaptarse a los cambios de táctica, lo que implica no precipitarse, no cambiar el
juego básico propio, forzar al oponente a jugar el juego que no le gusta y cambiar
cuando nada de lo anterior funciona.*

Muchos de estos principios tácticos responden más a la noción de estrategia personal de actuación que los especialistas en aprendizaje deportivo sugieren y que
supone una forma eficaz de procesar la información y de emplear un procedimiento
de actuación acorde con las circunstancias del juego.

En un trabajo inédito de González Villegas (1996), esta autora analizó las características de la toma de decisiones en el deporte de la Esgrima. En este deporte diferentes
modelos han servido de referencia para que los entrenadores desarrollaran sus prácticas (Choutka-citado en Mahlo, 1969 ; Mahlo, 1969) y en los que progresivamente se
va mostrando la necesidad de destacar el papel de las estrategias personales de actuación y, en concreto en este deporte, las estrategias visuales.

En este sentido la revisión que esta autora realiza y el estudio que efectuó mostraron como las estrategias visuales de los deportistas mejoran con el nivel de pericia y
como los tiradores expertos son capaces de procesar la información de forma más
eficaz, rápida y simultánea, frente a las estrategias paso a paso de los menos competentes. La propia autora concluye su estudio indicando que :

«*Es necesario un cierto tipo de pensamiento para tener éxito en Esgrima y
desarrollar el conocimiento metacognitivo, siendo partidaria de un entrenamiento basado en la variación y veracidad de las situaciones de entrenamiento*»
(Gonzalez Villegas, 1996, págs. 61-62)

Pero no toda la actuación táctica se limita a los deportes catalogados como abiertos o de gran demanda perceptiva, también en deportes como el Piragüismo existe su componente táctico relacionado con la climatología, el estado del palista, los adversarios y los propósitos de la actuación.

Para Sánchez y Magaz (1993, pág. 367) los *Principios tácticos del Piragüismo* son 10:

1º *Conocimiento de los oponentes.*
2º *Elección del lugar de salida (sí se puede).*
3º *Ritmo de salida.*
4º *Colocación durante los primeros metros.*
5º *Ritmo a utilizar durante el primer largo (2.000 ó 1.500 mts.).*

6º *Colocación de la ciaboga.*
7º *Ritmo de paleo.*
8º *Ciabogas.*
9º *Ritmo en los últimos 1.000 mts.*
10º*Colocación en los últimos metros.*

De lo expuesto podemos indicar que la complejidad de los deportes está directamente relacionada con la las exigencias estratégicas, tácticas y de lógica motriz que su realización implique. Así, podemos hablar de deportes de alta estrategia y de baja estrategia; entre una prueba de velocidad en Natación y un combate en Kárate existen unas grandes diferencias en la exigencia de lógica motriz y de pensamiento táctico que el entrenador no debe olvidar y que en el caso de los deportistas de alto nivel adquieren un valor predominante, ya que están muy relacionadas con el grado de incertidumbre con el que los deportistas se enfrenten. Abernethy et al. (1993) realizaron una propuesta hipotética referida a las posibles relaciones entre conocimiento, experiencia y capacidad técnica según sean los deportes estratégicos o no, que puede servir como reflexión adicional a todo lo que estamos presentando en este capítulo (Fig. 5.7 y 5.8)

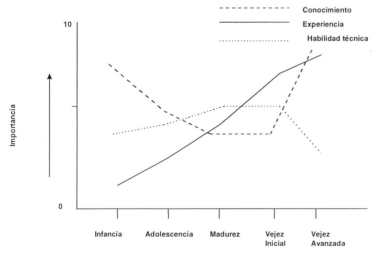

Cambios hipotéticos a lo largo de la edad que muestran la interrelación entre conocimiento, experiencia y dominio técnico en los deportes de alta estrategia (Abernethy, Thomas y Thomas,1993)

Fig. 5.7

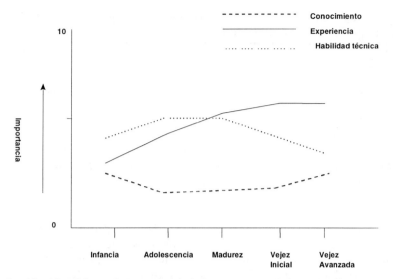

Cambios hipotéticos a lo largo de la edad que muestran la interrelación entre conocimiento, experiencia y dominio técnico en los deportes de alta estrategia (Abernethy, Thomas y Thomas,1993)

Fig. 5.8

Nivel de incertidumbre con el que se toma la decisión

¿De dónde surge la incertidumbre? Tal y como hemos ido presentando en este libro la incertidumbre puede proceder, bien de la propia actuación de los oponentes, o bien del entorno físico, de la climatología, del estado de la carretera o del agua, del material que se emplea, del terreno en el que se va a realizar la prueba, etc.

Pensemos en el Deporte de la Orientación. Como indican Gómez Encinas, Luna y Zorrilla (1996) la eficacia en este deporte implica saber cómo navegar por el terreno, de tal forma que para este menester proponen toda una serie de tácticas tales como: *Velocidad por semáforo; Punto de ataque; Línea de parada; Uso de elementos lineales en la aproximación; Puntería indirecta; Orientación fina o de precisión; Orientación aproximada; Ampliación del elemento de control y Estimación de distancias.* Cada una de ellas surge ante la necesidad de ir eliminando la incertidumbre que supone realizar un recorrido con un mapa y una brújula bajo la presión del tiempo.

Cuando la ejecución y el desarrollo de un deporte se va a ver intrínsecamente afectado por las condiciones del entorno, estaríamos hablando de deportes, preferentemente, de regulación externa. Esta relación entre certeza-incertidumbre con el que hay que acometer las decisiones es uno de los determinantes del nivel de complejidad.

Existen deportes que, desde el punto de vista perceptivo, les hemos caracterizado anteriormente como de *«autorregulación»:* Tiro con Arco, Tiro Olímpico, Gimnasia Deportiva, Natación, Saltos de Trampolín, etc. En estos deportes el nivel de incertidumbre es prácticamente nulo y, por lo tanto, no presentan complejidad alguna en mecanismos como el perceptivo o de toma de decisión. Sin embargo, si para su ejecución se deben tener en consideración toda una serie de circunstancias cuya ocurrencia, o no, no es previsible, estamos hablando de un deporte de gran complejidad en lo referente a la toma de decisión, ya que el deportista debe estar vigilante de las diferentes situaciones-escenario en las que puede encontrarse a lo largo de la actividad.

En el deporte del Taekwondo (Fargas, 1993), como tal deporte de oposición y de combate, la incertidumbre está, principalmente en las estrategias y tácticas del oponente, en lo que se espera que hará. No obstante la realidad nos muestra como los niveles de incertidumbre varían a lo largo del combate o pueden ser menores de lo que cabría esperar por circunstancias diferentes. Algo similar ocurre en el Boxeo, Badminton, Tenis o la Esgrima, a los que no dudaríamos en catalogarlos como de alta incertidumbre, y por lo tanto, complejos en lo referente a la toma de decisión, pero la presencia de un rival de bajo nivel eleva la certeza de las diferentes situaciones y es más factible superarlo y llevarlo a realizar una pelea o un juego que no es el suyo.

En la Escalada son dos problemas totalmente diferentes «*abrir*» una vía y «*repetirla*». En el primer caso, no saben con exactitud con qué tipo de dificultades se van a encontrar y, en una serie de casos extremos, no se sabe siquiera si la dificultad que va a surgir será posible de solventar. Cuando se «repite» una vía ya se sabe al menos, que si se ha hecho antes es que las dificultades son superables, en el caso de disponer de una reseña de la vía, existe la posibilidad de anticipar los recursos que serán necesarios para llegar a la cima.

Pero incluso en estas circunstancias puede surgir una nueva fuente de incertidumbre: las inclemencias, una fuerte nevada, un frío intenso o una lluvia racheada puede convertir lo que era una ascensión de rutina en un verdadero reto en el que cada agarre debe ser concienzudamente calculado.

Las dificultades no previsibles con que se encuentra un escalador al abrir una vía pueden considerarse como de carácter aleatorio (accidentes geológicos o climáticos) y que a pesar de los informes meteorológicos, está claro que el deportista debe estar abierto a la posibilidad de su presencia de forma diferente a lo esperado. Sin embargo, cuando el elemento imprevisible de la actividad deportiva está representado por una «*oposición inteligente*», existirá tanto mayor grado de incertidumbre cuanta menos información tengamos de sus características técnicas, tácticas y estratégicas.

Nos encontraremos en este caso ante un problema de «*lógica motriz*» aunque de un cariz diferente al anterior y en el que en vez de jugar con relaciones de tipo causa-efecto, se nos presentará un cuadro de contingencias y probabilidades asignadas a cada una de ellas, directamente relacionadas con las características del oponente. No sabremos a ciencia cierta lo que el oponente piensa hacer, pero si podemos llegar a tener una estimación bastante ajustada de lo que es más probable que haga.

El entrenador avispado se habrá dado cuenta que existen estilos personales de actuación y estilos de juego de grupo (equipo) con cierto grado de redundancia y que son susceptibles de ser analizados minuciosamente y traducirlos en una preparación óptima de los mecanismos de percepción-decisión de sus deportistas.

Esto sienta un principio de «*táctica individual y colectiva*» según el cual expresamos que *la dificultad táctica del oponente/equipo radicará en el nivel de incertidumbre que sea capaz de generar a lo largo del partido/encuentro*. Así, por ejemplo, si un jugador de Tenis o un equipo de dobles al jugar son reiterativos en la realización de una serie de rutinas o de forma de solucionar los problemas, es claro que habrá que aprovecharse de esa circunstancia para generar escenarios diferentes en los que tengan que reestructurar sus respuestas y en los que las decisiones caminen más lentamente.

Algo similar encontramos en los deportes de combate cuando el oponente se caracteriza por una serie de maniobras en las que es muy competente; nuestro deportista conocerá que no debe ponerle en bandeja la posibilidad de emplearlas y, de hacerlo, es porque forma parte de una táctica en la que su propia fuerza es parte de nuestro éxito al aprovecharnos de ella.

Hemos hablado anteriormente de las probabilidades subjetivas; esta capacidad para prever lo que puede suceder no está grabada en la información genética, la naturaleza es probable que aporte su grano de arena, pero es sin duda el entrenamiento bien dirigido, el que permite que todo el entramado de conocimientos y procedimientos necesarios para ser excelente en el deporte se desarrollen y optimicen.

Nuestro deportista debe aprender a estructurar sus decisiones de una forma más lógica al haber quedado reducido el nivel de incertidumbre que inicialmente existía. Naturalmente los jugadores que poseen un amplio repertorio de procedimientos y la flexibilidad suficiente para su utilización, son capaces de plantear un nivel de incertidumbre muy superior que aquellos otros que tienen un repertorio limitado y una forma rutinaria de utilización del mismo y que no ven las posibilidades de hacer lo mismo pero de otra manera.

Hasta el momento hemos visto dos aspectos: el primero *la aleatoriedad de las circunstancias* que pueden plantearse en una situación determinada y el segundo, las *incógnitas* que plantea enfrentarse a un oponente inteligente. Además de estos dos, y en otro plano distinto, debemos considerar el grado de incertidumbre que puede existir a escala perceptiva, sobre todo cuando el deportista tiene que reaccionar ante estímulos confusos, ambiguos o conflictivos.

Pensemos en el Ciclismo; aunque los corredores se preocupan de conocer al máximo los recorridos, las inclemencias y los imprevistos pueden surgir en cualquier momento, como la aparición de un animal en plena carrera y llegar a ser definitivos para alcanzar el objetivo planteado en esa etapa. Una carretera húmeda, con manchas de aceite, una entrada en ciudad llena de isletas o un pelotón que avanza por una zona estrecha son circunstancias que reclaman del deportista la atención elevada y un dominio técnico refinado, ya que como nos indica Algarra (1990, pág. 136):

> *«Sería peligrosísimo por el riesgo que ello entraña, que un corredor actuase, dentro de un pelotón, sin tener un dominio individual de la máquina y del manejo que requiere, elevado».*

En estos casos, la dificultad para decidir se acrecienta estando ésta en relación con los principios que establece la teoría de la *«Detección de Señales»* de Tanner y Swets (1954). Si nos apoyamos en esta teoría, en primer lugar, estableceríamos un cuadro de contingencia o clasificación sistemática de las diferentes posibilidades que pueden ocurrir en un acontecimiento deportivo; en segundo lugar, partiendo de la base de que al ser el estímulo confuso, las probabilidades de ocurrencia de uno u otro suceso son equivalentes, estableceríamos una estrategia de acción que supusiera la aceptación de un riesgo calculado, en función de una posibilidad de ganancia máxima.

Pongamos otro ejemplo, el jugador de Voleibol preparado para la recepción de un saque del adversario. Puede dudar si el balón irá dirigido a su zona o a la zona del compañero de al lado, ya que realmente el balón, de acuerdo con la disposición para recibir del equipo, puede llegar a cualquiera de los dos. La tabla de contingencia (Tabla 5.1), que surgiría desde el punto de vista del jugador en cuestión, se fundamentaría en el siguiente análisis:

• **Centrándonos en el balón las posibilidades respecto a su trayectoria son las siguientes:**

   1. *Que caiga dentro de su zona*
   2. *Que caiga fuera de su zona.*

• **Respecto a las acciones del jugador, las posibilidades son :**

   1. *Que vaya a la recepción, y*
   2. *Que no vaya a la recepción.*

TABLA DE CONTINGENCIA DEL SAQUE EN VOLEIBOL

	TRAYECTORIA DEL BALON	
	BALON ENTRA	**BALON NO ENTRA**
DECISIONES DEL JUGADOR	Jugador va por el balón **ACIERTO**	Jugador va por el balón **FALSA ALARMA - ERROR**
	Jugador no va por el balón **ERROR CATASTROFICO** (punto del contrario)	Jugador no va por el balón **ACIERTO** (pérdida de saque del contrario)

Tabla 5.1   Contingencia del saque en Voleibol

Considerando que la trayectoria del balón sea realmente ambigua estimamos, como hemos dicho antes, que la posibilidad de que vaya dentro o vaya fuera es de un 50%. En el *primer caso* de la tabla de contingencia no hay problema, el jugador ha acertado. En el *segundo caso*, el jugador se ha quedado con los pies pegados al suelo y el balón no ha sido recogido por nadie, la decisión ha sido errónea.

En el *tercer caso* el jugador ha ido a recibir fuera de su zona, es decir, ha tenido una falsa alarma en este caso lo más probable es que uno u otro jugador, haya logrado la recepción, ya que los dos pueden estar en disposición de hacerlo, aunque naturalmente aquí existe la contrapartida de una interferencia mutua. Y, *por último*, el jugador no ha ido a la recepción y la pelota ha llegado a otra zona, de cuyo problema es responsable otro jugador.

Analizando este cuadro de contingencias y su interpretación en términos de los posibles resultados, vemos claramente que en la decisión que se le presenta al jugador, éste se encuentra ante el conflicto de: o bien interferir a un compañero o de no recoger el pase del cual él era responsable.

Ante esta situación la estrategia que se recomendaría al deportista es que es preferible correr el riesgo de interferir a un compañero que el equipo pierda el balón, éste es un ejemplo claro de la complejidad de las decisiones a las que los deportistas se enfrentan cotidianamente en sus deportes y la necesidad de optimizar su capacidad de decidir.

Por encima de lo peculiar y anecdótico que pueda resultar el ejemplo, hay que considerar aquí el procedimiento presentado, el cual de acuerdo con cada caso nos puede dar unas pautas de actuación más seguras ante este tipo de situación de incertidumbre, y que se puede resumir en los siguientes pasos:

1. *Determinación de las variables que intervienen en la decisión.*
2. *Determinación de las posibilidades que existen dentro de cada variable.*
3. *Construcción de la tabla de contingencia.*
4. *Valoración de las diferentes posibilidades en términos de eficacia.*
5. *Diseño de la estrategia de decisión de acuerdo a los criterios de rendimiento y las posibles tácticas.*

Hemos comprobado que este factor posee una gran incidencia en el concepto de táctica individual y colectiva que aquí se ha introducido, el cual puede tener un mayor o menor grado de complejidad según sean los elementos contemplados. Aconsejamos al entrenador que confeccione y estudie de manera lógica sus propias tablas de contingencia, y las discuta con sus atletas dejando siempre abierta la posibilidad de que lo inesperado pueda surgir en el encuentro, prueba o combate, dándole, de esta forma, opciones de autonomía a la toma de decisión del deportista para que emplee las tácticas más apropiadas a cada momento.

No olvidemos que hemos destacado que un gran número de deportes son inciertos por naturaleza, el conocimiento de las posibilidades del oponente nos pone un paso por delante de él, pero qué ocurre cuando el oponente piensa lo mismo de nosotros, estamos ante la confrontación de dos sistemas de toma de decisiones que deben estar abiertos a toda posibilidad y no gobernados por el determinismo y la rigidez en la toma de decisiones.

Nivel de riesgo que comporta la decisión

Entramos ahora en un asunto interesante, el papel que juega el riesgo en la toma de decisiones: *«No penetré entre la defensa porque temí volver a lesionarme», «Por un momento tuve miedo de no ser capaz de superar el aparato», «Creo que mi mayor problema es superar mis temores», «No quise tirar ese penalti porque haber fallado hubiera sido catastrófico para mí».*

Pongamos un ejemplo real. El ciclista Marco Pantani después de 18 meses de estar lesionado de gravedad por causa de un accidente, en 1995, al ser atropellado por un automóvil mientras entrenaba y sufrir fractura de tibia y peroné, a las preguntas del periodista Juan Redondo en Abril de 1997, confiesa como esta lesión le había secuestrado su capacidad de decidir :

> *«Al principio era un problema físico, sobre todo físico, porque era una lesión muy importante. Ya resuelto ese problema quedaba el psicológico: ver cómo reaccionaba encima de las bicicletas en las curvas y si aún tenía pavor tras el accidente».*

Estas y otras declaraciones las hemos podido escuchar en boca de atletas de gran nivel que en un momento de su carrera se encontraron bloqueados por temores y miedos sobre su propia integridad y percibían su entorno lleno de riesgos, lo que les impedía poder decidir con rapidez y precisión. La cuestión es saber si eran riesgos reales o percibidos como tales por el sujeto.

Ya hemos comentado el papel tan relevante que juegan las percepciones, cogniciones y afectos del deportista en su toma de decisiones, de ahí que el entrenador deba estar alerta ante estas manifestaciones en las que la toma de decisiones se ve secuestrada por percepciones-emociones negativas que impiden su progreso y que es necesario superar. Como nos indicó el psicólogo del Centro Nacional de Investigación en el Deporte, el profesor Pablo del Río, existen situaciones en las que los deportistas se ven constreñidos en la toma de decisiones por la presencia de un posible peligro, de un oponente más fuerte que él o por la presión del ambiente. Así, mientras en los deportes de equipo los errores decisionales se diluyen en el grupo, en los individuales toda la responsabilidad recae sobre los deportistas, algo que no todos son capaces de soportar, y antes de arriesgarse a decidir prefieren desplegar todas sus estrategias de supervivencia en el deporte.

Analicemos esta cuestión un poco más detenidamente. Para comenzar habrá que destacar que la sensación de riesgo puede revestir en muchas ocasiones una consideración bastante subjetiva. No todos aceptamos el riesgo de la misma manera, podríamos decir con los psicólogos del deporte que analizan estas cuestiones, que existen personalidades más dirigidas hacia el riesgo, que lo metabolizan mejor que otros, que a duras penas lo aceptan.

Pensemos en deportistas como Alex Crivillé, los deportistas que descienden por aguas bravas, los que se lanzan desde un avión o practican parapente, todos ellos conviven razonablemente con el riesgo. Sin duda todos ellos encuentran un sabor agradable en el riesgo, son conscientes de que dichas actividades conllevan un riesgo muy elevado, pero disfrutan con ello y raras veces pierden el control de la situación, incluso se ha llegado a acuñar la expresión Deporte de Riesgo para identificar actividades como, por ejemplo, el Paracaidismo, Submarinismo, Escalada, Ala Delta, Esquí, etc. (Gutiérrez y González, 1995). Como estos autores nos indican, existen deportistas con unas características personales proclives al riesgo, llamados por algunos autores, personalidades «T» (*Thrill Seekers*) o buscadores del riesgo que nosotros podríamos denominar personalidades «R» (Riesgo), que buscan participar en actividades de riesgo, que conocen lo que estos riesgos conllevan pero que son conscientes de sus recursos personales para superarlos.

Esto nos indica que el riesgo real de un deporte puede ser una cosa y la forma de ser percibido por el deportista, otra. Naturalmente que la competencia motriz del deportista y su nivel de aprendizaje en la realización de una tarea, es un determinante objetivo que influirá en la forma de percibir el riesgo que corre, ya que esta capacidad puede garantizar, en principio, un adecuado margen de seguridad.

Para analizar esta cuestión nos dejaremos llevar por las aportaciones de Delignières (1992) quien nos indica que debemos considerar al riesgo como un factor contextual que influye de forma determinante en la toma de decisiones.

Para esta autora existen tres niveles diferentes en este problema:

> 1. *Riesgo objetivo como variable cuantitativa que define el contexto del deporte.*
> 2. *Riesgo subjetivo como variable personal que supone la evaluación personal de las diferentes situaciones deportivas.*
> 3. *Aceptación del riesgo como aspecto que hace referencia a las preferencias del deportista y que influyen de forma directa en sus decisiones en cada situación.*

Parece claro que los jugadores de Badminton están en situaciones de menor riesgo que el escalador que se encuentra solo a cientos de metros del suelo, en medio de una tormenta y en una pared helada. Si analizamos con un poco de detenimiento lo dicho hasta el momento comprobamos que, en primer lugar, la optimización del aprendizaje y la mejora personal disminuye notablemente la sensación-percepción de riesgo. Aquí nos encontramos con el hecho de que lo que inicialmente pudiera resultar peligroso para un novato, con la práctica llega a ser «*habitual*». Aquello que, en un principio, producía interpretaciones distorsionadas de la realidad por falta de conocimiento y de dominio, los deportistas llegan, mediante la oportuna progresión en el aprendizaje, a ejecutarlo sin ninguna vacilación.

Para un niño que ya sabe hacer la rueda lateral, su ejecución no representa ningún problema que suponga una decisión arriesgada; para un jugador de Rugby, penetrar la barrera de sus oponentes no supone un riesgo que le impida decidir cómo hacerlo, el entrenador le ha mostrado las diferentes tácticas para aprovechar sus cualidades y poderlo realizar. Para cualquiera de nosotros esta circunstancia nos paralizarían ante la visión de oponentes tan hercúleos. El deportista procesa la situación como susceptible de poder ser realizada con posibilidades de éxito con los recursos físicos, cognitivos y psicológicos que posee y, por lo tanto, su decisión esta disponible para poder ser empleada en cada momento del partido.

Esto nos lleva a considerar la función del entrenador, ya que como indica Delignières (1992) debiera preocuparse, también, de optimizar las habilidades preventivas y de actuación de los deportistas, y que tienen que ver con la prevención de aquellas circunstancias (pasivas o activas) que pueden conllevar riesgos innecesarios (Materiales, terrenos, gestos). Asimismo, los deportistas deben saber cuál es su papel a la hora de controlar el riesgo y no elevarlo innecesariamente. Nos referimos a las ayudas, los apoyos en las actividades, las colaboraciones con otros compañeros en escalada, en la piragua o en el campo de juego. No estaría mal tener en cuenta estas habilidades de seguridad en el proceso de optimización deportiva.

En las circunstancias en las que, por razones diferentes, el deportista manifiesta temores y contempla riesgos donde objetivamente no existen, parece adecuado tratar de conocer el origen concreto del temor, que es lo que a nivel motriz «*no ve*» o «*no comprende*» y cuáles son las «*sensaciones*» las que tiene que aportarle la práctica para que vaya familiarizándose con la tarea y adquiera la confianza en sí mismo. Muchas veces la colaboración de un buen psicólogo deportivo puede ser de gran ayuda.

Imaginemos a un atleta que está tratando de dominar los giros y volteos necesarios para lanzar el martillo. Puede suceder que, en principio, tenga una sensación de desorientación, de falta de control y que no sepa dónde tiene los pies ni la cabeza, ni los brazos y, por supuesto, el martillo, ya que los giros y volteos cada vez son más rápidos con un artefacto entre las manos que parece tener vida propia.

Además de esta sensación y la consecuente desconfianza que puede producir, el deportista puede sentir temor a terminar en el suelo o contra la malla protectora por efecto de la fuerza centrífuga y no ser capaz de soltar el martillo cuando debe hacerlo. Para subsanar esto podría ser aconsejable que, en principio, el alumno se familiarizará con las sensaciones que producen los giros y volteos, sujetando algo en las manos con los brazos extendidos.

Los entrenadores saben bien esto (Durán, 1993) y en el entrenamiento del joven martillista se da énfasis al desarrollo y consolidación de la estructura del movimiento, es decir, dotar de seguridad al martillista para que controle y coordine el gesto a pesar de la rapidez con la que debe llevarlo a cabo, lo cual se refuerza con la mejora de las cualidades físicas que le permitirán el manejo del artefacto con la seguridad necesaria de que lo podrá dominar a su antojo. Para todo ello, los especialistas han desarrollado todo un conjunto de ejercicios de asimilación de la técnica (ver Durán, 1993, pág. 160-233)

En el caso de la rueda lateral en Gimnasia Deportiva esto puede lograrse haciendo que adopte en principio una posición correcta de tierra inclinada con los pies en el suelo y, luego, con auxilio de una espaldera o compañero, para apoyar los pies, se vaya elevando y se acostumbre paulatinamente a sentir más y más peso sobre sus manos con los brazos extendidos, hasta llegar a hacer el equilibrio invertido.

Esto constituirá una gran ayuda a la hora de decidirse a realizar globalmente el movimiento. No deberíamos olvidar que los datos de diversas investigaciones nos han demostrado como en la vida de los deportistas de mayor nivel, un entorno favorable y cargado de seguridad, emocionalmente positivo, ha sido clave en los inicios de su carrera deportiva antes de optar por la optimización y la excelencia. En ese entorno favorable la competencia de los entrenadores, no sólo técnicamente, sino como persona, además de un entorno familiar positivo, juegan un papel muy determinante.

Insistimos una vez más en que en estos ejemplos es necesario ver, por encima de la mera anécdota que suponen los mismos, una intervención sistemática e inteligente por parte del entrenador que está basada en:

1. Analizar las causas del riesgo «real» y «subjetivo»; es decir, qué es lo que puede lastimarle y qué es lo que, además, el deportista puede percibir como peligroso.

2. Familiarizar al deportista con las sensaciones básicas de las que depende la seguridad y dotarles de las habilidades de prevención y seguridad necesarias. Estas habilidades van desde el propio auto-cuidado hasta el cuidado y control de los materiales y terrenos donde se va a actuar cuando esto es posible, y de las respuestas que son necesarias llevar a cabo cuando surge una situación realmente peligrosa. En definitiva, dotarle de los conocimientos y procedimientos para que la actividad deportiva se convierta en fuente de salud y seguridad y sepa convivir con los niveles de riesgo inherentes a la propia actividad deportiva.

3. Proporcionar situaciones de práctica progresivas en las que el riesgo esté atenuado, a modo de simulaciones en las que se puedan poner en acción las habilidades desarrolladas.

4. Desarrollar una actitud hacia el riesgo que suponga su control, dándoles pautas concretas de actuación segura que no limiten su capacidad decisoria en el deporte.

En los deportes de riesgo real (Gimnasia Deportiva, Saltos de Trampolín, Motociclismo, Ciclismo, Boxeo, Automovilismo o Esquí) decidir de forma rápida y correcta suele ser muy importante; reclaman la capacidad de conocer al máximo la actividad que se va a desarrollar y las condiciones en las que se va a llevar a cabo, de ahí la necesidad de optimizar el nivel técnico, una excelente condición física y una inteligencia corporal adaptativa capaz de enfrentarse a situaciones nuevas con precisión y rapidez y la tolerancia psicológica (Arruza, 1996) que le permita tener el coraje y valor adecuados para enfrentarse a la tarea con posibilidades de éxito, estamos haciendo mención a lo que algunos autores llaman la inteligencia emocional (Goleman, 1996).

Orden secuencial de las decisiones

Los diferentes deportes, por sus exigencias de toma de decisiones, determinan el orden jerárquico y temporal de las decisiones que el deportista debe tomar. Existen deportes en los que la secuencia de decisiones está jerarquizada dentro de un entorno cambiante, teniendo como constantes dos factores: el *propósito* y la *normativa* que lo rige.

Este tipo de deportes como podrán entender fácilmente, no presenta una secuencia fija en la ejecución de los elementos que puedan componerlo, sino que ésta se acomodará en cada circunstancia a los dos factores mencionados, combinando los elementos de ejecución de forma distinta, dando lugar a una cascada de decisiones de gran variabilidad.

Son estos deportes de *baja organización*, pero nada mejor que un buen ejemplo. Todos conocemos bastante sobre el deporte del Fútbol, en cuyo desarrollo las secuencias de acción de cada jugador son muy variables de un momento a otro del encuentro. El jugador tiene un propósito concreto y es conseguir o contribuir a que el balón llegue a las mallas, y se ve constreñido por una normativa que le establece las posibles formas de conseguir dicho propósito. A lo largo de los 90 minutos se ve en situaciones de ataque o de iniciativa y, en breves segundos, se puede encontrar en situaciones de defensa o a la espera, por lo cual debe estar en disposición de rápidamente cambiar la orientación de sus decisiones para poder responder a las demandas de cada situación.

Por el contrario, nos encontramos deportes cuya secuencia de acción es fija y, por lo tanto, suponen una cascada de toma de decisiones establecida de antemano, y la dificultad, en este caso, no proviene de la utilización lógica de una serie de componentes que podemos combinar variablemente, sino de un perfecto ajuste temporo-espacial de la serie de subrutinas que vamos a utilizar siempre en el mismo orden.

Un ejemplo de lo comentado es el salto de longitud en Atletismo. En esta actividad deportiva todo está previsto, el atleta talona su carrera, marca en la pista su desplazamiento para que sea lo más perfecto posible, después de la carrera debe impulsarse (batida), volar, realizar las acciones precisas en el aire, y caer. Este orden es siempre el mismo y no es modificable. A este tipo de tareas vamos a denominarlas de *alta organización* pero de baja demanda de toma de decisiones.

Según lo definido anteriormente, queda claro que la complejidad que plantean los deportes de *«baja organización»* con respecto al factor decisión es bastante mayor que la que plantean los deportes de *«alta organización»*. Entre los dos ejemplos extremos que se han puesto se pueden ubicar toda una serie de deportes de nivel de organización intermedio.

A efectos didácticos esto va a suponer que el entrenador deba considerar la organización de su deporte a la hora de proveer de las situaciones de práctica para sus deportistas. El entrenador se debe convertir en un diseñador creativo de situaciones de entrenamiento en las que las exigencias de toma de decisiones se combinen con el resto de exigencias que la actividad deportiva reclama.

Número de elementos que es necesario recordar para tomar la decisión

Aunque vamos a dedicar un capítulo aparte a la Memoria (veáse Cap.7), no podemos obviar el hecho de que la toma de decisión se ve influida por el número de datos que el deportista debe ser capaz de retener en su memoria en un momento dado.

No saber lo que acaba de suceder o lo que el oponente ha hecho a lo largo del combate, puede tener consecuencias nada favorables. Es cierto que la práctica y la optimización hace que nuestra memoria actúe de forma económica pero son numerosos los datos que surgen en cada encuentro, partido o asalto por lo que las exigencias que sobre la memoria tenga un deporte, influirá en el nivel de complejidad que la toma de decisiones planteará al deportista.

Es evidente que los deportes para cuya realización sólo es necesario operar con unos pocos datos tienen una complejidad relativa a la toma de decisión inferior a aquellos, en los que el deportista tiene que tener en cuenta muchas informaciones para conseguir una actuación satisfactoria.

Cuando el deportista está aprendiendo puede encontrarse ante una avalancha de informaciones que recordar y memorizar, la situación no le es suficientemente familiar y es común que el «sistema se bloquee» con tantas cosas en la cabeza y que tenga dificultades para decidir oportunamente en cada situación. Lejos de ser algo problemático, sólo es expresión del proceso de aprender, a medida que el sujeto optimiza su aprendizaje este tipo de características cambian radicalmente, de ahí que el entrenador deba afanarse en ofrecer progresivamente las cantidades de información (instrucciones y condiciones) que son compatibles con un deportista que atraviesa diferentes fases en su proceso de aprendizaje (ver Ruiz, 1994, Cap. 4).

132

El aprendizaje en sus primeros momentos muestra características que tienden a ser transitorias y, en definitiva, las exigencias de una técnica o táctica deportiva vienen dadas por aquello que, a lo largo de la realización de la misma, el individuo debe memorizar para poder operar con esta información sobre la marcha, pudiendo ser coyuntural la utilidad de esta información.

Por ejemplo, un corredor de Automovilismo se enfrenta en cada carrera a circuitos de trazado diferente, cuyas características debe memorizar en forma pormenorizada; estas características del circuito mediatizarán gran número de las decisiones que tome acerca de la forma de conducción; asimismo, un jugador de tenis o un judoka se encuentran en cada combate con un adversario de características diferentes, las cuales es necesario tener en cuenta para poder enfrentarse a ellos. Este tipo de situaciones son, por supuesto, más complejas que aquellas otras en las que, una vez completado el aprendizaje básico para su realización, no es necesario memorizar elementos de carácter variable. Para que el lector tenga una forma resumida de recoger los aspectos más relevantes tratados en este capítulo, presentamos en la tabla 5.2 una síntesis sobre del grado de complejidad que pueden plantear los deportes respecto a la toma de decisión.

SINTESIS DE LOS FACTORES QUE INTERVIENEN EN LA TOMA DE DECISION EN EL DEPORTE

ELEMENTO DE ANALISIS	MENOR COMPLEJIDAD DE LA TOMA DE DECISIÓN	MAYOR COMPLEJIDAD DE LA TOMA DE DECISIÓN
1. Número de decisiones a tomar	*Escaso número de decisiones*	*Gran número de decisiones*
2. Número de alternativas en el propósito de la tarea	*Propósito único*	*Propósitos múltiples*
3. Número de alternativas en la respuesta motriz	*Unica alternativa motriz*	*Multiples alternativas motrices*
4. Velocidad requerida en la toma de decisión	*Mucho tiempo para decidir*	*Poco tiempo para decidir*
5. Nivel de incertidumbre con que se toma la decisión	*La decisión no comporta incertidumbre*	*La decisión comporta gran incertidumbre*
6. Nivel de riesgo físico con que se asume la decisión	*La decisión no comporta riesgo físico*	*La decisión comporta gran riesgo físico*
7. Variabilidad del orden secuencial de las decisiones	*Orden fijo en la toma de decisión*	*Orden variable en la toma de decisión*
8. Número de elementos y factores a recordar para tomar la decisión	*Pocos elementos y factores a recordar*	*Muchos elementos y factores a recordar*

Tabla 5.2   Síntesis de los factores que intervienen en la toma de decisión en el deporte

5.2. ¿COMO OPTIMIZAR LA TOMA DE DECISIONES?

Desde una panorámica general es preciso destacar que tomar decisiones en el deporte es el medio a través del cual el individuo aplica su capacidad cognitiva a las necesidades que a este respecto le presenten las diferentes situaciones deportivas. Es aquí donde debemos localizar el pensamiento táctico, la competencia estratégica y la lógica motriz.

En la actualidad existe una polémica, por otro lado antígua, sobre qué es primero: la técnica o la competencia estratégica-táctica. Diferentes estudios se están llevando a cabo a partir de lo que algunos han dado en llamar la enseñanza comprensiva de los deportes o la enseñanza centrada en el juego. La tradición deportiva ha enseñado a numerosas generaciones de entrenadores bajo el prisma del predominio de la preparación técnica, sea cuáles fueren el tipo de exigencias perceptivo-motrices del deporte. La creencia en que un dominio inicial de las técnicas sería la forma más fácil de aprender y optimizar los deportes ha provocado un tipo de pensamiento, que se nos antoja, algo «*bunquerizado*» por el que numerosos deportistas han sido tamizados.

Actualmente, existe el pensamiento de que es probable el aprendizaje y su optimización aplicando los conocimientos que sobre aprendizaje motor y deportivo se poseen, y si hemos dedicado varios capítulos a manifestar que todos los deportes no son iguales y que, por lo tanto, no deben ser tratados de la misma manera, es de justicia indicar que la educación deportiva de miles de jóvenes en nuestro país debería optar por un aprendizaje y optimización más contextualizado, en el que la esencia del deporte no se pierda en las fases iniciales del aprendizaje. Según el cuadro que hemos presentado, y los análisis anteriormente planteados, es fácil deducir qué tipo de deportes tienen un alto componente cognitivo y cuáles son los que prácticamente carecen del mismo, lo cual nos recuerda la necesidad de analizar la estructura de los deportes, esfuerzo al que ha contribuido con sus trabajos el profesor Hernández Moreno (1994) quien propone un análisis de la estructura de los deportes según sus parámetros configuradores tales como el tiempo, el espacio, la técnica, el reglamento, la comunicación y la estrategia (Fig. 5.9)

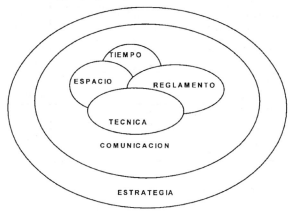

Fig. 5.9

Si los entrenadores desean desarrollar la toma de decisiones de sus deportistas hasta niveles excelentes, deben considerar los aspectos que acabamos de presentar y desarrollar estrategias instructivas que permitan poner al deportista en situación de tener que gestionar las posibles soluciones y sus alternativas. Cerrar esta vía ofreciendo constantemente éstas o sancionar negativamente las iniciativas del deportista puede volverlos conservadores, algo que en muchas ocasiones es perjudicial.

Es difícil que en deportes como la Gimnasia Rítmico-Deportiva sea factible que la deportista pueda inventarse los gestos sobre la marcha, de ahí que deba adquirirlas, consolidarlas y reproducirlas con exactitud. En este deporte se exigen respuestas fijas para conseguir el alto rendimiento, lo que implica la existencia de soluciones de eficacia probada. Estas soluciones se enseñan al deportista hasta que surgen otras nuevas que se demuestran mejores y van sustituyendo a las anteriores, por ejemplo, la evolución de la técnica en Atletismo en una serie de pruebas como el lanzamiento de peso, el salto de altura, etc.

Si ascendemos escalones en la escala de complejidad respecto al mecanismo de toma de decisión, nos percataríamos de que surgen cada vez más y más, situaciones-problema de carácter motor, para cuya resolución no existe un modelo de ejecución fijo que nos garantice el éxito. En relación con este tipo de situaciones y a lo largo del presente capítulo, hemos venido introduciendo una serie de conceptos como los de «lógica motriz», «estrategia» y «táctica», que ilustran de una manera específica aspectos necesarios para acometer la solución del problema motor planteado al deportista.

Es necesario mejorar al máximo en los deportistas su capacidad para adaptarse a las numerosas situaciones que los deportes reclaman y para lo cual se necesita actuar con lógica, conocimiento y de forma táctica, es decir, de forma coherente con las peculiaridades de la situación en particular, en definitiva debemos desarrollar la capacidad estratégica de los deportistas.

Esto reclama que el entrenador construya situaciones de problemas estratégicos y tácticos, en los que los deportistas puedan ejercer su conocimiento e iniciativa. A partir de todo lo expuesto, sugerimos que los entrenadores deportivos tengan en cuenta una serie de principios:

1. Principio de la contextualización del entrenamiento

Esto supone que el entrenador no debe abusar de una práctica descontextualizada, desconectada de las situaciones reales de juego y descargadas de significación. El análisis del deporte favorecerá la introducción progresiva de aquellos elementos que influirán en la toma de decisiones. Estas circunstancias permiten que el deportista pueda construir escenarios reales de decisión y no supuestos cerrados que difícilmente surgen durante la competición, todo ello conecta directa e intensamente con lo que hemos denominado el propósito del juego.

2. Principio de la significación de la práctica en la toma de decisiones

Es un hecho ya demostrado como los sujetos expertos poseen un conocimiento sobre el deporte y una conciencia de lo que conocen (metaconocimiento) mucho más elevada que los deportistas de menor nivel. Este conocimiento puede ser de distinto tipo y sirve para dar respuesta a las clásicas preguntas del qué sucede y qué hay que hacer.

El entrenador tiene responsabilidades en esta materia al ofrecer al deportista las condiciones favorables para que conozcan a fondo su deporte, sus estrategias, exigencias de todo tipo, algo que en muchos casos va más allá que la propia práctica en los lugares de entrenamiento (lecturas, análisis, observaciones, visionado, etc.). Avanzar, y optimizar el aprendizaje a partir de los conocimientos que el atleta posee, es una vía excelente de promocionar el progreso, por este medio se favorecerá la construcción de las representaciones de los problemas que el deporte plantea.

Como Puni (1980, pág. 114) indica al tratar los problemas psicológicos de la preparación táctica, el entrenamiento debe estar cargado de aquellos elementos que tienen sentido y significan algo en la competición, para que una vez en ella sea posible su gestión rápida y eficaz. Como apunta este psicólogo del deporte la toma de decisiones es un acto intelectual que se basa en los conocimientos adquiridos del deportista y en la representación concreta que realiza de la situación de juego:

> *«En relación al deporte de competición una de las características más importante para que el pensamiento llegue a la solución táctica es que el deportista trabaje con altos niveles de presión ambiental y de juego».*

3. Principio de la manipulación de la complejidad de las situaciones.

Después de lo tratado el entrenador posee herramientas suficientes como para crear las situaciones de práctica en las que los elementos de complejidad previamente analizados vayan siendo progresivamente introducidos. Recordemos que una situación es problemática cuando el deportista no posee espontáneamente la respuesta a la misma, sino que debe lanzarse a un proceso estratégico y táctico de solución, objeto de dicha práctica.

Mediante estas situaciones-problema los deportistas aprenden sobre los indicadores de toma de decisiones, sobre lo que los oponentes realizan en sus actuaciones, de ahí que algunos especialistas sugieran el empleo de las imágenes grabadas y construidas para que el deportista mejore su competencia perceptiva y de toma de decisiones como ya Vanek y Cratty (1970) habían propuesto décadas atrás bajo el nombre del entrenamiento táctico y que presentamos a través de una de sus imágenes (Figura 5.4).

Fig. 5.4

Los actuales estudios sobre la pericia en el deporte están mostrando la potencialidad de los dispositivos videométricos e incluso de la realidad virtual para mejorar el conocimiento y la toma de decisiones de los deportistas. Es muy probable que los sistemas de realidad virtual puedan crear escenarios en los que emerjan las cualidades típicas del deporte y en los que los deportistas puedan ensayar de forma más verídica sus actuaciones, aunque estudios recientes muestran que puede que no sea oro todo lo que reluce y que la realidad virtual puede inhibir el aprendizaje o la retención a largo término.

Para desarrollar este tipo de sistemática de la enseñanza será imprescindible efectuar en cada caso un análisis exhaustivo de las posibilidades, y construir tal y como hemos indicado anteriormente las oportunas tablas de contingencia. Mediante estas tablas se podrá ofrecer al deportista situaciones de práctica en las que la lógica motriz, vaya quedando patente de una manera progresiva, de forma que cuando se enfrente al problema en su totalidad tenga posibilidades de superarlo con éxito.

No se nos escapa el hecho de que muchas actividades deportivas, con un componente altamente significativo respecto al mecanismo de decisión, como pueden ser el Baloncesto, Balonmano, Voleibol, Karate, Boxeo, Esgrima, Hockey, etc., necesitan para su ejecución de los correspondientes fundamentos técnicos que, considerados aisladamente, pueden ser contemplados como respuestas fijas que se adaptan a un modelo de ejecución ideal, pero que siempre están al servicio de un propósito.

El planteamiento didáctico en estos casos tiene que ser necesariamente mixto, procediéndose a la enseñanza de los componentes básicos, reproducción de modelos técnicos de ejecución ideales, contextualizados en situaciones en las que las decisiones estén presente, así como las reglas estratégicas inherentes a ese deporte, actuando de forma metodológicamente flexible y optando por aquellos métodos que mejor respondan a los objetivos didácticos del deporte en cada momento.

6. EJECUCION EFICIENTE

La expresión física del deporte es por antonomasia el movimiento, pero no un movimiento indiferenciado o arbitrario, sino un movimiento que en la mayoría de los casos ha sido construido como parte integrante y consustancial de dichos deportes. Son los procedimientos de acción que el deportista debe adquirir y dominar si desea participar plenamente en esa actividad.

Si le proponemos que piense en las diferentes técnicas deportivas que conoce, es probable que se vea abrumado por su número y variedad, golpes en Kárate, maniobras o llaves en Judo, golpeo en Tenis, Hockey o Béisbol; golpeo con el pie o cabeza en Fútbol o con la mano y brazo en Voleibol; brazadas diferentes en Natación; giros en el Lanzamiento de Martillo, Disco y Peso; movimientos acrobáticos en Gimnasia Deportiva, Gimnasia Rítmico-Deportiva o en Saltos de Trampolín; conducciones en Automovilismo, Hípica o en Ciclismo, y así sucesivamente.

Para su realización es necesario que los músculos se organicen y actúen en una dirección, por ejemplo, la que supone la ejecución de un mortal hacia adelante, un recorrido en el Ciclismo o el Lanzamiento de la Jabalina. Nuestro organismo, constituido por numerosos grupos musculares, con muchos grados de libertad, debe configurar estructuras de coordinación que sean eficaces y eficientes, en respuesta a las exigencias de los objetivos de rendimiento planteados.

El llamado mecanismo de ejecución, para otros generador del movimiento, es el responsable de que los planes de acción establecidos se lleven a la práctica. Algo que no es tan sencillo como puede parecer a primera vista, ya que si al pensamiento correspondiera, sin más, la compleja secuencia de «órdenes» neuromusculares que generan el movimiento de forma adecuada, es decir, si todo consistiera en pensarlo y hacerlo, uno aprendería la secuencia de operaciones reclamadas para el pilotaje de un avión y se subiría en uno para darse una vuelta por su localidad. Es evidente, que entre el pensamiento (intención de hacer) y la posibilidad real de ejecución, hay un gran trecho que debe cubrirse con el aprendizaje que surge como fruto de un entrenamiento que persigue metas de forma deliberada, con una práctica organizada para mejorar y optimizar los aprendizajes.

Todos hemos sido testigos de situaciones donde la decisión elegida era la correcta pero el movimiento no se realizó eficazmente, bien fuera por un exceso de fuerza, una mala calibración o una excesiva lentitud lograron que no fuera eficaz ni adecuado, en suma por una insuficiencia de la coordinación neurona-músculo.

Nadie puede comprender mejor el papel del mecanismo de ejecución que el deportista que se va haciendo «*veterano*» y que se da cuenta que tiene una adaptación perceptiva a la tarea óptima, que ha desarrollado en alto nivel en su conocimiento táctico de la situación pero siente que el «*motor*» ya no le responde como antes. Las unidades motrices reclutadas pueden no responder con tanta eficacia como antaño, estas limitaciones evolutivas o coyunturales deben ser compensadas mediante estrategias alternativas, recordemos que hemos hablado anteriormente del fenómeno de la compensación.

La problemática que plantea el mecanismo de ejecución en relación con el rendimiento deportivo, es decir, como dinamizador y responsable último de la acción deportiva, constituye el asunto que va a ser tratado en este capítulo.

Los gestos y las respuestas de los deportistas a las situaciones de juego o a la dinámica propia del deporte suponen la puesta en acción de un complejo entramado que tiene como finalidad organizar la respuesta, de forma que esta sea congruente con las «*instrucciones cognitivas*». Instrucciones que deben llegar hasta el músculo, en un lenguaje que éste puede entender.

El mecanismo de ejecución no actúa de una manera arbitraria, más bien, como si se tratara de la conducción de un vehículo, el funcionamiento implica un control motor, que se lleva a cabo fundamentalmente a través de los diferentes circuitos sensoriales de «*feedback*» de que dispone nuestro organismo, como de los programas y esquemas motores que poseemos, tal como se ha comentado en los Capítulos 1 y 2.

La información que proporcionan las sensaciones que nos trasmiten constantemente los diferentes sensores repartidos por nuestro organismo, nos permite tener un conocimiento continuo tanto del movimiento que estamos produciendo, *ejecución*, como de la incidencia del mismo en el entorno, *resultado*. Estas informaciones posibilitan que tanto de forma consciente, como de manera automática se produzcan los oportunos ajustes en la realización de las acciones deportivas.

Por otra parte, hay que considerar que para que se produzca el movimiento es preciso disponer de la energía necesaria. Consecuentemente se necesita para la ejecución de un soporte metabólico convenientemente adaptado al esfuerzo que implica la ejecución del movimiento que se pretende realizar (ver González y Gorostiaga, 1995; Meléndez, 1995 o García, Navarro y Ruiz, 1996).

140

Muy a menudo se olvida que el aprendizaje y optimización deportiva reclama energía para su desarrollo y erróneamente se desvinculan técnica y acondicionamiento físico. Es evidente, sin embargo, la relación entre la mejora de la adaptación metabólica al esfuerzo y la mejora de la técnica. Todos conocemos los efectos nefastos que para un deportista o equipo tiene el no poseer los recursos suficientes para aguantar el ritmo del contrario.

En consecuencia, desde nuestro punto de vista la desvinculación de la técnica y la condición física supone un planteamiento equivocado, ya que un entrenamiento mal enfocado en este sentido puede ser un factor limitador de futuros rendimientos. De acuerdo con lo expresado en los párrafos anteriores, consideramos que las exigencias que plantean los diferentes deportes respecto al mecanismo de ejecución están vinculadas fundamentalmente a dos factores principales:

> 1. *Los aspectos cualitativos de la ejecución del movimiento, que definen el nivel de coordinación neuromuscular requerido para el inicio y posterior control del movimiento deportivo.*
> 2. *Los aspectos cuantitativos de la ejecución del movimiento, que definen el nivel de condición física requerido.*

6.1. LOS ASPECTOS CUALITATIVOS Y CUANTITATIVOS DE LA EJECUCION DEL MOVIMIENTO DEPORTIVO

Una de las características de los gestos deportivos es que suelen estar bien coordinados, coordinación que va a suponer poner en acción grupos musculares diversos de manera simultánea o sucesiva, con unos parámetros espacio-temporales concretos.

Siguiendo a Billing (1980) las variables que definen el mayor o menor grado de coordinación neuromuscular, y, por lo tanto, la vertiente cualitativa, pueden ser variadas, pero destaca los siguientes:

1. *Número de grupos musculares implicados.*
2. *Estructura del movimiento deportivo.*
3. *Velocidad de ejecución requerida.*
4. *Precisión requerida en la ejecución.*

En cuanto a los aspectos cuantitativos de la actuación deportiva, es esta una dimensión a la que entrenadores y preparadores físicos le dedican una parte importante de las sesiones de entrenamiento a lo largo de la temporada y se refieren al acondicionamiento físico específico del deportista.

Este acondicionamiento físico específico no debe estar desvinculado del proceso de optimización técnico y táctico, sino que todos estos aspectos tienen que estar perfectamente compaginados en las sesiones de entrenamiento, es lo que progresivamente nos lleva a una idea presentada anteriormente en este libro de contextualizar al máximo el entrenamiento deportivo. Tal y como, por ejemplo, García, Navarro y Ruiz (1996, pág. 15) consideran al tratar el asunto del entrenamiento deportivo y que presentamos en la Figura 6.1 y que quiere representar la organización del camino que lleva a la consecución de las metas deportivas.

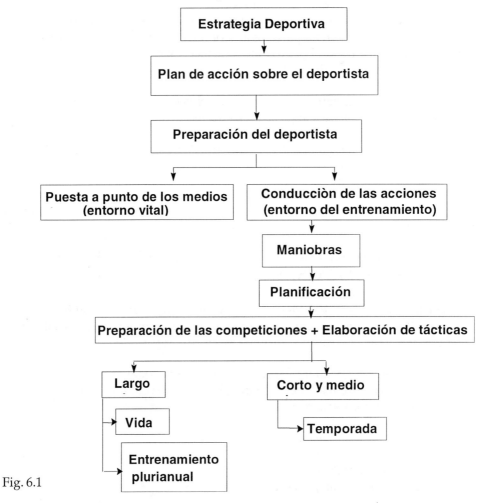

Fig. 6.1

Algunos de los factores reclamados para la ejecución parecen estar fuertemente condicionados por la herencia y son poco o nada modificables mediante el entrenamiento, sin embargo, otros numerosos factores sí que son susceptibles de desarrollo y optimización mediante la ejercitación y la práctica deliberada y sistemática que supone el entrenamiento cotidiano.

142

En esta línea de argumentación se pueden destacar al respecto dos tipos de cualidades físicas:

1. Cualidades que vienen dadas por la herencia y que tienen una incidencia significativa en la ejecución de la tarea deportiva, son lo que podríamos decir, la naturaleza del atleta.
2. Cualidades modificables con la práctica y que suponen una capacidad de adaptación al esfuerzo necesario y requerido por la ejecución de la tarea deportiva.

La combinatoria de ambas en cada uno de nosotros es amplia y variada, en los deportistas de los diferentes deportes se nos presentan como un auténtico reto que los investigadores tratan de dilucidar; nos estamos refiriendo a conceptos como los de limitación genética de los factores de la condición física y la entrenabilidad de los mismos (Famose y Durand, 1988).

Ya puede imaginar el lector que todo lo comentado nos presenta un panorama complejo en el que se hace necesario analizar los diferentes aspectos de este mecanismo de ejecución tanto cualitativa como cuantitativamente.

Variedad de grupos musculares implicados

Un mortal adelante, una palada en la piragua o un volteo en la piscina reclama la participación ordenada de diferentes grupos musculares, que algunos autores denominan estructuras de coordinación. Cuanto mayor sea el número y variedad de grupos musculares y, por consiguiente, partes del cuerpo implicadas en dicha estructura, tanto más compleja resultará la acción.

A este respecto existe una diferenciación dicotómica de las tareas motrices, tradicional en el ámbito anglosajón y muy arraigada en ciertos sectores educativos, según la cual se establecen las siguientes categorías de tareas motrices:

1. Habilidades motrices globales
2. Habilidades motrices finas

Al primer grupo le han sido asignadas tradicionalmente prácticamente todas las actividades del ámbito deportivo, por lo que en general se podría decir que la mayoría de los deportes reclaman a un gran número de grupos musculares en su realización. Sin embargo, un análisis más minucioso de los deportes nos presenta que esta clasificación en sí es un «continuum», y que el aprendizaje y optimización deportiva reclama de forma variable la participación de diferentes grupos musculares en momentos muy diferentes del devenir deportivo con diferente grado de finura y precisión.

Pensemos en el Tiro Olímpico, en el Tiro con Arco o en la Gimnasia Rítmico Deportiva. En todos ellos se reclama la participación de grandes grupos musculares que juegan un papel de soporte o de anclaje para que otros pequeños grupos musculares sean capaces de actuar con la precisión que reclama presionar suavemente el disparador, soltar la flecha en el momento oportuno o cambiar la forma del apoyo.

Nos asombra la pericia con la que las deportistas manejan las mazas o la cinta, sin duda existe un refinamiento y precisión en cada actuación que esta aderezada con movimientos gimnásticos globales de su cuerpo, de ahí que esta clasificación deba ser matizada en la dirección que acabamos de presentar.

La estructura del movimiento

La estructura del movimiento, la definimos como una organización jerárquica que implica la movilización de unos grupos musculares concretos en un orden secuencial determinado y con una cierta intensidad y precisión.

Es un aspecto sujeto a un alto grado de variabilidad dentro de la diversidad de las acciones deportivas y que afecta de una manera determinante la dificultad de la ejecución de la misma. Cuando Fosbury realizó el salto que lleva su nombre, modifico la estructura del salto de altura tradicional en su época, reclamó ajustes diferentes, una coordinación nueva que resultó ser más eficaz. En las últimas décadas la investigación biomecánica ha permitido grandes avances en la optimización deportiva.

En general, los deportes, con relación al aspecto que estamos tratando, pueden ser incluidas dentro de un «continuum» bipolar con las siguientes categorías extremas según su nivel de complejidad:

- Acciones cuya estructura de ejecución es simple.
- Acciones cuya estructura de ejecución es compleja.

Ni que decir tiene que entre los dos extremos podremos encontrar toda la gama de complejidad dentro de la variedad de las técnicas deportivas. Hay que advertir que el que una acción deportiva tenga una estructura de ejecución simple no quiere decir, ni mucho menos, que carezca de complejidad en otros muchos aspectos, por ejemplo el Tiro de Precisión. Por otra parte una tarea de estructura de ejecución compleja, como lo puede ser el Lanzamiento de Martillo, puede no presentar aspectos de gran dificultad en otras variables, como aquellos relativos a los mecanismos perceptivos o de decisión.

Al analizar la estructura de las acciones deportivas, nos encontramos ante la necesidad de considerar lo que Singer (1980) denominaba la regulación contextual y temporal de las mismas. Así establece los siguientes conceptos para el análisis de las tareas motrices en este aspecto:

- *Discretas.*
- *Seriadas*
- *Continuas.*

Una tarea *«discreta» se define como un movimiento de carácter unitario, con un comienzo y un fin determinados y una secuencia fija de ejecución.* Este tipo de acciones deportivas tienen siempre una estructura altamente organizada, son lo que Farfel (1988) denominaba *acciones estereotipadas*, en este caso de carácter *«acíclico».* Por ejemplo, una salida de natación, nos referimos solamente al hecho del inicio del movimiento y posterior despegue de la plataforma. Son acciones de «todo o nada» ya que la posibilidad de rectificación una vez iniciada es escasa, el conocimiento del resultado será útil para posteriores ocasiones, si el nadador se hubiera desequilibrado antes de la señal de salida, no hubiera evitado ni la salida nula ni el caer al agua.

Las tareas de tipo *«seriado» son aquellas que están compuestas por un encadenamiento de acciones «discretas», bien especificadas desde su inicio hasta su finalización, tanto respecto a sus componentes como a su orden secuencial.* Este tipo de acciones tienen, por tanto, una estructura altamente organizada. Es lo que Farfel (1988) denominaba:

- **Cíclicas.** *Por ejemplo, Remo, Esquí de Fondo, correr, nadar, pedalear, etc.*
- **Acíclicas en sucesión.** *Por ejemplo, un ejercicio de Gimnasia Artística o Gimnasia Rítmico Deportiva, una Kata en un arte marcial.*
- **Cíclicas - Acíclicas combinadas.** *Por ejemplo, el lanzamiento de jabalina.*

Ambos tipos de acciones deportivas, discretas y continuas, aunque muy distintas en otros aspectos, tienen en común la alta organización de la estructura global de su ejecución.

Las tareas de tipo *«continuo»* se diferencian de las anteriores en que aunque también *están compuestas por un encadenamiento de acciones «discretas»*, sin embargo, su estructura temporal es diferente, *no tienen una terminación conocida en el espacio y en el tiempo, ni un orden establecido de los movimientos que la componen.* En consecuencia, este tipo de tareas siempre tienen una estructura de baja organización y un gran nivel de incertidumbre espacial y temporal.

Respecto a la clasificación de Farfel (1988), tanto las acciones seriadas como las continuas pueden ser objeto de una serie de ajustes mientras se realizan y, en este sentido, puede decirse que ambas tienen un carácter adaptativo. Sin embargo, respecto a lo que al mecanismo de decisión se refiere, las acciones de tipo seriado se pueden considerar como *«programadas»*, mientras que las de tipo continuo pueden ser consideradas como *«adaptativas y variables»*, ya que en éste tipo de acciones se está tomando decisiones constantemente, decisiones que condicionan los componentes a incluir en la estructura del movimiento y el momento de insertarlos, de acuerdo con el desarrollo de la situación.

A continuación en la tabla 6.1 vamos a tratar de sintetizar de una manera gráfica las categorías expuestas en este párrafo.

CARACTERISTICAS DE LAS TAREAS MOTRICES SEGUN LA ESTRUCTURA DE SU EJECUCION

ESTRUCTURA OBSERVABLE	CLASIFICACION DE FARFEL	NECESIDADES DE ADAPTACION AL ENTORNO	NIVEL DE ORGANIZACION
DISCRETAS	ACICLICAS	PROGRAMADAS NO ADAPTATIVAS	ALTA ORGANIZACION
SERIADAS	CICLICAS	PROGRAMADAS ADAPTATIVAS	ALTA ORGANIZACION
CONTINUAS	COMBINADAS CICLICAS - ACICLICAS	ADAPTATIVAS	BAJA ORGANIZACION

Tabla 6.1   Características de las tareas motrices según la estructura de su ejecución

Moverse de forma veloz y precisa

Cuando en un deporte confluyen exigencias de velocidad y precisión, combinarlos supone una mayor dificultad para el deportista y determinará una serie de condicionantes para el correcto aprendizaje de este tipo de tareas. Un golpe en Karate o en Boxeo, son ejemplos de estas circunstancias, ya que un gesto preciso pero lento en karate es una forma de ser «cazado» por el oponente, algo similar le ocurre al boxeador, al tirador de esgrima o al luchador de grecorromana.

En la optimización de este tipo de deportes, el entrenador debe solucionar el dilema de determinar, para una adecuada progresión en la enseñanza, qué prioridad da al factor velocidad, qué prioridad concede al factor precisión, y en qué orden y secuencia procede con respecto a los mismos. Una tendencia tradicional muy extendida es la de dar prioridad, en principio, al factor precisión, aunque la velocidad de ejecución no sea muy elevada, para después, progresivamente, ir añadiendo rapidez al movimiento. Esta idea, aparentemente muy lógica, tiene la contrapartida de que la realización inicial de la tarea está sometida a unas condiciones muy diferentes a las que posteriormente serán las reales y, por tanto, este planteamiento es altamente especulativo al respecto de las posibilidades de transferencia de un movimiento.

Sucede que la exigencia de velocidad puede dar lugar a cambios significativos en la estructura del movimiento, convirtiendolos, de hecho, en movimientos significativamente diferentes. Sobre este tema, la investigación (Fulton, 1945; Solley, 1952 y

Woods, 1967) ha indicado que la crítica al procedimiento de enseñanza tradicional en estos casos resulta correcta. Cuando se trata experimentalmente la eficiencia en el aprendizaje y la ejecución de grupos de sujetos en los que, en uno de ellos, se siguió el procedimiento tradicional, y en el otro grupo, se dio énfasis, desde el principio, en una ejecución lo más similar posible a la velocidad real, los resultados se han decantado invariablemente a favor del segundo.

Estos resultados nos indican claramente que es más eficiente establecer una estrategia de enseñanza en la que las condiciones de práctica se asemejan lo más posible a las que plantea la realidad y que, cuando la correcta ejecución de una tarea motriz implique velocidad y precisión, la enseñanza debe poner énfasis desde sus comienzos en estos dos aspectos. Lo dicho anteriormente no es impedimento, por otra parte, para que, en un principio, se le dé al sujeto la oportunidad de ejecutar algunos pocos ensayos a más baja velocidad para asegurarnos que ha comprendido básicamente el esquema del movimiento, pero en el nivel de la optimización se debe contextualizar al máximo las exigencias.

La velocidad requerida para la ejecución técnica podría parecer, a primera vista, un factor cuantitativo, un asunto más relacionado con la condición física que con la dificultad de la coordinación y, en efecto, en ciertos componentes de acciones deportivas está muy relacionada específicamente con la capacidad condicional «velocidad» como, por ejemplo, en las carreras de velocidad en Atletismo. Pero en muchas otras actividades deportivas, la capacidad de ejecutar la técnica lo más rápidamente posible se convierte en un aspecto de tipo cualitativo como en el caso de los lanzamientos atléticos donde la precisión no es una exigencia, pero el control que debe ejercer el atleta sobre sus actos es de elevada exigencia y la velocidad generada en los giros es muy elevada.

Algo diferente es lo que ocurre en los deportes de raqueta, en los que la velocidad juega un papel muy importante pero el problema que se plantea al deportista no es el de no poder golpear más rápido, sino que debe ser capaz de ejercer el necesario control para que la pelota no vaya a las gradas y sí a la cancha del oponente, en el lugar adecuado. En otras palabras, si la dificultad de ejecución técnica es baja, el problema de su realización a alta velocidad es un problema de tipo cuantitativo, cuyo límite es la velocidad máxima que el individuo pueda desarrollar, por el contrario, cuando la dificultad de ejecución técnica de la tarea es alta, la velocidad de ejecución cobrará un carácter cualitativo, ya que la limitación no provendrá de las cualidades como la fuerza o velocidad, sino de la capacidad de control neuromuscular del movimiento.

No resulta de ninguna utilidad, dentro de la problemática del Alto Rendimiento Deportivo y del proceso de optimización, el que un deportista sea capaz en los entrenamientos de ejecutar una serie de gestos técnicos correctamente, pero a una velocidad que es inferior a la que exige el ritmo real que se impone en competición. Volvemos de nuevo a recordar nuestro principio de la contextualización de los entrenamientos.

Por ejemplo, es posible que un jugador de Baloncesto sea capaz de ejecutar un reverso correctamente a un determinado ritmo, pero si no es capaz de realizarlo suficientemente rápido para que le sirva para zafarse de su defensor, dicho dominio no le valdrá de mucho en la situación de partido. Pero además de realizarlo con rapidez, lo debe ejecutar con precisión para no perder el balón.

La precisión con la que se lleva a cabo una acción deportiva es otro componente más que determina el nivel de dificultad de coordinación neuromuscular que implica la ejecución deportiva. Cuanto mayor sea el grado de precisión requerido mayor será la complejidad de ejecución.

Tradicionalmente se asocia la precisión a las tareas denominadas «finas» de tipo oculo-manual, categorización ya descrita en anteriores apartados, sin embargo, los deportes reclaman la participación muscular de forma variada y combinada con exigencias de todo tipo, en los que ella atleta debe calibrar de forma correcta sus respuestas en contextos de exigencia muy variada, pensemos en el Tenis, Squash, Tenis de mesa, Badminton o Esgrima.

En Baloncesto, el jugador que va a efectuar un tiro a media distancia bajo la «presión» de la defensa, se sabe que esta circunstancia puede llegar a ser realmente dura, y que, aún así, un buen jugador debe ser capaz de encestar, es decir, de hacer diana en un blanco pequeño a bastante distancia. Las tareas en las que la precisión del movimiento es fundamental, implican, en principio, un mayor control del movimiento basado en una interpretación de las sensaciones de carácter propioceptivo.

Para el deportista que se encuentra en las fases iniciales del aprendizaje, esta información carece del significado adecuado y la ineficacia inicial es ocasionada por la incapacidad que el individuo tiene, en principio, para utilizarla correctamente. Podemos decir que es incapaz de descodificar el código motor del movimiento y transformarlo en el lenguaje que nuestro cuerpo emplea cuando nos movemos. El aprendizaje de este código lleva tiempo, tanto más tiempo cuanto menos familiar sea la tarea, es decir, cuanto menos conocimiento deportivo tenga el sujeto. Hay que considerar que para un deportista de élite la capacidad de interpretación precisa de este tipo de mensajes constituye una necesidad.

Esta competencia se adquiere después de decenas de años de entrenamiento, a través de los cuales se facilita el dominio de este binomio de velocidad/precisión. Para ello es favorable que en aquellos deportes en los que se requiera una elevada precisión se la promocione desde el inicio, favoreciendo en el deportista la toma de conciencia de las posiciones y de las acciones con sus secuencias correspondientes. Es probable que dicha precisión sea, además, necesaria en acciones rápidas en las que el riesgo sea su característica principal, como por ejemplo, muchas tareas de Gimnasia Artística; en este caso, el empleo de ayudas, la ejecución lenta de los gestos, permitirá al deportista formar la imagen de la acción, pero introduciendo su ritmo real lo antes posible.

Los que hayan tenido la oportunidad de verse a sí mismos ejecutando un movimiento, después de haber sido grabados en vídeo, habrán tenido con seguridad una mayor o menor sensación de desajuste, entre la imagen mental que se había formado de su propio movimiento y lo que la pantalla les dice, es decir, entre como creían haberlo hecho y como ven que lo han hecho realmente. Para aumentar la precisión del movimiento hay que huir pues de la práctica rutinaria y darle a cada ensayo un significado propio destacando el aspecto que más resalta de la tarea en cuestión.

Los desajustes mencionados en el anterior párrafo, provienen sin duda, de una imagen errónea que uno adquiere de su propio movimiento a partir de una mala o insuficiente interpretación de las propias sensaciones. Sobre este particular y, a modo de ejemplo, se puede decir que lo que el vídeo le aporta es un conocimiento objetivo externo de la ejecución, y lo que el vídeo no da es una solución concreta para poder afinar el movimiento con mayor probabilidad de éxito en el siguiente ensayo.

El que sí puede, y debe, dar esas pautas es el entrenador, el cual debe analizar las imágenes y establecer las pautas de actuación que favorezcan la corrección que permitan al deportista mejorar su ejecución. Por lo tanto, el entrenador no sólo debe ser capaz de percibir correctamente la ejecución del deportista, sino que, además, debe poder determinar las causas que pueden provocar insuficiencias en la misma. Nos estamos refiriendo a la capacidad de diagnosticar un error en la ejecución y establecer cuál es la causa que provoca el mismo para ofrecerle al deportista las indicaciones necesarias para que el siguiente ensayo cobre ese particular significado al que antes hacíamos referencia.

Tradicionalmente, cuando un deportista manifiesta dificultades en la optimización de una técnica o de una táctica por una falta de capacidad en lograr la suficiente precisión en su ejecución, se suele atribuir a que no es capaz de formar un esquema mental de la acción suficientemente adecuado; y que, en consecuencia, no se puede establecer el escenario en el que debe emplear dichos procedimientos. En estos casos, el entrenador puede llegar a ser excesivamente reiterativo y decidir que la solución es elevar la cantidad de práctica, pero una práctica arbitraria que carezca de sentido para el deportista sólo puede conducir a minar su deseo de mejorar.

El problema en estos casos no es que el deportista no sepa lo que tiene que realizar sino que, por causas más complejas que lo que aparentemente pueda parecer, no puede realizar físicamente el ajuste deseado. Es muy común que los errores secundarios o que acompañan al verdadero error, sean los más aparentes y que el entrenador se vea cautivado por ellos y decida solucionarlos antes de ir a la raíz de la dificultad. Es necesario explorar, analizar la causa real y comprobar si es un problema de coordinación, de falta de la energía suficiente o si puede deberse a un problema de carácter psicológico (miedo).

Debemos ser conscientes que los deportistas pueden formarse una imagen o esquema mental suficientemente correcto del gesto a realizar, pero su ejecución no se adapta suficientemente a esa imagen, aunque él crea que sí, y en esa ofuscación de tratar de llevar a cabo una y otra vez el gesto le puede llevar a profundizar en el error ya que no logra detectarlo y, por lo tanto, reducirlo.

También puede suceder que el deportista detecte un desajuste pero no sepa definirlo con exactitud. En estos casos, el entrenador deberá indicarle el origen de la discrepancia y prescribir alguna acción concreta para su eliminación. De nada sirve que se le diga que *ponga más ganas* y que *con el tiempo lo conseguirá*, si así fuera deberíamos nombrar entrenador jefe al *tiempo*.

Con todo esto deseamos indicar que es necesario «*hacer percibir*» al deportista las sensaciones correctas y capacitarlo para distinguirlas de forma precisa con relación a los mensajes incorrectos.

Otra causa bastante común de la imprecisión en la ejecución de determinadas acciones deportivas tiene su origen en un desequilibrio muscular. Las descompensaciones en el balance muscular pueden ocasionar que el predominio excesivo de ciertos grupos musculares sobre sus antagonistas mediatice la ejecución del movimiento, restándole precisión.

Por ejemplo, es bastante normal observar que muchos deportista corren con los pies más o menos abiertos hacia afuera; la causa suele ser un predominio de los rotadores externos sobre los internos. El remedio a este hecho no consistirá simplemente en que el entrenador indique que debe efectuar los apoyos en línea, sino que debe establecer y llevar a cabo el oportuno plan de ejercicios compensatorios de dicho desequilibrio muscular.

En resumen, las dificultades para el aprendizaje y ejecución de tareas con gran exigencia de precisión pueden presentar cuatro vertientes:

> 1. Un esquema mental de actuación incorrecto.
> 2. Interpretación insuficiente o errónea de las sensaciones propioceptivas que el movimiento produce en relación con el esquema mental del movimiento.
> 3. Desequilibrio muscular entre los grupos agonistas y antagonistas que intervienen en el movimiento.
> 4. Causas psicológicas

Sobreaprender

Un asunto muy relacionado con el aprendizaje y optimización deportiva es el relacionado con el «*sobreaprendizaje*». Cuando la exigencia de precisión rebasa unos ciertos niveles, ocurre que una pequeña magnitud de olvido produce, en la competición a alto nivel, pérdidas significativas de rendimiento. Por lo tanto, para mantener el nivel optimo de rendimiento debemos considerar al deportista en constante proceso de aprendizaje - olvido - reaprendizaje.

Uno de los recursos para abordar este problema es aplicar lo que se denomina como *sobreaprendizaje, es decir, una cierta cantidad de práctica adicional a partir de haber conseguido el nivel previsto, pero debemos estar atentos a la posibilidad de que una cantidad elevada de práctica ya no consiga las mejoras esperadas o éstas serán más reducidas de lo que podría esperarse.*

6.2. LA DIMENSION CUANTITATIVA EN LA EJECUCION

Aceptando que las características de origen genético influyen en el mecanismo de ejecución del movimiento, podemos destacar algunas como: el biotipo, el tiempo de reacción, número o composición de las fibras musculares. En estas características, las mejoras son mucho menos manifiestas y su consideración en el ámbito del alto rendimiento deportivo debe referirse más a los procesos y técnicas de detección y selección de los futuros deportistas de élite, que de una intervención a través del proceso de entrenamiento.

Referente a los factores de ejecución o cualidades condicionales susceptibles de un proceso de mejora mediante una progresiva adaptación al esfuerzo requerido, es preciso hacer notar en primer lugar, que los sistemas de acondicionamiento físico no deben estar desvinculados de la optimización del aprendizaje. En consecuencia es preciso señalar que desde el punto de vista de un entrenamiento más eficiente, la condición física y biológica, tiene que ser suficiente para que el aprendizaje pueda discurrir dentro de una progresión adecuada.

En no pocas ocasiones, los estancamientos en el aprendizaje se deben a que, alcanzando cierto nivel de exigencia en la ejecución, el deportista no se encuentra con la «disposición física» suficiente para poder seguir progresando, aunque a nivel del resto de los mecanismos, percepción y decisión, la asimilación sea correcta.

Consideramos que el entrenador tendrá que ajustar el tipo de práctica con la exigencia de condición física que en ese momento posea el deportista, es decir, es necesario que el deportista posea la energía suficiente para que las sesiones de entrenamiento sean factibles de realizar. Tomemos el caso de la iniciación a una serie de pruebas atléticas que tienen unas fuertes exigencias de tipo cuantitativo, por ejemplo el salto de altura.

En esta prueba el atleta tiene que tratar de convertir el impulso de tipo horizontal de la carrera previa, en otro impulso con la mayor componente vertical posible, mediante la «batida». La batida tiene que atenerse, para su ejecución correcta, a unas condiciones técnicas de realización muy precisas en función de lo dicho. Si consideramos el caso de un principiante, comprobamos que la velocidad que puede imprimirle desde un principio a la carrera previa, es muy superior a la que inicialmente puede manejar en la batida, así como que las posiciones técnicas de batida están calculadas para hacerlas dentro de unos márgenes de velocidad, y que, por tanto, esa técnica con una carrera a velocidad reducida pierde su sentido.

En consecuencia, logrado cierto nivel de exigencia en la ejecución, el entrenador tendrá que asegurarse de que exista previamente una disposición física suficiente, o en último caso, ir construyendo esta disposición de una manera paralela. En este sentido, en atletismo tradicionalmente existen unos recursos didácticos llamados *ejercicios de aplicación y ejercicios de asimilación*.

Los *ejercicios de aplicación* son los que en este caso intentan resolver el problema planteado, pues están pensados para producir un fortalecimiento específico de los grupos musculares que entran en juego en el movimiento. Este tipo de ejercicio va encaminado a conseguir la adaptación particular al esfuerzo que requiere el deporte. Los *ejercicios de asimilación*, sin embargo, atañen más al aspecto cualitativo de la tarea y, en general, son ejercicios de carácter analítico diseñados para facilitar la mejor asimilación de aquellos aspectos técnico-tácticos que puedan ser más complejos y, por tanto, de mayor dificultad en su aprendizaje.

TERCERA PARTE

Determinantes de la Optimización del Aprendizaje Deportivo

7. MEMORIA EN LOS DEPORTES

Es muy común que el entrenador no se cuestione el papel de la memoria en la preparación de sus deportistas salvo cuando ésta les falla y no recuerdan las instrucciones que recibieron o lo que debían hacer. Estos deportistas están constantemente reclamando de su memoria los conocimientos y habilidades necesarias para mejorar su rendimiento y conseguir los diferentes objetivos establecidos. Por lo tanto, el papel de la memoria en el aprendizaje y optimización deportiva parece tener su relevancia, incluso en este nivel.

Analicemos su presencia en los diferentes apartados de este documento. Hemos hablado de *programas motrices, de planes de acción, de esquemas motores,* en definitiva, de cómo se representan las acciones en la memoria. También hemos considerado que es necesario *reclamar las informaciones necesarias para actuar, de comparar los resultados con el objetivo previsto, de interpretar la situación, de anticipar, etc.* En definitiva, la memoria ha estado presente en la explicación del funcionamiento perceptivo-motor desde el comienzo, los diferentes *modelos explicativos* empleados en este libro así lo atestiguan.

Se hace necesaria una estructura cuyas funciones permitan operaciones de *interpretación, análisis, comparación, evocación,* etc. Nos estamos refiriendo a la *memoria.* Su presencia es tan patente que no se podría llegar a optimizar el rendimiento en un deporte sin su colaboración.

Son numerosas las definiciones del constructo memoria (Ruiz, 1994), pero en el contexto de este documento nos adherimos a la definición de Tulving (1985) para quien la memoria es *la capacidad para aprovechar la experiencia*, ya que los deportistas de ARD en su proceso de optimización aprovechan al máximo su experiencia adquirida después de muchos años de entrenamiento. También es adecuado resaltar que no todos son partidarios de hablar de la existencia de una *memoria motriz*, ya que consideran que en realidad lo que existe es una única memoria capaz de tratar informaciones muy diferentes, incluidas las referidas a las habilidades motrices y deportivas (Magill, 1989).

7.1. ¿QUE ES LO QUE HACE RETENER U OLVIDAR ?

Como se desprende de lo anteriormente dicho, parece que la memoria está relacionada con el *almacenamiento y recuperación* de la información, de ahí que *retener y olvidar* sean las dos caras de un mismo fenómeno, ya que lo que el entrenador busca es que, mediante los entrenamientos, sus atletas sean capaces de mantener (*retener*) en su memoria las informaciones necesarias para la producción del gesto técnico o de la actuación táctica, incluso después de haber transcurrido un tiempo sin haber practicado (ejemplo, después de una lesión).

También se sabe que en muchas ocasiones, existen dificultades para que el deportista recuerde lo que debe hacer o cómo debe hacerlo, es decir, *olvida* parte de la secuencia o informaciones necesarias para dicha producción de la respuesta, aunque en el ámbito deportivo las habilidades son sobreaprendidas y por lo tanto, más resistentes al olvido, el entrenador debe conocer los diferentes tipos de habilidades técnicas y sus combinaciones, así como, las dificultades que presenta al practicarlas. En definitiva, el verbo *retener* hace referencia a la persistencia de una habilidad a lo largo de un tiempo en el que se da ausencia de práctica y *olvidar* al error en el mantenimiento de dicha información.

En el deporte de ARD el deportista debe dominar y optimizar su técnica para ser empleada posteriormente, de ahí que tenga que trabajar para que el fenómeno del olvido esté lo más ausente posible y consolidar en la memoria del deportista los programas, esquemas o imágenes motrices de las diferentes habilidades técnicas así como las reglas necesarias para su gestión óptima.

Clásicamente se ha considerado que se olvida debido a que el tiempo pasa y la información se *desvanece*, de ahí que sea muy difícil disponer de ella. Para otros, es debido a que existe el fenómeno de la *interferencia*, es decir, las habilidades técnicas que el sujeto aprende o refina en un momento dado pueden influirse de manera negativa (ejemplo, golpeo en Badminton vs. golpeo en Tenis), esto indica que el entrenador debería considerar el potencial negativo que unos gestos pueden tener sobre otros.

Esta última propuesta ya no es tan rotunda después de que los resultados obtenidos en los estudios sobre interferencia contextual hayan mostrado que en determinadas circunstancias la interferencia no posee carácter negativo para el deportista (veáse Capítulo 9).

7.2. FUNCIONES DE LA MEMORIA

Son diferentes las funciones atribuidas a la memoria, que como ya se ha comentado no es simplemente un almacén pasivo de informaciones acumuladas de cualquier manera a lo largo de los años. Son al menos cuatro las funciones encomendadas a la memoria en el funcionamiento perceptivo-motor humano (Sage, 1984):

1. Función de registro de las informaciones que llegan a los sistemas sensoriales y que son codificadas y transmitidas a través del sistema nervioso.
2. Función de almacenamiento de las informaciones que constituyen la experiencia del sujeto acumulada a lo largo de los años.
3. Función de recuperación de las informaciones cuando estas son necesarias para la organización de una respuesta motriz.
4. Función expositiva o su manifestación a través de la acción motriz.

El funcionamiento de la memoria es imprescindible para que el deportista gestione sus conocimientos y habilidades.

7.3. ESTRUCTURA DE LA MEMORIA

Además de las diferentes funciones una cuestión fundamental ha sido explicar la composición de dicha memoria. Tradicionalmente se consideraba que la memoria era un gran almacén de las informaciones que, a lo largo de la vida, se habían acumulado como si de una biblioteca se tratase. Esta idea estática de la memoria ha dado paso a una visión más dinámica de la misma en la que no sólo almacena sino que reconstruye la información a partir de datos y se toman decisiones sobre las formas de actuación motriz.

Según indica Ruiz-Vargas (1992, pág. 87), nuestra capacidad de adaptación nos permite actuar ante objetos persistentes y no persistentes temporalmente, es decir, nos permite emplear informaciones estables o informaciones más inmediatas. Para este autor la naturaleza nos ha equipado con *memorias*, almacenes de información que alargan la duración de las estimulaciones y que permiten tomar decisiones incluso a partir de exposiciones breves de los acontecimientos.

Una de las explicaciones sobre la organización de la memoria ha sido contemplarla como una serie de compartimentos que, relacionados entre sí, establecen que el sujeto pueda realizar toda la serie de operaciones que anteriormente hemos comentado para una actuación hábil. Es común hablar de la existencia de tres diferentes compartimentos de la memoria, cada uno de ellos con sus características y con sus limitaciones:

Memoria sensorial (MS)

La memoria sensorial, también denominada como *"almacén sensorial"*, es la que se pone en acción de manera inmediata al contacto con las informaciones, manteniéndolas brevemente. Su capacidad de recepción de una gran cantidad de información, y en consecuencia de procesamiento de la misma, es elevada. Sin embargo, el tiempo que la información puede ser retenida en este mecanismo de memoria es muy breve (algunos centenares de milisegundos). La información seleccionada será codificada por la memoria a corto plazo.

Memoria a corto plazo (MCP)

Esta memoria tiene la particularidad de mantener la información de forma más duradera (segundos) que el "almacén sensorial". No obstante, es mucho más limitada en cuanto la cantidad de información capaz de retener y procesar.

Para poder retener la información durante más tiempo el deportista deberá optar por alguna estrategia, tal como la repetición mental o motriz, el agrupamiento de las informaciones o establecer alguna regla mnemotécnica.

La memoria a corto plazo ha sido progresivamente abandonada por la noción de *memoria de trabajo o también por el de memoria operativa*. Se diferencian de ésta en que es concebida como un sistema que cumple funciones de *tratamiento y almacenamiento* y que en condiciones de revisión mental (repetición) es capaz de mantener la información en la memoria por más tiempo (Richard, 1990).

Es el sistema de memoria en el que se llevan a cabo toda una serie de *procesos de control (codificación, recodificación, repetición o revisión mental, etiquetado, recuperación)* que permiten que las informaciones se almacenen en la memoria a largo plazo, del mismo modo es la memoria en la que se toman las decisiones sobre las actuaciones hábiles. Dos aspectos importantes estudiados por los especialistas han sido la *duración de la información* en dicha memoria o el tiempo que ésta está presente en la memoria a CP y la *capacidad o cantidad de información que la memoria CP puede acoger*.

Diferentes estudios han mostrado la *brevedad* de la información motriz en la memoria a CP. Asimismo, los estudios sobre la capacidad de la memoria a CP muestran como ésta puede aumentarse cuando se agrupan (*Chunk*) las informaciones como ocurre cuando tratamos de recordar un teléfono. Los limitados estudios sobre esta cuestión en el ámbito motor han mostrado como los sujetos son capaces de recordar hasta ocho movimientos diferentes una vez les han sido presentados. Otra noción cercana a la memoria de trabajo es la *denominada memoria operacional* y que tiene que ver con la retención de informaciones transitorias relacionadas con la realización de una tarea. En esencia es una memoria transitoria pero menos fugaz que la memoria a corto plazo (Richard, 1990, pág. 35).

El sentido de este tipo de memoria en la optimización deportiva es muy interesante en la medida que permite comprender situaciones de entrenamiento en las que el atleta debe mantener transitoriamente informaciones relativas a la tarea a realizar. Como indica Richard (1990) esta noción es puramente funcional y no debe considerarse como una nueva estructura de memorización con contenidos propios. El contenido de la memoria operativa consiste en informaciones de la memoria a corto plazo y el contenido informativo activado de la memoria a largo plazo para la realización de la tarea. Su revisión mental hace que su duración sea mayor a la que posee la memoria a corto plazo.

En cualquier caso la memoria a corto plazo, de trabajo u operacional trabaja para preparar la información para su almacenamiento en la memoria a LP y contribuye a la toma de decisiones (Singer, 1980).

Memoria a Largo plazo (MLP)

Esta es la memoria estable, la que dura horas, meses, años. Aquella que permite que las informaciones relativas a las habilidades aprendidas se mantengan de forma duradera, esta forma de almacenamiento es significativa y organizada. Esta memoria a largo plazo (MLP) es considerada como la *base de datos* y en ella se almacenan *clases de informaciones* tales como:

1. Nuestro modelo espacial del mundo, de nuestro entorno circundante, casa, colegio, lugar de trabajo, campo de deportes. Un mapa cognitivo en el que se ubican los objetos más significativos de nuestra vida.
2. Nuestro conocimiento sobre los objetos, sus propiedades, sus características, las leyes que los rigen, etc.
3. Nuestras creencias sobre los demás y sobre nosotros mismos, sobre las relaciones sociales, los valores, etc.
4. Nuestras habilidades motrices y deportivas, las necesarias para conducir, atornillar, jugar a baloncesto o remar en el lago. Nuestro conocimiento para solucionar problemas motrices de todo tipo.
5. Nuestras habilidades perceptivas para comprender e interpretar los mensajes verbales, musicales o pictóricos.

Como puede observarse la memoria LP manifiesta una elevada capacidad para poder almacenar informaciones de múltiple origen, que estará disponible para ser reclamada ante las múltiples circunstancias en las que se ve implicado el deportista, bien para incluir nuevas informaciones en su base de datos o para reclamar los datos necesarios para elaborar una respuesta adaptada a una situación concreta.

A continuación se presenta de forma esquemática la interrelación entre los tres mecanismos de memoria descritos en los párrafos anteriores en referencia a la realización de tareas motrices (figura 7.1).

ESTRUCTURA Y MECANISMOS DE LA MEMORIA

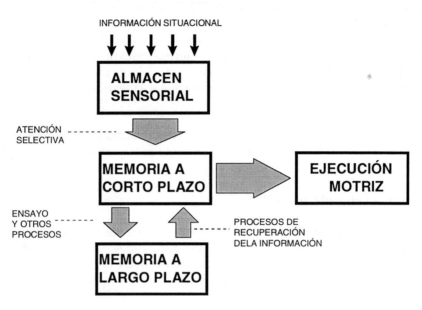

Fig. 7.1   Estructura y mecanismos de la memoria

En los últimos tiempos con el advenimiento de los estudios sobre Inteligencia Artificial y del Procesamiento Cognitivo de las Informaciones, se ha considerado que la memoria es la sede en la que se representan diferentes tipos de conocimientos (Tulving, 1985). Esto ha llevado a considerar que existen diferentes sistemas incluidos en la memoria a LP y denominadas *memoria declarativa y episódica (conocimiento declarativo), memoria procedimental (conocimiento de procedimientos) y conocimiento y habilidades metacognitivas.*

Los numerosos estudios sobre la pericia (*expertise*) en diferentes campos de estudio (medicina, ingeniería, deporte) muestran como los expertos poseen un elevado conocimiento especifico de carácter declarativo, procedimental y metacognitivo sobre su materia.

1. **Conocimiento declarativo (memoria declarativa).** Es éste el conocimiento de hechos y acontecimientos; es el conocimiento que nos permite saber que son once los jugadores de un equipo de fútbol o que fue en 1992 cuando se celebraron los Juegos Olímpicos en Barcelona.

Este tipo hace referencia también al conocimiento sobre los gestos técnicos y las características que en los deportistas pueden tener; a la índole de los objetos empleados en su deporte (patines, tablas de esquí, tipos de raqueta, de pelota, de volantes, etc.).

Su característica principal, de ahí su nombre, es que es posible su *verbalización*, su *declaración* (declarativo) por parte del deportista, que puede expresar como es el transcurso de sus acciones o qué se puede hacer ante diferentes situaciones deportivas.

El papel de este conocimiento declarativo en la actividad deportiva ha sido objeto de estudio y de polémica, ya que se ha tratado de analizar el papel que puede tener un aumento del conocimiento declarativo del deportista en sus decisiones y actuaciones técnicas posteriores. El resultado de estos estudios está por establecerse; pero sí se puede avanzar que los atletas de ARD posee una mayor cantidad y calidad de conocimiento declarativo sobre sus deportes que los no practicantes.

2. **Conocimiento sobre los procedimientos (memoria de procedimientos).** Tiene que ver con el conocimiento que se posee sobre cómo realizar una habilidad o cómo llevar a cabo un procedimiento de acción. Este tipo de conocimiento comprende todos los aspectos perceptivos y cognitivos implicados en la producción de una respuesta motriz (Singer, 1980), siendo su conceptualización en términos de sistemas de producción del tipo *"Si...entonces"* (*"if...then"*), es decir, ante tal circunstancia es necesario tal tipo de respuesta. Esta memoria permite el empleo de los procedimientos aprendidos para responder de forma adaptada a los requerimientos del medio (Anderson, 1982).

3. **Conocimiento metacognitivo.** Es éste un tipo elevado de conocimiento declarativo y que tiene que ver con el conocimiento que los atletas poseen de sí mismos como sujetos capaces de realizar numerosas habilidades técnicas y tácticas. Es el *qué sobre el conocimiento deportivo tienen los atletas de ARD*. Ellos saben que conocen las técnicas y tácticas, las jugadas, las operaciones necesarias para superar al adversario. Conocen sobre sus competencias y sobre la dificultad de las tareas y lo que éstas demandan. En definitiva, es la *conciencia que los deportistas tienen de sus conocimientos declarativos y procedimentales relacionados con su deporte.*

Estos diferentes conocimientos enmarcados en la memoria a LP se relacionan en la optimización de la técnica deportiva. Así, cuando un portero de Balonmano tiene que despejar un balón lanzado a portería, activa de forma automática los diferentes conocimientos almacenados en su memoria para producir una respuesta adaptativa. En primer lugar, se establece el *objetivo de la acción* -«despejar»- para dicha situación, la memoria declarativa-semántica le ayudará a comprender la situación y conocer sobre las conductas posibles de adoptar ante situaciones similares, es decir, le informa sobre *¿qué ocurre?*

Posteriormente, este mismo portero reclamará de su memoria el programa motor más compatible para dicha situación y actuar, respondiendo a la cuestión: *¿cuál es el procedimiento más compatible con la situación?*

En diferentes revisiones de la literatura (Abernethy, 1992, Thomas et al. 1992) se ha mostrado como los deportistas de ARD poseen habilidades metacognitivas superiores a los no deportistas o inexpertos, de tal manera que son capaces de predecir mejor las consecuencias de sus acciones, analizar mejor sus actuaciones y controlar mejor sus procesos de solución.

Junto con esta conceptualización de la memoria en sistemas diferentes, existen autores que no son partidarios de una memoria estructurada en compartimentos como defendía el modelo de Atkinson y Griffith (1971) y prefieren hablar de *niveles de procesamiento* de la información en la memoria, en las que las informaciones podrían ser procesadas a niveles *superficiales o profundos*.

Cuando el deportista centra su atención en las características de los objetos o de las situaciones, relacionándolo con lo ya conocido, es más factible que dichas informaciones se procesen de manera profunda.

7.4. LA CUESTION DE LAS IMAGENES, ESQUEMAS O PROGRAMAS MOTORES

En las últimas décadas ha surgido un interés elevado por demostrar la conveniencia, o no, de emplear diferentes constructos tales como *imágenes motrices, esquemas motrices, planes de acción, programas motores,* etc.

Ya se ha explicado el significado de la noción de *programa motor* en el contexto de los estudios sobre control motor y aprendizaje de habilidades motrices. De hecho, son pocos los estudiosos del aprendizaje deportivo que no han empleado este tipo de nociones para expresar su concepción de la representación en la memoria del conocimiento deportivo.

Para autores como Fleurance (1991) tener en cuenta los procesos cognitivos implicados en la producción de respuestas motrices supone postular que la cognición se fundamenta en representaciones de la realidad física bajo forma de códigos simbólicos en el cerebro (pág.82). Representaciones que por su naturaleza son interiores y personales, ocultas a la observación exterior y solamente inferidas a partir de las actuaciones del deportista.

La noción de representación viene a significar las relaciones que se establecen entre el mundo exterior y el interior del sistema perceptivo-motor humano (Fleurance, 1991) y el papel de las representaciones mentales de las técnicas y tácticas deportivas es resaltado por todos los especialistas en la medida que son un conjunto de componentes sensibles - concretos y verbales - lógicos, representando la reproducción de un acto desencadenado por su asociación a las señales verbales que median en el proceso mental (Meinel y Schnabel,1988).

Para Hotz (1985) las representaciones mentales poseen diferentes funciones en la optimización de la técnica y táctica deportiva, tales como:

1. Guía de la acción.
2. Programación de la acción.
3. Regulación.

La mejora de la calidad del movimiento está estrechamente unida a la optimización de la representación motriz y por consecuencia de los componentes ideomotrices. Las representaciones mentales son fragmentos de información motriz estructurada en la memoria del sujeto, que se manifiesta de dos formas según Richard (1990). Por un lado, los conocimientos permanentes que el sujeto posee como fruto de sus aprendizajes e interacciones con su medio, y por otro, las representaciones circunstanciales o funcionales elaboradas para un contexto particular.

El contenido de las representaciones es de carácter multimodal: visual, propioceptiva, verbal y los parámetros espacio-temporales y dinámicos del movimiento. Esto resalta el papel de las demostraciones, de las instrucciones y de la necesidad de destacar las señales dinámicas y espacio - temporales de la técnica y táctica por parte del entrenador, ya que contribuyen a elevar el conocimiento que sobre la técnica y táctica que su atleta posea, evitando que los errores motrices aparezcan en el proceso de práctica.

Los errores motrices pueden tener su origen en una imprecisa representación del movimiento, que pueden influir de manera negativa en su instauración en el ciclo perceptivo-motor.

Un hecho llama la atención, y es que, en el ámbito deportivo, es muy común el empleo de constructos referidos a la memoria que ayudan a la comprensión de complejos procesos de organización y elaboración de las respuestas técnicas. Nos referimos al empleo de nociones tales como imagen o esquema.

a). La noción de imagen motriz y su papel en la adquisición y refinamiento motriz.

El concepto de *imagen* ha sido muy empleado por los investigadores del aprendizaje motor para resaltar las representaciones mnemónicas no verbales de objetos, acciones y acontecimientos o a formas de pensamiento no verbal que pueden ser activadas y manipuladas por el sujeto (Puni, 1980).

Su empleo por los especialistas del deporte ha sido habitual, así para Grosser y Neuimaier (1986) el deportista se fundamenta en la *imagen del movimiento* para elaborar el proyecto motor, lo que implica la memoria del movimiento (memoria motora) y las experiencias almacenadas (pág.63). Estos mismos autores especifican esta cuestión cuando exponen:

«*Un importante fin del entrenamiento de la técnica consiste en crear, con el tiempo, una imagen del movimiento lo más completa posible, y de transmitir y hacer conscientes experiencias sensoriales variadas, mediante la ejecución de la misma*» (pág.65).

En el ámbito deportivo se ha considerado que la observación del modelo técnico del deportista es una de las vías importantes para la elaboración de la imagen del movimiento. Esta observación repetida permite que el deportista elabore y almacene en su memoria a largo plazo una imagen *clara* del movimiento, pudiéndola evocar cuando así fuera necesario.

La revisión de este constructo por parte de Famose (1976) le llevó a destacar una serie de características tales como:

* Su predominio visual o propioceptivo.
* Estar basadas en la copia de un modelo externo o en una construcción activa del sujeto.
* Ubicarse a un nivel consciente o infra consciente.
* Ser fruto de la combinación entre la copia de referencia y las retroalimentaciones de la acción.
* Oscilar entre un papel comparador y desencadenador de la acción.

No deja de ser paradójico que para los especialistas en control motor las imágenes se ubicarían a un nivel menos consciente y fundamentarían en informaciones visuales y propioceptivas. A medida que el deportista practica los mensajes propioceptivos y visuales favorecen la claridad de los detalles de dicha imagen motriz y su posibilidad de evocación y programación.

Si para los clásicos partidarios de las *tesis ideomotrices* (Puni, 1980) la imagen motriz se construye basándose en las retroalimentaciones sensoriales y su activación seria previa a la acción, para los defensores del control en circuito cerrado la imagen (*trazo perceptivo*) tendría el valor de referencia para juzgar si un movimiento es correcto o incorrecto.

Asimismo, existe otra controversia en relación al carácter isomórfico o constructivo de las imágenes por parte del sujeto. Como ya se expuso en el Capítulo 1, las retroalimentaciones propioceptivas se comparan con la imagen establecida a partir de la práctica anterior, de ahí que la *imagen sensorial* sea un elemento relevante para el mecanismo de comparación que establecerá si existe o no discrepancia entre el valor a conseguir y el valor conseguido por el atleta.

A partir de los postulados de Bernstein (1967) las imágenes no sólo tuvieron valor comparador sino también se las consideró desencadenadoras de la acción motriz, postulado que fue recogido por los diferentes teóricos del aprendizaje y rendimiento motor (Adams, 1971; Schmidt, 1975).

164

b) La noción de esquema motor en la optimización del rendimiento deportivo.

Los especialistas en aprendizaje deportivo han combinado de forma indiscriminada las nociones de imagen y esquema al explicar el proceso de aprendizaje y optimización. Si tomamos como ejemplo lo expuesto por Grosser y Neuimaier (1986, pág.76):

> *«La imagen de un movimiento se vuelve cada vez más organizada y estable durante el proceso de apropiación de la misma. La primera impresión óptica del movimiento, construida, por ejemplo, a través de la demostración, se caracteriza por su carácter esquemático y general, y se desarrolla con el tiempo hasta tal extremo que el atleta de ARD puede ser capaz de indicar exactamente las características locales, temporales y dinámicas del movimiento».*

Esta vuelta a las posiciones esquemáticas ha sido una nota señalada psicología y en aprendizaje motor. Probablemente los años 1970 fueron los caracterizados por el reinado de la noción de esquema en todos los ámbitos. Esquemas como marcos visuales, como guiones, como planes y también como estructura cognitiva relacionada con la acción motriz.

Básicamente un esquema es una *estructura de datos que representan conceptos genéricos almacenados en la memoria* (Rumelhart, 1984). Los esquemas son sistemas de conocimiento de carácter básico que los deportistas han ido generando a partir de sus múltiples interacciones y prácticas deportivas. *Es tanto una pauta de acción como una pauta para la acción*, en el se reúne el conocimiento necesario para elaborar y evaluar una acción específica ante una situación específica.

En el ámbito motor es la *Teoría del Esquema de Schmidt (1975)* la que resalta su papel en la explicación del aprendizaje y rendimiento motor. Ya ha sido brevemente presentada en el Capítulo 1, pero destacaremos aquí que junto con la noción de Programa Motor General, se resalta la existencia de un *Esquema Motor de Respuesta* que tendría funciones de desencadenante de la acción y evaluador del efecto de la acción, funciones que ya habrían sido resaltadas por Bernstein (1967).

Dichos esquemas se crearían a partir de una práctica en la que el sujeto abstraería los elementos comunes a las condiciones iniciales de las que parte, los efectos sensoriales que recibe en las variadas respuestas que emite, las especificaciones de los parámetros de la acción y los resultados obtenidos, todo ello favorecería la generación de reglas motrices.

Marteniuk (1976, pág.171) propone que los esquemas son los responsables de la producción de respuestas motrices adaptativas y flexibles basándose en una información almacenada rica y altamente organizada e integrada, desarrollada a partir de la experiencia y la ocurrencia simultánea de informaciones de múltiple origen con el rendimiento motor.

Pero, tal vez la polémica más interesante que surge de este tipo de estudios es la que considera que lo que realmente se aprende o refina no es un movimiento concreto sino una *regla* que permite el empleo hábil de las diferentes sinergías corporales. Esto lleva a considerar el aprendizaje deportivo, no como la reproducción de una forma gestual ideal sino como la *optimización en la gestión de los recursos perceptivo-motrices adaptados a las características de cada deporte*. El aprendizaje es más un proceso de solución de problemas (tareas) en las que el sujeto debe representarse la tarea a dominar y perfeccionar.

Los esquemas son, por lo tanto, elementos dinámicos a través de los cuáles el sujeto manifiesta su competencia motriz y deportiva, su carácter activo y constructivo los hace susceptibles al efecto de la práctica y, como indica Hotz (1985), de los conocimientos actuales sobre la materia, se destaca en su origen y perfeccionamiento el carácter *múltiple y variado del entrenamiento*.

El conjunto de esquemas motrices de un deportista configura su repertorio motor potencial, son una forma interiorizada de representación de la experiencia pasada del individuo que le permitirá generar secuencias únicas de comandos motrices (Marteniuk, 1976). La optimización supondrá que el deportista evoque el esquema motor adecuado y lo especifique en relación a la situación y al objetivo propuesto por el entrenador o por la propia dinámica del juego.

Es muy probable que existan diferentes niveles de generalidad-especificidad en los esquemas motrices y que éstos son reclamados en los diferentes deportes por sus diferentes características, estando unos más proclives a la reproducción mientras que otros lo están a la producción. En cualquier caso, el entrenador debe poseer la capacidad para organizar el entrenamiento técnico y táctico, considerando las diferentes variables y componentes de la tarea, explorando la *banda de tolerancia a la variación* que cada deporte permite.

A tenor de estas definiciones, la propia noción de Programa Motor ha sido redefinida por diversos autores. Así para Keele (1982) esta noción debe ser interpretada como una *representación mental de la habilidad* y para Marteniuk (1976) ésta es una noción que debe ser considerada con cierto escepticismo. Los esquemas han pasado a formar parte de la jerarquía del control motor siendo el nivel más elevado (Pew, 1974; Marteniuk, 1976).

El rendimiento perceptivo-motor comienza a nivel elevado en el sistema nervioso central con el *esquema motor* y el control motor procede a través de circuitos de control, circuitos que progresivamente son cada vez más simples en su funcionamiento.

7.5. CONDICIONES DEL CONTEXTO Y RETENCION EN EL ENTRENAMIENTO DEPORTIVO

La teoría conocida en el ámbito de los estudios sobre retención motriz como de la *interferencia*, esencialmente mantiene que la calidad de la retención depende inicialmente de la naturaleza de los acontecimientos que puedan interferir. Alrededor de esta noción Cratty (1973) destaca la existencia de dos hipótesis:

1. La información en la memoria se puede ver afectada negativamente por acontecimientos posteriores.
2. La existencia de barreras inhibitorias surgidas al practicar una técnica que impiden el empleo de la información adquirida. Esta inhibición puede surgir al practicar ciertas tareas antes de practicar la habilidad importante (inhibición proactiva), o puede surgir al practicar estas tareas posteriormente a la práctica de la habilidad objeto de optimización (inhibición retroactiva).

Ante estas circunstancias se podría decir que la noción de interferencia es negativa para el aprendizaje y optimización por su propia naturaleza. Pero esta afirmación ya no es soportable a partir de los datos obtenidos de los estudios denominados de *interferencia contextual o intratareas* y que demuestra que en ciertas circunstancias la interferencia no tiene efectos negativos en la retención.

Esta noción indica que la introducción de una interferencia funcional en el dominio de varias tareas deportivas de tal manera que éstas se practiquen sin una organización sistemática sino aleatoria, provoca efectos más duraderos en la memoria; otros efectos y aplicaciones en relación a las condiciones de práctica se verán en el capítulo 9.

7.6. ¿COMO OPTIMIZAR LA RETENCION MOTRIZ?

Los diferentes estudios e investigaciones realizadas en el ámbito de la retención motriz nos permite considerar que existen una serie de estrategias favorecedoras de la retención (Magill, 1989; Schmidt, 1986, 1991, Ruiz, 1994), que adaptándolas al contexto de la optimización deportiva nos permite destacar las siguientes:

1. Dar significado a las acciones deportivas a practicar. Una acción deportiva se considera significativa cuando ésta se relaciona con otras acciones o con las situaciones deportivas en las que la misma es relevante. Esto quiere decir que el entrenador debe establecer estos vínculos de significado para que la técnica de ejecución sea mejor recordada por los deportistas. Así, puede emplear la práctica mental, reclamar imágenes mentales que ayuden a la organización de la acción o el empleo de etiquetas verbales, denominaciones que ayuden a recordar los movimientos, ya que estas etiquetas ayudan a recuperar las informaciones cuando son reclamadas (ejemplo, reglas mnemotécnicas), así como las posibilidades que ofrecen el vídeo o la documentación deportiva.

2. *Favorecer la participación de los deportistas.* Se ha demostrado que la participación de los sujetos en la selección de la técnica a practicar en vez de imponérsela, favorece la retención de forma más notable. Esta selección de los sujetos favorece una mayor atención-concentración. La participación de los deportistas en las tareas de su entrenamiento no es un asunto de hoy para mañana es un proceso educativo de adquisición de responsabilidades que los entrenadores no debieran olvidar.

3. *Repetición.* Como es bien conocido es necesario que la técnica deportiva debe ser repetida abundantemente para que el sujeto fortalezca su huella en la memoria. El entrenador, como se establece en el Capítulo 9, debe organizar inteligentemente las sesiones de práctica. No obstante, es necesario considerar el tipo de movimiento técnico a optimizar a la hora de determinar el tipo de práctica y su organización.

4. *Intencionalidad.* El entrenador debe movilizar a su deportista para que éste desee optimizar sus acciones deportivas y para que comprenda la necesidad de las duras sesiones de práctica que le lleven a la perfección en su deporte, ya que es un principio bien conocido que se recuerda mejor lo que se desea recordar que lo que no se desea recordar.

5. *Organización subjetiva.* Esta es una estrategia que se puede utilizar cuando es necesario recordar grandes cantidades de información, de tal manera que sea más significativa para el deportista. En el lenguaje psicológico se denomina agrupamiento o *chunking* a esta estrategia. El entrenador puede promocionarla entre los deportistas cuando deban practicar rutinas gimnásticas o series de movimientos.

6. *Estructura temporal de la tarea.* La observación anecdótica y la investigación ha mostrado cómo aquellas tareas con una estructura temporal rítmica son más fácilmente retenidas que las que no poseen dicha estructura (Roob, 1972). Para esta misma autora es probable que lo que se olvida de una técnica deportiva pueda ser la estructura temporal de las subrutinas que la componen.

7. *Especificidad del procesamiento informativo.* En esta situación se establecen relaciones entre la técnica deportiva y los contextos, cuanto más se parezca el contexto de práctica al contexto real de empleo, mejorará la retención de la técnica y un mejor efecto de transferencia, objeto de optimización permitiendo una codificación especifica y también será de gran valor de cara a producir una mayor transferencia como veremos en el Capítulo 9 de esta obra. Esto también

es extensible a la variabilidad de los contextos de práctica cuando el deporte posee características de inestabilidad espacio-temporal y variación. Esta estrategia sugiere que es más fácil recordar las técnicas que han sido practicadas en contextos específicos de dicho deporte, es decir, cuando están contextualizadas. Esta práctica no sólo debe ser de naturaleza física sino también mental en todas sus formas.

8. Efecto de lo primero y lo último practicado. Uno de los efectos más comprobados en el ámbito verbal y que manifiesta una tendencia similar en el ámbito motor es el denominado efecto de *primacía-recencia*, o lo que es lo mismo, en situaciones en las que es preciso recordar una serie de movimientos practicados, se retienen mejor los primeros y los últimos de la serie, los primeros porque su retención en memoria a LP es mayor por efecto de la práctica y los últimos porque son los que han quedado más recientes en la memoria a CP y son más fácilmente evocables. Esto supone al entrenador que organice las instrucciones para que las más importantes estén al principio o final de la presentación, sin olvidar dar énfasis a las partes intermedias de la secuencia de acción.

Del mismo modo, la mejora de la representación mental de la técnica deportiva no es posible sin un ejercicio consciente y una explotación de los resultados de la práctica y sus retroalimentaciones internas y externas (Hotz, 1985).

Estas experiencias pueden tomar la forma de una organización aleatoria frente a la forma tradicional de repetir cada técnica en bloques sucesivos de ensayos. En circunstancias como las que concurren en el deportista de ARD, es posible la opción aleatoria cuando el entrenador tiene la responsabilidad de refinar varias técnicas del deporte, técnicas que no es necesario que sean similares (Schmidt, 1991). Como este mismo autor indica, parece necesario, cuando se decide por esta opción para favorecer la retención, informar a los deportistas que su efecto más inicial es un aparente descenso del rendimiento, pero sólo aparente, ya que a la larga la retención es mayor (Cap. 9).

En cualquier caso, la retención es un fenómeno personal y diferenciado de cada deportista de ahí la necesidad de individualizar las actuaciones en la promoción de las funciones de su memoria y en definitiva su optimización técnica.

8. INFORMACION SOBRE LA ACTUACION

Cuando analizamos el papel de las informaciones en el aprendizaje deportivo, siempre nos surge la duda de sí debemos emplear términos como *retroalimentación o retroinformación*, o bien el término anglosajón de *feedback* que introdujo la *Cibernética* y el resto de las teorías que surgieron en los años 1950, como la *«Teoría de los Sistemas o la Teoría de la Comunicación»*.

Este elemento es consustancial al funcionamiento de los sistemas y supone que, parte de la información que el sistema produce, vuelve a introducirse, de nuevo, en el sistema. Esta circunstancia la hemos contemplado al tratar el control de las acciones deportivas y ya se resaltó el papel que juega para que el deportista llegue a detectar los errores que comete (*mecanismo de detección de errores*).

Desde el punto de vista de la optimización del rendimiento deportivo es conveniente retomar el concepto original y hablar de la información que se produce al realizar una acción deportiva, que es susceptible de poder ser empleada por el deportista. Para que el lector tenga una idea de conjunto de los diferentes tipos de información que puede recibir el deportista antes de la ejecución y como resultado de la misma, vamos a concretarla en la figura 8.1 basada en las ideas de Schmidt (1992)

8.1. ORIGEN DE LAS INFORMACIONES SOBRE LA ACCION

El origen de las informaciones que el deportista recibe puede ser diverso. Muchas de estas informaciones provienen del conjunto de sensores que tiene repartidos por todo su organismo mientras que otras tienen su origen en el exterior, bien sea el entrenador, una filmación o una gráfica de rendimiento.

Cuando el origen de las informaciones es interno

Todos ustedes saben que cuando se aprende a montar en bicicleta existe todo un caos de informaciones que los sensores del organismo nos envían para que pueda dominarse la tarea. Cada movimiento realizado sobre la bicicleta produce toda una serie de informaciones de retorno que indican si el equilibrio es adecuado o si el agarre del manillar es demasiado tenso.

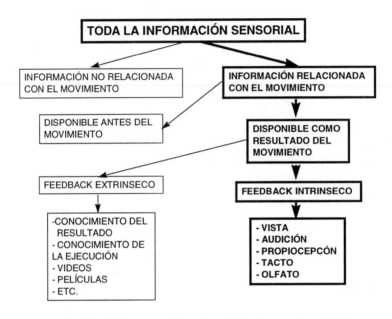

Fig. 8.1   Categorización de la información sensorial que recibe el individuo.

Son estas informaciones *feedbacks intrínsecos*, también llamados *inherentes* o *naturales* por algunos autores, y que se refieren a *la información sensorial que recibe el sujeto generada por su propio movimiento*. Por lo tanto, es una información que se produce automáticamente como consecuencia de la producción de la respuesta en sí misma, que siempre cierra el circuito (ver Capítulo 1). Respecto al movimiento, tal y como queda reflejado en la figura anterior, el sujeto recibe información por todas las vías sensoriales que conciernen al movimiento y que podemos dividir en dos categorías:

1. Información sensorial exterior al sujeto, captada por sentidos como la visión, el tacto, el olfato, la audición.
2. Información sensorial del interior del sujeto captada por los mecanismos sensoriales propioceptivos y exteroceptivos como en el caso de la visión.

¿Cómo se lleva a cabo el proceso? Cuando una gimnasta está sobre la barra de equilibrio se generan todo un conjunto de informaciones que provienen de sus sensores *propioceptivos* (internos) y *extereoceptivos* (externos) y que le informan sobre las características de su actuación y el resultado de la misma. Se forma lo que hemos denominado un *«sistema en circuito cerrado»*, en las que las retroalimentaciones tratan de mantener informada a la deportista tal y como mostramos en la figura 8.2

FEEDBACK INTRINSECO DEL DEPORTISTA

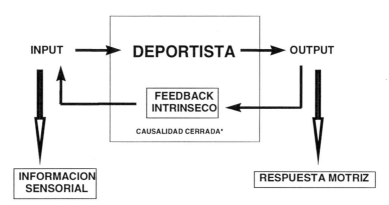

Fig. 8.2   Feedback intrínseco del deportista.

Cuando la información proviene del exterior

Pero no todas las actuaciones deportivas son como el ejemplo anterior. Así cuando el jugador de Rugby o el que está practicando Béisbol tienen que desplazarse en relación a un móvil o golpearlo cuando éste viene hacia él a gran velocidad necesita una fuente de información que le permita saber en qué lugar se encuentra para poder coincidir con él. *Toda aquella información que es adquirida por el sujeto en referencia a su actuación y cuyo origen es exterior al propio sujeto, se denomina feedback externo, feedback o información suplementaria o feedback del entrenador.*

Tal vez la fuente de información más común en los entrenamientos sea la que proviene del propio entrenador. Considere, amigo lector, la cantidad de cosas que les dice a sus pupilos, las numerosas indicaciones que les da y las intenciones conscientes o inconscientes que le mueven a decirles: *"¿No te das cuenta de que debes elevar más la cadera?"*, *"¡No cruces los pies al desplazarte!"*, *"¿No ves que debes esperar a que la pelota esté más cerca?"*, etc. En la mayoría de los casos damos por supuesto que nuestra experiencia como antiguos deportistas y los años pasados en las canchas nos han dotado de la pericia suficiente como para que cada frase que les traslademos esté cargada de sentido y conocimiento, sea la más oportuna, y por supuesto, que será comprendida por el deportista. Pero, preguntémonos: *¿Ocurre siempre así?*

Reconozcamos que no siempre es así y que una cantidad de años como entrenador no es sinónimo de excelencia en esta labor. La experiencia cotidiana y las observaciones anecdóticas nos muestra a numerosos técnicos que son incapaces de responder de forma precisa a los requerimientos de su atleta de élite y en los que su única respuesta a dichos requerimientos es *"pon más alegría en lo que haces"*, como si la clave del rendimiento fuera la alegría; si esto fuera así, hace mucho tiempo que los expertos hubieran recomendado el visionado de películas de los hermanos Marx una hora antes de las competiciones... .

El asunto es más complejo y requiere comprender que la ciencia ha avanzado lo suficiente como para que los técnicos puedan saber cómo ofrecer informaciones suplementarias precisas y significativas, con la intención de que sus atletas mejoren (por ejemplo, videos, películas, fotografías, análisis biomecánicos, gráficas de rendimiento, etc.). En figura 8.3 de Schmidt (1991), podemos apreciar dentro del modelo de ejecución motriz que este autor propone, ambas categorías de feedback, intrínseco y extrínseco, comentadas.

MODELO CONCEPTUAL DE LA EJECUCIÓN MOTRIZ SEGÚN SCHMIDT

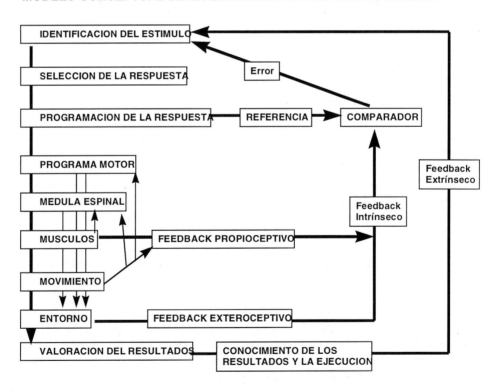

Fig. 8.3   Modelo conceptual de la ejecución motriz (Schmidt, 1991)

8.2. ¿POR QUE SOMOS CAPACES DE APRENDER A DETECTAR NUESTROS ERRORES?

Un requisito ineludible para el entrenador en relación a la problemática que estamos tratando es que haya desarrollado su habilidad para observar, detectar y evaluar las diferencias entre el modelo o pauta de referencia a seguir por el deportista y su actuación. En este sentido hay que decir, en primer lugar, que dicha habilidad va a depender en gran manera de los conocimientos que tenga el entrenador sobre las características de la ejecución técnica y táctica de su deporte, de ahí la importancia que adquieren los métodos e instrumentos para el análisis de la técnica y táctica y que engloban tanto información referente a aspectos biomecánicos y de exigencias fisiológicas del deporte, como de las demandas perceptivo-motrices y psicológicas.

Además del conocimiento académico que el entrenador haya adquirido a través de un estudio sistemático y constante de su deporte, es necesario que posea conocimientos sobre los procedimientos de actuación pedagógica, es decir, las formas de intervenir en su deporte y que surgen tanto de la formación técnica que haya recibido como de la experiencia directa como deportista y como entrenador. Deberíamos dejar claro que únicamente la experiencia como deportista no es garantía de que será un excelente entrenador; hace falta muchas horas de estudio, reflexión y autoanálisis de las propias intervenciones, esa es la clave para progresar en esta profesión.

Uno de los entrenadores de fútbol de la denominada Liga de las Estrellas del Fútbol español, R. Antic, declaraba en 1996 a la prensa que su experiencia en la Universidad fue muy positiva ya que en su país la formación como entrenador reclamaba pasar dos años en la Universidad adquiriendo conocimientos sobre Fisiología, Psicología, Medicina Deportiva, Pedagogía. Para este entrenador la ciencia es imprescindible y le proporciona *"una ventaja sobre los demás... Yo no busco la victoria sino el rigor científico detrás de cada una de mis decisiones"*.

Todo este conjunto de conocimientos y experiencias permitirán al entrenador, no sólo una mejor detección e identificación de los errores y de la magnitud de discrepancia que suponen en relación a la referencia original, sino que también deben servir de base para el diagnóstico y tratamiento que permita su reducción-eliminación de dichos errores. Habría que recordar que los errores o insuficiencias que se detecten puede que no sean debidos a problemas de aprendizaje o de insuficiente asimilación del control motor que requiere la técnica o la táctica, sino a otra serie de causas, entre las que podemos destacar, una insuficiente condición física en algún sentido, un erróneo planteamiento conceptual en la ejecución de la misma, lesiones larvadas o temores que le surgen en un momento dado al deportista. Como indica Puni (1980) en muchas ocasiones el desarrollo técnico y táctico no evoluciona en paralelo de las cualidades condicionales, algo que el entrenador conoce bien y le obliga a poseer en su equipo un buen preparador físico que comprenda las exigencias del deporte en cuestión.

Muy a menudo la detección de errores es una tarea muy ardua ya que la rapidez de la ejecución hace muy difícil una correcta apreciación del movimiento o de la situación. Para conseguir superar estas circunstancias el entrenador deberá desarrollar, en primer lugar, sus propias posibilidades que radican fundamentalmente en el desarrollo de *anticipación perceptiva* o saber dónde y cuándo va a ocurrir el movimiento antes de que suceda y de *atención selectiva* o saber dónde y en qué fijarse, también es adecuado que aprender a ubicarse en el lugar más favorable para la observación-detección.

El empleo de procedimientos de observación (hojas de análisis) puede ser muy conveniente tanto para los deportes individuales como colectivos. Así al entrenador le puede resultar interesante tanto la evaluación de un jugador concreto como la de todo el equipo, sea por procedimientos en diferido o en directo. Grosgeorge (1990), Hernández Moreno (1994) o Grehaigne (1991) nos ofrecen ejemplos de cómo esta tarea se puede llevar a cabo. El empleo de los procedimientos informáticos y del vídeo permite que los entrenadores atrapen instantes que pueden ser claves para la optimización de las actuaciones deportivas y la mejora de los errores más relevantes. En la figura 8.4 una tabla sinóptica en la que Grosgeorge (1990, pág.66) presenta las operaciones de obtención de datos sobre las acciones y posiciones de jugadores o equipos deportivos, a partir de los cuales se pueden realizar análisis matemáticos.

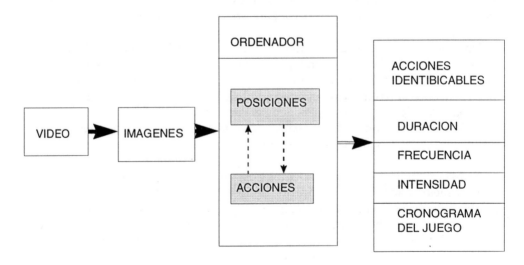

Fig. 8.4 (Basada en Grosgeorge, 1990)

En esa misma línea de argumentación, Wein (1991) propone para el análisis del juego del Hockey el empleo del ordenador con programas especialmente elaborados para esta misión. Este entrenador empleó un programa de análisis en 1984 elaborado por la Universidad de British Columbia, con el cual pudo analizar aspectos tan señalados como la forma de llevar a cabo los golpes más relevantes, éxitos y fallos del saque de la línea de fondo o la efectividad de los pases. Oña et al. (1993) han desarrollado un sistema computarizado para la optimización de los componentes temporales de las salidas en Atletismo a través del control de la información que es un ejemplo de los avances tecnológicos que se están llevando a cabo en la actualidad para la mejora del rendimiento deportivo.

Las posibilidades que la combinación del vídeo con el ordenador ofrecen al entrenador de élite son ilimitadas, de ahí la necesidad de que los entrenadores tomen progresivamente contacto con este tipo de tecnología y con sus profesionales.

8.3. EL ENTRENADOR COMO PROVEEDOR DE FEEDBACKS

Todo lo comentado no tiene otra finalidad que ofrecer al deportista la información que necesita en cada momento. Pensemos en cómo los entrenadores emplean su tiempo en las canchas o en las competiciones y la cantidad tan elevada de mensajes que envían a sus deportistas, unas veces para recriminarles otras para animarles, en muchas ocasiones para indicarles lo que tienen que hacer, y en otras para que no hagan lo que parece que desean hacer; en definitiva, es un fluir de información externa al propio deportista que proviene del entrenador y que es comúnmente denominada *feedback aumentado o suplementario (FS)*.

El aprendizaje y la competición deportiva están cargados de informaciones que el deportista debe procesar, unas que provienen de su interior, denominado *feedback intrínseco*, y que lo recibe como consecuencia del desarrollo de la propia acción deportiva, pero puede suceder que se den una serie de circunstancias que hace que dicha interpretación no sea muy eficiente, *¿Cuáles?*:

1. *Insuficiente o errónea interpretación por parte del deportista de la información sobre la realización de la tarea que él mismo genera.*
2. *Falta de atención selectiva a los estímulos que van a facilitarle la actuación y el correcto control de la realización de la tarea.*
3. *Carencia de información necesaria sobre algunos aspectos de ejecución difíciles o imposibles de obtener por uno mismo.*

Estas causas justifican sugerir que para una facilitación del aprendizaje, la intervención directa del entrenador en esta fase es crucial. De esta forma, el deportista, además de obtener el feedback intrínseco, recibirá otro adicional, un feedback extrínseco que puede responder a dos tipos de información: aquella relacionada con la propia realización por lo que recibe el nombre de *"Conocimiento de la ejecución o de la performance"* (CE); o relacionada con el resultado obtenido, por lo que es denominado *"Conocimiento de los resultados"* (CR).

8.4. LA IMPORTANCIA DE CONOCER EL RESULTADO DE NUES-TRAS ACCIONES

Cuando se habla del conocimiento de los resultados (CR) se está haciendo referencia al feedback extrínseco que sobre el rendimiento recibe el deportista y que procede de una fuente externa, generalmente del entrenador y que en la mayoría de los casos es de carácter verbal.

Por ejemplo, un saltador de altura al derribar el listón obtiene un conocimiento directo sobre lo que hizo pero no está seguro de cuál fue la causa del derribo, de ahí que gire la cabeza hacia las gradas para recibir una información suplementaria del entrenador que le indica que debe modificar la carrera de aproximación.

Es el conocimiento de su ejecución el que le permite reflexionar sobre su propia actuación, algo que indica, primero, que es capaz de interpretar y dar sentido a un conjunto de sensaciones que ha recibido de su actuación. En segundo lugar, dicha interpretación la ve confirmada reglamentariamente por el entrenador que desde la grada le indica que modifique la carrera, lo cual constituye una información redundante para el saltador respecto al feedback intrínseco, pero es la necesaria confirmación que le ratifica en su primera interpretación.

En cuestión de segundos se han fundido en un sólo acto cientos de horas de entrenamiento y optimización, que como puede comprobar el lector reclama la capacidad de análisis y evaluación del deportista, en definitiva, se ha elevado su conocimiento, lo que le hace progresivamente más autónomo y competitivo.

No obstante el CR no siempre constituye una información redundante para el deportista, como en el caso del ejemplo anterior. Para el nadador o el corredor en carreras cortas, la información del tiempo que ha invertido en la prueba; o en el caso de la gimnasta que ha de esperar la puntuación de los jueces para tener la valoración efectiva del rendimiento de su ejercicio, son informaciones necesarias y en modo alguno redundantes.

Sobre las características de este tipo de información y su efecto en la facilitación del aprendizaje se han hecho multitud de trabajos de investigación, la mayoría de laboratorio, basados en la Teoría de la Detección de Señales. Los resultados de estas investigaciones (Schmidt, 1991) se pueden resumir en los siguientes hallazgos:

1. Si los deportistas no tienen conocimiento de sus propios errores (de forma intrínseca o extrínseca), la práctica parece no producir aprendizaje.
2. El feedback intrínseco en forma de CR genera un aprendizaje rápido y permanente.
3. En general, la información sobre de los errores cometidos, tanto intrínseca como extrínseca, es esencial para que se produzca el aprendizaje.

En cualquier caso, no debemos olvidar que la simple indicación de que ha existido un error no produce automáticamente su eliminación, sino que reclama una intervención adecuada por parte del entrenador para ofrecer las condiciones de práctica adecuadas que permitan al deportista eliminar los errores cometidos.

8.5. EL CONOCIMIENTO DE LA EJECUCION

Centrémonos en el conocimiento de la ejecución (CE). Este tipo de información se refiere a las características particulares de la actuación en sí misma, generalmente a la adecuación del movimiento con el modelo técnico establecido.

Tomemos un ejemplo cotidiano, cuando sentados en nuestro automóvil sentimos que el ruido del motor nos está pidiendo a voces que de segunda pasemos a la tercera marcha, esa información que *intrínsecamente* hemos recibido, provoca que decidamos el cambio. *¿Cómo sabemos que ese ruido tiene ese significado?* Es muy probable que un novato no lo sepa interpretar y que vaya de Madrid a Burgos en primera, olvidándose que los automóviles en la actualidad poseen más marchas... Nosotros hemos aprendido a emplear estas informaciones sobre lo que estamos haciendo, a interpretarlas adecuadamente, sin necesidad de que nadie nos lo indique, ¡ya lo sabemos!.

A esta información se la denomina «*conocimiento de la ejecución*» (CE). La relación con el resultado de la acción puede no ser directa ni inmediata; así, por ejemplo, un tirador de Tiro con Arco envía una flecha que alcanza el centro de la diana, lo cual no quiere decir que la ejecución técnica haya sido correcta. El entrenador le dirá que ha conseguido una diana pero que su forma técnica no es correcta con lo que peligra la estabilidad y consistencia de sus rendimientos futuros, lo que le obligaba a darle las indicaciones pertinentes acerca de las características de su acción técnica para que se supere.

Mucha de la información sobre el CE la obtiene el deportista de una manera directa, ya que todas las sensaciones de carácter propioceptivo que cualquier acción genera son internas, intrínsecas al sujeto y, por lo tanto, privativa de éste. Con el término CE nos referiremos al componente extrínseco, es decir, a la parte de esta información que puede ser percibida de forma objetiva desde el exterior y suministrada al deportista. Por ejemplo, cuando un jugador de Baloncesto tira a canasta y falla, el entrenador además de ver qué falla, observa que, en el momento de encarar la canasta para efectuar el tiro, el codo del brazo lanzador estaba bastante abierto con relación a la canasta. Es difícil que el jugador se percate de este detalle, pero su ejecución ha perdido calidad por esta razón. La información que le proporciona el entrenador sobre cómo realizó el gesto técnico corresponde dentro del «FS» al concepto de *Conocimiento de la Ejecución*.

El resultado de una actuación, y en lo que ha consistido de hecho esa actuación, estará vinculada en la gran mayoría de los casos por una serie de relaciones causa-efecto, las cuales deben ser asociadas al feedback intrínseco-sensorial. Por lo tanto estamos hablando de un tipo de información sin la cual nos sería difícil progresar en una tarea, ya que a través de ella, podemos establecer lo que hemos conseguido y cómo lo hemos conseguido.

El conocimiento y determinación de dichas relaciones es una de las claves del éxito para la construcción de un buen deportista, elevando su calidad técnica, estratégica y táctica. En el caso de los atletas con gran experiencia y nivel de competencia, la evidencia muestra como el entrenador debe ser preciso en sus indicaciones para que pueda emplearlas y mejorar su rendimiento. Dar generalidades o recurrir a las tan manejadas *"ganas"*, *"repítelo muchas veces hasta que lo consigas"*, solo puede llevar a que el deportista se sienta incapaz de superar dicha dificultad. Debemos destacar que no todo consiste en ganas o deseos de superarse, en muchas ocasiones éstas existen, y lo que no existe es una correcta intervención pedagógica por parte del entrenador, que guíe al deportista para eliminar dicha dificultad.

Cuando una acción técnica no se consigue o cuando una solución a una situación táctica no se alcanza, el entrenador debe dotar de las informaciones pertinentes para que se superen. Es necesario que el entrenador comprenda que el deportista debe ser capaz de procesar la información recibida y comprenderla para poder emplearla, de ahí que la *capacidad de comprensión del deportista* es una variable a considerar. En el atleta de élite esta capacidad para interpretar la información motriz, está mucho más desarrollada que en el deportista bisoño.

Es evidente que en la gran mayoría de los casos el «FS» dado por el entrenador corresponde simplemente a las dos primeras categorías, *«conocimiento de los resultados»* y *«conocimiento de la ejecución»*, pero en la mente del entrenador debe estar el formar a su deportista para que sea capaz de ser **autónomo** en las interpretaciones de sus propias actuaciones.

8.6. ¿QUE EFECTOS TIENEN LOS FEEDBACKS SUPLEMENTARIOS?

En primer lugar, será preciso destacar el efecto múltiple que el FS tiene en el aprendizaje. Es evidente que el papel básico del feedback en el aprendizaje es el de proporcionar al deportista *información sobre su actuación*, es este uno de los objetivos que busca el entrenador, indicar al deportista qué hizo y cómo lo hizo, con la intención de ayudarle a superar los fallos o eliminar los errores.

Además del ya mencionado efecto informador del feedback, podemos identificar, de acuerdo con Magill (1989, pág. 316) dos efectos adicionales, complementarios entre sí, que son los siguientes:

- *Motivación para progresar en la ejecución.*
- *Refuerzo del aprendizaje.*

El feedback como fuente de información

Tal como se ha dicho, la función primaria del feedback es la de proveer al deportista la información necesaria, acerca de su propia ejecución, para que pueda eliminar sus errores y optimizar su actuación con relación a los objetivos previstos.

Pongamos un ejemplo, si un entrenador le indica a su pupilo que debe flexionar más las piernas, el objetivo de esta información es producir un ajuste en la postura del deportista de forma que éste se *«coloque»* de una manera *«técnicamente»* correcta. Dentro de la orientación cognitiva del aprendizaje que hemos presentado, dicho feedback suplementario tendrá un mayor efecto si significa algo para el deportista, es decir, si éste es capaz de comprenderlo y traducirlo en acciones observables. De esta forma podrá constatar de una manera más adecuada lo que está haciendo frente a la referencia o modelo que le ha proporcionado el entrenador como la pauta correcta a seguir.

Ya hemos resaltado como en algunas ocasiones la información que se puede proporcionar al deportista puede no ser aprovechada por éste. Por ejemplo, una gimnasta de Gimnasia Rítmica es difícil que *«vea»* una serie de aspectos de su movimiento en relación con la reglamentación de puntuación, lo cual sí es posible observar desde fuera, tal como hacen los jueces. La dificultad para la entrenadora estribará en proporcionar una información útil no desde su perspectiva racionalizada del movimiento, sino en el contexto del esquema de ejecución de la gimnasta. Para resolver el problema que se plantea en el anterior ejemplo, será más efectivo proporcionar un tipo adecuado de práctica en el que la deportista tome conciencia del tipo de sensación propioceptiva que está vinculada a una extensión de piernas reglamentariamente correcta, más que basarlo todo en expresiones tales como *«debes extender más las piernas en tal momento»*, aunque somos conscientes que una deportista de gran nivel es capaz de traducir en acciones una expresión de este tipo.

En resumen, se puede decir que el papel que juega el feedback suplementario del entrenador en relación con el propio mecanismo de feedback del deportista es el de *reductor de discrepancias* entre lo que deportista y entrenador desean conseguir, y lo que en un momento determinado el deportista es capaz de ejecutar. Para que este papel se cumpla dicho proceso de ajuste debe basarse en:

1.- *El establecimiento de las pautas de referencia adecuadas para una rendimiento óptimo.*
2.- *Una correcta identificación de los errores.*

3.- Identificación y selección correcta de las características de la información de vuelta que se va a proporcionar al deportista.

Es evidente que una incorrecta información retroalimentadora por parte del entrenador no solamente carecerá de utilidad, sino que puede ocasionar un gran perjuicio al desarrollo de la técnica y táctica del deportista y ser origen de la adquisición de graves defectos difíciles de superar en el futuro.

El feedback como elemento motivador

Es un hecho comúnmente aceptado que la motivación es una plataforma ideal para todo aprendizaje deportivo. Quién no se ha percatado de las diferencias que existen entre entrenar comprobando que tus esfuerzos tienen un efecto, o trabajar y trabajar y no contemplar ni la mínima mejora.

En el deporte podemos encontrar a muchos deportistas que por su falta de saborear el progreso decidieron abandonar. El deportista de alto rendimiento ha aprendido a demorar sus recompensas y no necesita que en todos y cada uno de sus entrenamientos se manifieste claramente su progreso, pero tampoco podemos permitir que la llama se apague... En el Capítulo 10 destacamos como la energía emocional es necesaria para el progreso y esta energía se ve incrementada cuando existe la esperanza y la confirmación de que se progresa.

Los deportistas de ARD han generado una especie de *detector de la mejora* sensible al progreso; de ahí que las informaciones suplementarias que el entrenador le puede dotar sean captadas por este detector y pasadas a escala ejecutiva para sentirse estimulado a realizar los grandes esfuerzos requeridos para alcanzar el ARD. En una gran variedad de situaciones el feedback tiene un componente y efecto significativo de mover al deportista a seguir en su empeño de mejorar, y eso lo comprobamos cuando ellos mismos comentan la forma tan espléndida que tuvieron de pasar los obstáculos, de deslizarse por la pendiente o cómo penetraron en el agua después de saltar del trampolín. Es muy probable que ellos o ellas ya lo sepan, se han percatado de que todo fue fenomenal, pero necesitan una información redundante que les ratifiquen que no fue una interpretación de autocomplacencia.

Como contrapartida hay que destacar que un feedback expresado con poco tacto por parte del entrenador puede constituir un elemento afectivo negativo ya que, una información sobre un error cometido, puede ser interpretada por el deportista como un castigo en forma de crítica en el ámbito personal, lo cual puede ser causa de inhibición posterior por parte del deportista o de una progresiva perdida de la confianza en dicho entrenador.

Es común escuchar que los buenos deportistas se crecen con el castigo, lo cual no deja de ser uno de tantos tópicos, sabemos que esto no debería ser la norma y que un equipo deportivo no debería terminar siendo *una cadena de presos*, lo cual no significa que estemos apoyando la idea de una sobreprotección del deportista, lo que deseamos indicar es que lo que los deportistas necesitan son informaciones claras en el tono adecuado para que puedan se metabolizadas; consistencia en las conductas, intervenciones ajustadas y expectativas razonables. Conocemos de las dificultades de los entrenadores para controlar las conductas de sus jugadores estrellas y de la necesidad de mostrar cierta *"mano dura"*, pero si ésta fuera la única manera de actuar por parte del entrenador, el deporte habría perdido gran parte de su esencia enriquecedora; tal vez, seamos idealistas, pero trabajar en un ambiente hostil, a la larga, no puede llevar a buenos resultados.

En consecuencia será conveniente puntualizar que el feedback suplementario proporcionado por el entrenador, debe ser expresado de una forma constructiva, de forma que sea aceptado afectivamente por el deportista. Cuando esto sucede constituye una garantía para que surta el efecto deseado. Considere, por lo tanto, la forma de ser (personalidad) de su deportista, las circunstancias de la situación de optimización y actúe en consecuencia.

Propiedades del feedback como refuerzo

El tercer efecto que se suele dar al feedback suplementario es el de reforzar «*la forma de actuar del deportista*», es decir, de proporcionarle razones para que trate de mantener (fortalecer) ese tipo de actuación técnica o táctica, Pensemos que muchos de los comportamientos rituales de los deportistas se han constituido bajo esta premisa (Fig. 8.5).

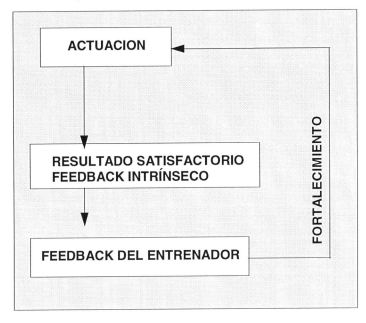

Fig. 8.5

En este sentido hay que precisar el valor confirmatorio del feedback cuando las cosas están sucediendo de acuerdo a lo deseado, como elemento de refuerzo. Una tendencia negativa, muy extendida en este sentido, es la de cortar el flujo de información de feedback cuando no detectamos discrepancias. Al hacer esto, estamos desaprovechando una parte importante del valor potencial del feedback al desperdiciar su papel como elemento de refuerzo positivo.

8.7. REFERENCIAS PARA LA INTERPRETACION DEL FEEDBACK SUPLEMENTARIO

La utilidad primaria del feedback radica en el valor de la información que proporciona sobre la actuación realizada para la identificación de las discrepancias en relación con una referencia previamente determinada. Esto supone que se parte de la base de que el individuo posee esa referencia previamente a su actuación. Dicha referencia actuará a modo de *pauta o modelo* para poder utilizar la información vía feedback. Por lo tanto, no es posible evaluar el feedback sin la existencia de una referencia previa que nos permita establecer comparaciones, en función de las cuales decidir que es, o no, técnicamente apropiado.

En algunos deportes esta referencia está constituida por un modelo definido de una forma muy precisa y minuciosa, tal puede ser el caso, por ejemplo, de las técnicas que emplean los halterófilos para ejecutar los movimiento de arrancada y dos tiempos. Pero este no es el caso de todas las actividades deportivas, por lo que vamos a exponer a continuación los diferentes tipos de referencia de acuerdo a las características del deporte de que se trate.

Los modelos técnicos y su variabilidad respecto al deportista

Debemos considerar que los modelos técnicos ideales desde el punto de vista teórico deben de ser adaptados a las características del deportista que los va a ejecutar, debiendo producirse una simbiosis entre las exigencias técnicas, los condicionamientos biomecánicos relativos a la eficiencia del movimiento y las posibilidades y limitaciones de nuestro deportista en concreto. Todo ello es lo que nos lleva a poder hablar de *estilos técnicos*. Por lo cual es necesario destacar que dichos modelos técnicos, por muy definidos que estén, deben ser tamizados y redefinidos por el propio deportista; a esta circunstancia la hemos denominado *variabilidad adaptativa de la técnica*.

A la variabilidad adaptativa de la técnica manifestada por el deportista, hay que añadir las posibilidades de *variabilidad situacional* que las características del deporte en cuestión lleven consigo, tal y como hemos comentado en capítulos anteriores, estas ideas son aplicables incluso en los deportes en los que el modelo técnico está muy definido. Tal puede ser el caso del Golf, deporte en el que la técnica del «*swing*» no se ejecuta de la misma manera en dos golpes (un mismo movimiento no se repite de forma absolutamente idéntica dos veces seguidas). Lo cual nos lleva a introducir la noción de *variabilidad situacional de la técnica*.

El feedback con relación a los objetivos, normas y condiciones del entorno deportivo

A diferencia de los casos reseñados anteriormente, existen deportes en los cuales la pauta de referencia no la constituye un modelo de ejecución técnica altamente definido, sino la consecución de una serie de objetivos dentro de una escala de prioridades, objetivos cuya consecución válida está sujeta a unas normas reglamentarias. Dichos objetivos pueden conseguirse por una serie de combinaciones de una gran variedad de elementos técnicos, que constituyen los componentes de la actuación global, estos componentes carecen en muchas ocasiones de una definición estructural y biomecánica, tan precisa como en los casos de los deportes tratados en los párrafos anteriores.

En relación con la interpretación y la utilidad de la información de feedback suplementario, la referencia básica más importante es la pauta: *objetivos-normas-condiciones del entorno*, debiendo ser subsidiarios a esta pauta los submodelos técnicos de referencia de los componentes empleados. Como ejemplo de deportes que entran en la categoría anteriormente descrita, (independientemente del componente táctico) podemos poner en primer lugar a todos los deportes colectivos, como el Fútbol, el Baloncesto, el Balonmano, el Voleibol, etc. Es importante puntualizar que en este tipo de deportes, un buen ejecutante de elementos técnicos no es necesariamente un buen jugador.

Otra categoría de deportes que están comprendidos en esta problemática son aquellos que se desarrollan en el medio natural y que, como en la escalada, suponen la superación de las dificultades que el medio plantea en el camino de la consecución de nuestra meta. El concepto que estamos introduciendo en este caso es el de la relación *objetivo-normas-condiciones del entorno* y sus consecuencias para el feedback suplementario.

El feedback y las consignas tácticas

En otras situaciones de actuación deportiva la superación del oponente es el condicionamiento básico para la consecución de los objetivos tácticos, tal es el caso de los deportes de adversario, especialmente los de combate. Para la solución del problema básico que nos plantea este tipo de situaciones la consigna fundamental es: "*Hacer todo aquello que esté a nuestro alcance que menos le guste a nuestro adversario y no hacer nada de lo que a él le gustaría que hiciéramos*".

En estos casos el feedback que el deportista va a recibir es situacional y en consecuencia continuamente cambiante. La referencia prioritaria en este caso estaría configurada por la concreción específica de la consigna básica expuesta más arriba, con relación a las características del adversario con el que nos vamos a enfrentar.

Estamos introduciendo aquí el concepto de referencia para la utilización del feedback suplementario según consignas tácticas, referencias que tienen un carácter cognitivo. Ni que decir tiene que también ahora la simple ejecución correcta de los elementos técnicos no constituye una condición suficiente para alcanzar la optimización deportiva. Deportes como la Esgrima o el Judo pueden constituir paradigmas en este sentido. El FS puede responder a una serie de características y aspectos que constituyen factores determinantes en la optimización del aprendizaje de la táctica por parte del entrenador, ya que es uno de los elementos más valiosos que éste tiene de comunicación con el deportista.

La importancia del momento oportuno para ofrecer el feedback suplementario

De acuerdo con numerosos autores (Holding, 1965; Ruiz, 1994; Sage, 1977) respecto a este factor se pueden clasificar las posibilidades del FS de la siguiente forma:

- *Concurrente:* el deportista va a recibir información sobre su actuación por parte del entrenador, mientras está realizando el movimiento (Ej. Ciclismo). Esto puede tener dos ventajas fundamentales, que son:

1. Posibilidad de modificación de la actuación durante la realización de la misma.
2. Posibilidad por parte del deportista de adquirir información complementaria sobre algún aspecto, por ejemplo en relación con el «*desarrollo de la atención selectiva*», cuando la información situacional de referencia se encuentra ahí y no hay que recurrir a la memoria.

- *Terminal:* cuando se proporciona al deportista justamente cuando ha finalizado su actuación. Se espera que a través de los mecanismos de memoria del deportista, a corto plazo y largo plazo, tenga una incidencia positiva sobre el ajuste necesario en los ensayos posteriores. Este tipo de FS, a diferencia del anterior, en modo alguno distrae o divide la atención del deportista en la realización de la tarea (Ej. Lanzamientos Atléticos)

- *Retrasado:* opera sólo sobre la memoria a largo plazo del deportista (recuerdo relativamente permanente de una vivencia o vivencias, resultado de una actuación o actuaciones). Por tanto, en esta clase de FS podremos distinguir los tipos siguientes:

1. *Carácter aislado:* cuando esté referido a una única actuación del deportista (Ej. Como realizó el lanzamiento de un penalti).
2. *Carácter acumulativo:* cuando hace referencia o se compendia una serie de actuaciones. Este FS puede ser dado en forma de «*resumido o sumario*» des-

cribiendo las fluctuaciones de los intentos respecto al patrón modelo, o pueden ser de tipo «*promedio*» cuando al deportista se la da una información promediada de la magnitud de su error (Lavery,1962 ; Magill, 1993 ; Schmidt, 1992) (Ej. Valoración del partido realizado).

La expresión material del FS

Si nos acercamos a una cancha deportiva, una piscina o un gimnasio y decidiéramos anotar lo que el entrenador dice a sus pupilos, nos asombraría, no sólo la cantidad de informaciones que le envía sino también las maneras de transmitirlo, los canales sensoriales que utiliza para hacerles llegar el mensaje. Voces, gestos, dibujos en la pizarra, cuando no filmaciones, son las armas que el entrenador emplea para tratar de convencer al deportista de que lo más adecuado es que eleve el codo al bracear, golpee el balón sin dejarse ir hacia atrás o para que una vez encajada la pértiga aproveche su reacción para subir por encima del listón. *Gritos, manos que se mueven, miradas que atraviesan...*

La expresión material del «FS» está muy condicionada por el tipo de canal de comunicación que se utilice y que, fundamentalmente en lo que se refiere a las acciones deportivas, puede ser:

- Visual
- Auditivo
- Kinestésico-táctil
- Combinación

No vamos a negar que como entrenadores nuestra voz y nuestros gestos son una herramienta indispensable. Sólo viendo a los técnicos en las competiciones llegamos a convencernos de la primacía de la palabra entre los entrenadores. Charlas de preparación, explicaciones de las actividades, ejercicios, informaciones suplementarias mediante la voz: *"haz esto o lo otro"; "colócate en esta posición"*, etc.

Pensar que habrá medios técnicos avanzados en los campos de juego es ser algo ingenuo, de ahí que los condicionantes prácticos y materiales, hagan que la expresión verbal realizada en vivo y en directo por el entrenador sea la forma más fácil de dar FS. Las afonías y ronqueras de los entrenadores son un ejemplo claro y rotundo de lo que comentamos, al margen de que la investigación corrobore esta observación anecdótica. Ya en 1974, Harrington observó sistemáticamente un gran número de sesiones de trabajo y llegó a la conclusión de que la forma en que los entrenadores daban el «FS» era en un 90% de carácter verbal.

Pero ésta no es la única forma de intervenir; las palabras, muchas veces, son incapaces de representar una acción, se necesita una imagen visual *"A ver cómo se hace"* o *" Muéstrame como lo estoy realizando"*. En las puertas del año 2.000 el entrenador tiene a su alcance la posibilidad de emplear los recursos que le ofrece el vídeo y la informática para poder analizar junto a su deportista su forma de ejecutar una técnica o de solucionar un problema táctico, recordando que las imágenes deben estar acompañadas de unas buenas palabras que favorezcan que su pupilo dirija su atención visual a la parte de la realización que es objeto de análisis.

Es cierto que se puede dudar de su eficacia, ya que puede que se utilice de forma retardada, pero también es cierto que el entrenador, si está convencido de su eficacia, puede acondicionar el lugar de entrenamiento para poder emplearlo de forma inmediata. Es sólo cuestión de logística y de ganas de hacer las cosas bien. Ya en otras ocasiones (Ruiz, 1994), hemos considerado que estas posibilidades no son el "soluciónalo todo", sino que tienen sus inconvenientes, de ahí que volvamos a recordar algunos de los pros y los contras:

1. Tiene el inconveniente del largo periodo de retraso que se produce entre la toma de la película y su presentación al deportista. Este mismo inconveniente se puede atribuir a los estudios biomecánicos basados en películas o grabaciones de vídeo que tienen un tiempo de elaboración relativamente largo. Durante el intervalo que se produce entre la toma y la presentación como FS pueden suceder muchas cosas que hagan que el producto presentado sea obsoleto o de poca aplicación.

2. Puede facilitar el contraste entre diversas grabaciones de la técnica del deportista con el modelo de movimiento cuya reproducción sea nuestro objetivo.

3. El uso del vídeo como elemento efectivo de FS se recomienda siempre que se saque partido a las posibilidades de inmediatez en la presentación como FS de una visión global y dinámica de la ejecución «actual» del deportista, y por lo tanto, de incidencia «in situ» sobre la optimización del rendimiento deportivo».

4. Las grabaciones de vídeo constituyen además un elemento significativo de motivación y un estímulo para generar esfuerzos en pro de la mejora de la ejecución de las acciones deportivas.

5. El uso de la parada y la cámara lenta en las grabaciones de vídeo es muy conveniente para la detección e identificación de errores y para estimular el desarrollo de la atención selectiva sobre los componentes o aspectos cruciales de la ejecución del movimiento.

6. El visionado de grabaciones de vídeo debe estar complementado por parte del entrenador con indicaciones de tipo prescriptivo que proporcionen al deportista pautas de acción para futuros ensayos.

Como pueden comprobar son más los pros que los contras, de ahí que sugiramos a los entrenadores que empleen los videos en sus entrenamientos y, no solamente para tomar las competiciones, cuyo valor para conocer las costumbres del oponente es muy interesante.

¿Con qué intenciones se puede ofrecer el FS?

Esta pregunta parece de auténtico perogrullo. Con qué intención va a ser, con la de ayudar a los deportistas. Pero, *¿les ayudamos realmente? ¿Empleamos todos nuestros recursos a la hora de trasladar nuestras observaciones y diagnósticos? ¿Es lo mismo echarnos las manos a la cabeza cuando nuestro atleta no consigue superar al listón, que decir "¡mal, muy mal!" mientras cae desde las alturas por no superar con la pértiga los 5 metros?.*

La intención con la que el entrenador ofrece al deportista un «FS» ha sido analizada por numerosos investigadores del deporte en las últimas décadas (Harrington,1974 ; Lirette y Paré, 1988) encontrando que no siempre son las intenciones iguales. Unas veces describen, otras evalúan, otras animan, etc., en definitiva, existe una clasificación de las intervenciones que presentamos a continuación:

- *Descriptiva:* El entrenador describe de forma global o analítica la ejecución del deportista. *"No está mal cómo has sorteado a los defensas".*
- *Evaluativa:* El entrenador emite un juicio de valor ya sea de carácter cualitativo (bien, muy bien, regular, etc.) o de carácter cuantitativo (5, 6, etc.). *"No, no consigues el ritmo necesario de pedaleo".*
- *Comparativa:* El entrenador enjuicia comparativamente la ejecución con otras anteriores (mejor, igual, etc.). *"Hoy estás mucho mejor que ayer, ayer no conseguías elevar la cadera como hoy lo estás haciendo".*
- *Explicativa:* El entrenador proporciona una breve explicación de tipo causa-efecto acerca de algún aspecto de la ejecución. *"¡Atiende!, si echas el cuerpo hacia atrás al golpear el balón, éste saldrá alto y pasará por encima del travesaño de la portería".*
- *Prescriptiva:* El entrenador da al deportista indicaciones de qué es lo que tiene que intentar hacer para corregir los errores detectados en la ejecución. *"Para la próxima tanda de saltos, talona de nuevo la carrera".*
- *Afectiva:* El entrenador muestra al deportista, de una forma u otra, su aprobación o desaprobación por la ejecución realizada. *"(Con el pulgar hacia arriba): Ha sido un combate espléndido, hacia tiempo que no entrenabas como hoy".*

También pueden darse de forma neutra, es decir, indicándole qué ha conseguido, aunque eso es muy difícil porque tanto entrenadores como deportistas son personas que sienten y padecen y ponen emoción en lo que hacen y dicen, lo que hace falta es que dichas emociones y afectos construyan un entramado afectivo-emocional que incite al deportista al trabajo duro, y el empleo de dobles negaciones, por ejemplo, no ayudan nada: *"No está mal"*, quién no ha escuchado esta frase alguna vez en su vida, y quién no ha pensado *"¿si no está mal, por qué no me dice que está bien?".*

En tabla 10.1 que presentamos a continuación se sintetizan las características y tipos de FS expuestos en los párrafos anteriores:

CARACTERISTICAS Y TIPOS BASICOS DEL FEEDBACK SUPLEMENTARIO

MOMENTO	REFERENTE A ACTUACIONES	CANAL DE COMUNICACION	INTENCION
Concurrente	Aislado	Verbal	Descriptiva
Terminal	Acumulado	Visual	Comparativa
Retardado		Kinestésico - Táctil	Evaluativa
			Explicativa
			Prescriptiva
			Afectiva

Tabla 10.1   Características y tipos básicos del Feedback suplementario

8.8. ASPECTOS AVANZADOS DEL FS RESPECTO A LA FACILI-TACION DE LOS APRENDIZAJES DEPORTIVOS

Además de las características y condiciones del FS expuestas y en relación con la problemática de la optimización Alto Rendimiento Deportivo, vamos a proceder ahora a presentar una serie de características complementarias:

Contenido de información del FS

1. En relación con variables del programa motor: Uno de los problemas que a veces se presentan en el aprendizaje deportivo es un desajuste de carácter general entre el patrón de movimiento que se pretende desarrollar y su ejecución real. Este tipo de desajustes está relacionado con una concepción global incorrecta de la estructura espacio-temporal del movimiento que se pretende realizar y responden a un «programa motor» erróneo.

En este caso el contenido del FS debe ser general y muy consistente con el modelo o patrón que intentamos que se reproduzca, ya que lo que buscamos es que adquiera una imagen clara de la acción a dominar. No nos debe preocupar que sus ejecuciones sean más erráticas de un intento a otro, recordemos las dificultades que encuentran para controlar sus movimientos, demasiada precisión y análisis en el FS pueden tener efectos entorpecedores, es muy importante haber analizado las acciones o técnicas en cuestión, ya que todas no reclaman el mismo tipo de intervención.

Si de lo que se trata es de optimizar, el problema se presenta cuando un deportista debe introducir un nuevo elemento técnico o un movimiento que supone una modificación radical de la anteriormente aprendida. Por ejemplo, éste es un problema muy corriente para jugadores que saben realizar perfectamente una acción con la derecha y se enfrentan al aprendizaje de ese mismo movimiento con o por la izquierda. Una norma es que cuando se trata de deportistas experimentados las informaciones no pueden ser generales, sino que se debe dar FS en cantidad y precisión suficiente para que puedan emplearlo en la corrección del error. Piense que no esta alfabetizándolos, sino que ya dominan la partitura, saben tocar el instrumento y desean que les aconseje como sacarle el máximo de posibilidades a sus recursos.

2. Con relación a parámetros específicos: El problema de ajuste en muchos casos, especialmente en la fase de optimización, supondrá la modificación de la ejecución en parámetros muy concretos de la misma como pueden ser:

- Dirección (*ejemplo, más hacia la derecha...*).
- Duración (*ejemplo, has tardado demasiado tiempo...*).
- Rapidez - Velocidad (*ejemplo, mucho más rápido el final del movimiento*).
- Amplitud (*ejemplo, el recorrido del brazo debe ser más amplio*).
- Fuerza (*ejemplo, sujeta la raqueta con más fuerza*).

Ya hemos analizado en otros escritos (Ruiz, 1994) el papel del lenguaje técnico en el aprendizaje deportivo, recuerde que cada palabra que usted le traslada a su deportista debe ser una clave para que se de cuenta de qué se deberá realizar. Intervenir sobre estos parámetros es siempre muy útil, en el caso de que el patrón general de movimiento del deportista sea el correcto, lo cual siempre sucede cuando se trata de perfeccionar un movimiento aprendido.

Por lo tanto el FS con un contenido de información sobre parámetros es muy adecuado en la fase de optimización, ya que es precisamente la información que pretende refinar en el más alto grado posible la ejecución de la técnica. Un buen ejercicio para cualquier entrenador es el grabarse en las sesiones de entrenamiento para comprobar que tipo de expresiones, palabras clave o que explicaciones da, cuáles son redundantes, sus precisiones e imprecisiones, etc.

3. En relación con la cantidad: La cantidad de información contenida en el FS es otro de los aspectos importantes sobre este respecto. Generalmente el entrenador tiene tendencia a proporcionar una gran cantidad de información sobre aquello que observa en la ejecución del deportista cuando éste comete algún error. Somos seres especialmente verbales aunque no debiéramos olvidar la cantidad de informaciones no verbales que están presentes en nuestras relaciones interpersonales. Es este un asunto poco tratado y que necesitaría un buen análisis en el mundo del deporte.

Una sobrecarga de información, sin embargo, puede bloquear las posibilidades materiales de ajuste del deportista, que se vea incapacitado para atender a todas las indicaciones y concluya por no hacer caso a ninguna. *¿No han observado el empeño de muchos entrenadores por querer trasladar toda la información el día de la competición desde el banquillo?, ¿Para qué tantos días de entrenamiento?.* No estamos negando a los entrenadores que actúen desde el banquillo, lo que estamos relatando es el exceso de información que a menudo se traslada a un deportista cuando está en plena actuación. En este sentido el entrenador tendrá que proceder a una selección y una jerarquización de la información para proporcionar el FS que sea efectivo en cada momento. Recuerde que todo no puede ser importante al mismo tiempo.

Basándonos en Schmidt (1991) vamos a sugerir al entrenador algunas consideraciones para que pueda decidir con más consistencia sus intervenciones:

- Cuando el FS se refiere al ritmo general de ejecución del movimiento o de la secuencia, éste deberá ir referido a modificar la estructura fundamental del programa motor.
- El FS sobre las características del programa motor es difícil de utilizar por parte del deportista pero es crítico para la modificación de errores.
- El FS sobre los aspectos generales relacionados con la fuerza, distancia y velocidad de un patrón de movimiento contribuye a que el deportista aprenda a controlar dichos parámetros.
- El FS sobre los parámetros deja intacta la estructura básica del programa y puede ser usado fácilmente por los deportistas para adecuarse a las exigencias del entorno.

8.9. FS Y TIPO DE ERRORES

El feedback acerca de los errores cometidos en la ejecución de las acciones deportivas puede ser expresado en términos referentes a la dirección, a la magnitud del mismo, a ambas cosas a la vez y también en referencia al nivel de precisión con que se ha alejado del patrón modelo.

Todos hemos asistido a una Autoescuela, hemos recibido sus enseñanzas y hemos obtenido nuestro flamante permiso de conducir pero, *¿quién no ha cometido algún error al conducir?* Pensemos en un aparcamiento en un gran almacén yendo acompañado por nuestro congénere. Ya el acceso se convierte en una verdadera prueba de precisión, después de realizar un recorrido que más recuerda a un sacacorchos, accedemos al sitio donde aparcaremos. Lo primero que nos llama la atención es el estado de alguna de las columnas...

Nos disponemos a entrar en la plaza en marcha atrás, para lo cual realizamos la maniobra pertinente. *"Ten cuidado que así no entra"*, FS vaticinio de la persona que nos acompaña que termina siendo verdad, hemos cometido un *error de dirección.* Volvemos a realizar la maniobra de ir hacia el frente para volver a dar marcha atrás. *" No vas a poder salir del coche por pegarte tanto al de tu lado"*, nuevo FS confirmatorio, no hay manera de salir de allí, hemos cometido un *error de magnitud.* A punto de estallar, volvemos a salir hacia adelante y con los ojos inflamados por la ira, comenzamos nuestra última y definitiva maniobra, lo hemos aparcado, podemos salir, misión cumplida. *"Vaya aparcamiento que has hecho, así no es como nos decían en la Autoescuela".* Este es un ejemplo de FS relacionado con la *precisión* donde el modelo de actuación se pone como referencia. El resto de la historia la dejamos en manos del lector que seguro será más original que nosotros en finalizarla...

En clave más seria, el entrenador debe recordar que los errores manifiestan ciertas características que hacen referencia a:

- *La Dirección y magnitud:* El FS acerca de la dirección del error que ha cometido el deportista es una información crucial para que éste pueda realizar los ajustes oportunos. Generalmente, es muy conveniente asimismo dar una idea de la magnitud de la desviación. Por ejemplo, *"has tenido una desviación hacia la derecha de cuatro centímetros en tu tiro"*. Según los estudios realizados al respecto la información acerca de la dirección del error es más importante que la información acerca de la magnitud, en la adquisición inicial del movimiento y la información sobre la magnitud del error cobra importancia a medida que el sujeto va alcanzando niveles de ejecución superiores.

- *Precisión:* La precisión del feedback sobre los errores cometidos tiene que ir en aumento al mismo tiempo que el deportista va progresando en el dominio de la técnica. Detalles de la ejecución que en principio no conviene mencionar llegan a ser cruciales para la optimización del movimiento, pero un feedback que se encamina hacia los detalles finos y los aspectos más avanzados de la ejecución sólo es conveniente darlo cuando la precisión en la ejecución del movimiento por parte del sujeto es ya considerable. Esto tiene que ver asimismo con el concepto de información redundante e innecesaria, un FS crucial en determinadas fases, resulta redundante una vez superado cierto nivel de ejecución, y viceversa, una información de utilidad para la optimización del movimiento puede ser motivo de gran confusión si se proporciona prematuramente dentro del proceso de aprendizaje.

- *Secuenciación y temporización del FS:* El aspecto que vamos a estudiar ahora es el relativo a cuando sí y cuando no proporcionar el FS, con qué prontitud debe ser dado y cuando debe producirse el siguiente ensayo en relación con el momento de haberlo recibido. Estas variables, todas bajo el control directo del entrenador, son manejadas muy a menudo de forma rutinaria según hábitos adquiridos muy aleatoriamente. Sin embargo, el uso adecuado de las mismas constituye un elemento crucial en la facilitación del aprendizaje, sobre todo en lo que se refiere a la fase de optimización.

- *Frecuencia:* Dentro de este aspecto del FS, es decir, la cantidad de ocasiones en las que el deportista recibe información procedente del entrenador, podemos identificar dos conceptos diferentes:

   1. **Frecuencia absoluta**, que es el número absoluto de veces que el deportista recibe el FS por parte del entrenador. Por ejemplo, en una sesión de trabajo en la que el deportista ha efectuado 50 intentos y en 25 de ellos se le ha proporcionado FS, la frecuencia absoluta sería 25.

2. Frecuencia relativa, que es el porcentaje de ensayos en los cuales el deportista recibe FS en relación con el número total de intentos que ha realizado. En referencia al ejemplo anteriormente presentado, la frecuencia relativa de FS que se ha producido es del 50%.

Un concepto complementario que surge de las consideraciones anteriores es el de ensayo con o sin FS. Algunos autores se refieren a los ensayos en los cuales no se proporciona FS como ensayos en blanco. La utilidad de estos ensayos en los cuales el deportista no recibe un FS ha sido largamente discutida por los especialistas y motivo de variados trabajos de investigación.

Como conclusión provisional a esta polémica, hasta el momento, se puede afirmar que se puede producir aprendizaje sin FS si bien este fenómeno estará en función de la fase concreta del aprendizaje, de la problemática coyuntural que se esté abordando en un momento determinado y de la tarea en cuestión. A este respecto Magill (1992) considera que existen ocasiones donde el FS no es necesario porque el deportista obtiene la suficiente información para practicar y que toda la información suplementaria que se le da es información redundante que no contribuye esencialmente al progreso, aunque lo que si puede llegar a conseguir es una dependencia del entrenador y el llamado *efecto muleta*, o lo que es lo mismo, no sabrá progresar sin la constante presencia y opinión del entrenador.

La dependencia-independencia del deportista respecto al desarrollo de la técnica con relación al entrenador es un aspecto crucial. Al respecto de la optimización de la técnica es evidente que el deportista ha llegado a un nivel de difícil superación. Para refinar una serie de detalles se hace necesaria la información complementaria muy precisa en forma de FS, información bien pensada, sopesada y planeada intencionalmente para que el deportista adquiera autonomía. De acuerdo con lo dicho, podemos, de forma resumida, analizar el nivel de dependencia-independencia del deportista respecto al FS del entrenador de la siguiente forma (Fig. 8.6):

- *Fase inicial: Bastante dependencia respecto al FS.*
- *Fase de desarrollo y perfeccionamiento: progresiva independencia respecto al FS o moderada dependencia.*
- *Fase de optimización: retorno a un cierto nivel de dependencia pero autorregulada por el atleta que solicita la ayuda del entrenador de forma concreta y puntual.*

De cualquier forma, la consigna más aceptada acerca de la frecuencia del FS y la excesiva dependencia que se puede generar en el deportista respecto del mismo y de la persona que lo emite, es reducirlo progresivamente, siempre teniendo en cuenta la situación y la tarea a optimizar. Hay que considerar que en la competición en los niveles de élite, el deportista debe ser capaz de detectar errores por sí mismo y solucionarlos de manera autónoma, es decir, necesita de un alto nivel de independencia para lograr los resultados deseados.

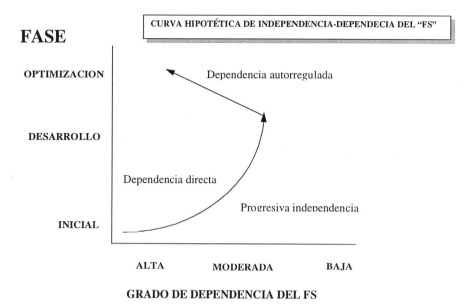

Fig. 8. 6   Curva hipotética de independiencia-dependencia del «FS»

- Intervalo: Respecto al concepto de intervalo en relación con el FS podemos revisar las posibilidades que nos ofrece este aspecto y su influencia en la facilitación del aprendizaje. En primer lugar podemos hablar del *intervalo de retraso que transcurre entre la ejecución de la tarea deportiva y la recepción del FS*. Sobre este particular hay que destacar que los estudios recientes indican que la inmediatez de FS, es decir, la reducción a cero del intervalo entre la ejecución y el feedback no presenta beneficios para el aprendizaje.

> *¿Cómo podemos favorecer la autonomía y elevar el conocimiento y metaconocimiento de nuestros deportistas si no les damos el más mínimo tiempo para que evalúen su propia actuación?*

A este problema lo podríamos llamar *"El síndrome Nescafé"* que algunos entrenadores manifiestan y que tiene como principales características un impulso irrefrenable a intervenir en cualquier momento, exceso verbal y un afán de ser instantáneos en las intervenciones y antes de que el deportista haya aterrizado en el foso o caído en la colchoneta, o terminado la jugada, ya les dan su sanción evaluativa, es decir, instantánea. Esta circunstancia puede ser perjudicial al interferirse con los mecanismos internos del deportista encargado de su autoevaluación y detección de los errores. Esta debe ser una de las preocupaciones del entrenador, actuar con rapidez pero dejando *«reflexionar»* al deportista antes de proporcionarle el FS.

Otra cosa muy distinta es que durante el intervalo comprendido entre el final de la ejecución de la tarea y la recepción del FS, el deportista *«se distraiga»* con otras activi-

195

dades que interfieran con el proceso de corrección y ajuste que se pretende llevar a cabo, lo cual está claramente demostrado que no es beneficioso para el aprendizaje ni para la optimización. Lo cierto es que cuando el deportista esta centrado en su entrenamiento es difícil que se distraiga, adquiere un estado cercano al que algunos autores llaman de "flujo" (*flow*) en el que la optimización se multiplica y los esfuerzos van dirigidos en la dirección correcta, algo que trataremos en el Cap. 10.

En segundo lugar, consideraremos el intervalo de tiempo que transcurre entre la recepción del FS por parte del deportista y la ejecución del ensayo siguiente, y que denominaremos: *intervalo post-feedback*. Seguro que estará preguntándose sobre la duración de este intervalo: *¿Cuánto tiempo necesita el deportista para asimilar la información que le ha sido proporcionada por el entrenador? y ¿Cuándo debe realizar el deportista el próximo ensayo?*

Es difícil establecer una duración exacta para todos los sujetos y todo tipo de circunstancias. La investigación nos aporta alguna luz que debe servirnos como referencia. En esencia podemos indicar que no debe ser de larga duración, que más de 5 segundos puede ser un valor adecuado (Weinberg, Guy y Tupper (1964), ya que duraciones menores pueden tener un efecto negativo en las ejecuciones siguientes al no tener tiempo suficiente el deportista de asimilar las indicaciones que se le han hecho sobre sus actuaciones anteriores.

No obstante tampoco se han registrado ventajas al aumentar el tiempo del intervalo por encima de los cinco segundos, aunque algunos autores aventuran hipótesis acerca de la conveniencia de prolongar este intervalo en caso de que el movimiento a realizar sea muy complejo o entrañe muchas decisiones y tampoco debiéramos olvidar que la memoria a corto plazo es inestable y los datos pueden desvanecerse si la duración es excesiva. De forma gráfica nos basaremos en Ruiz (1994, pág. 232) para representar la relación de los intervalos de tiempo y el FS (Fig. 8.7).

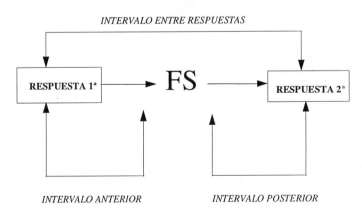

Fig. 8.7   **ANALISIS AUTOEVALUATIVO**   **ANALISIS COMPARATIVO**

8.10. DECALOGO PARA UNA BUENA UTILIZACION DEL FS

A modo de síntesis de lo expuesto en los párrafos anteriores vamos a tratar a continuación de resumir en un conjunto de directrices concretas la utilización que el entrenador debe hacer del FS en relación con los procesos de optimización deportiva. En primer lugar, hay que recalcar que el mejor punto de partida para favorecer la optimización es haber consolidado los conocimientos anteriores con buen aprendizaje inicial orientado hacia el alto rendimiento. Esto nos lleva a proponer algunas sugerencias-directrices que ayuden a favorecer la transición y diferenciación desde el desarrollo inicial de la competencia deportiva hasta la fase de optimización propiamente dicha. Por lo tanto, estas directrices son las siguientes:

1. Para que el FS pueda tener efecto en el deportista, éste debe tener claramente establecida la referencia de comparación (el objetivo, movimiento, táctica o patrón). Esta referencia deberá ser más específica en tanto el nivel de competencia del deportista sea más elevado
.

2. La referencia de ejecución (modelo) no debe estar establecida de una forma estática e inamovible (tal como suelen aparecer en los libros) sino que, en la mayoría de los casos, debe estar sujeta a un margen de variabilidad de acuerdo a los siguientes aspectos adaptativos:

- Características y condiciones del deportista.
- Situación concreta de la realización.
- Condiciones del entorno.
- Consignas y propuestas estratégicas y tácticas.

3. Es fundamental hacer una correcta valoración de las necesidades de FS para la detección de errores que necesita el deportista. No es de utilidad ser redundante y proporcionar una información que el deportista puede captar fácilmente por sí mismo. Por otra parte, es esencial informar sobre aquellos aspectos que el deportista no puede apreciar suficientemente con sus propios medios, es ahí donde se nota la competencia pedagógica y técnica del entrenador.

4. Antes de proporcionar información sobre un error, es necesario considerar si éste es principal o secundario, y si es debido a causas aleatorias que han concurrido en un ensayo determinado, de ahí que la observación continuada y sistemática del deportista permita establecer cuál es el tipo de dificultad que manifiesta y su impacto en su rendimiento. Cuando haya varios aspectos que deban ser corregidos debe saber establecer prioridades (analizando las tareas-técnicas) e incitar a que el deportista se concentre en aquello que en ese momento es más importante; todo no puede serlo al mismo tiempo.

No se debe, en ningún caso, dispersar la atención del deportista con multitud de indicaciones para que las tenga en cuenta al mismo tiempo, sobre todo cuando el contexto es el de una competición. Hay que aprovechar los entrenamientos para solventar estas circunstancias. En cualquier caso, nuestro consejo es que planifique sus intervenciones y establezca qué tipo de expresiones empleará para que sean mejor "metabolizadas" por su deportista.

5. En el proceso de optimización deportiva, es preciso conocer en que consiste específicamente la dificultad que el deportista esta tratando de superar, hay que tener en cuenta que el FS debe estar en relación con las características de la misma y no debe conformarse con informarle de lo que ha realizado mal y lo que tiene que corregir, es necesario seguir el efecto de dicho FS para comprobar su eficacia, intervenir no debe ser considerado como sinónimo de que "ipso facto" el deportista superará la dificultad.

6. El FS que se proporciona mediante medios audiovisuales auxiliares es más efectivo si se introduce en la situación de entrenamiento como un elemento de ayuda directa y no solamente como un elemento de reflexión a posteriori, lo cual significa que acto seguido se debe pasar a practicar sobre lo observado y analizado. Haga las previsiones adecuadas para que su empleo sea fácil y eficaz y, sobre todo, tenga claro que es necesario emplearlos.

7. No es conveniente ni eficaz, una excesiva frecuencia de FS, ya que además del peligro de resultar demasiado redundantes, puede crear una dependencia poco favorecedora para el progreso del deportista, el llamado "efecto muleta". Hay que reducir progresivamente la frecuencia del FS para desarrollar el máximo nivel de detección de errores en el deportista, en definitiva debemos elevar el conocimiento metacognitivo de los deportistas proporcionándoles la información necesaria para que sean capaces de autorregular sus actuaciones, evaluarlas, centrar la atención en su problema, desarrollar estrategias de corrección, etc. Si es adecuado, dejar que se ejecuten una serie de ensayos para después proporcionar un FS a modo de compendio de lo ocurrido. El registro objetivo de lo ocurrido durante la serie de intentos presentado en forma de «sumario» se ha revelado de gran utilidad.

8. No es conveniente que se intercalen otras actividades entre la ejecución propiamente dicha y el FS, y entre éste y el siguiente ensayo. El FS debe ser proporcionado a partir de los cinco segundos siguientes a la ejecución, lo cual permitirá aprovechar la huella que en la memoria tiene el deportista de su actuación para poder aplicarlo.

9. Cada ensayo debe tener un significado propio respecto a los objetivos de optimización que queremos conseguir. Por esto un FS específico y prescriptivo constituye la base para el progreso. Entrenar de manera mecánica y repetitiva en los altos niveles de competencia no aporta prácticamente nada a la mejora deportiva, el entrenamiento debe tener un sentido claro para el deportista en cada momento del mismo.

10. Es conveniente recordar que el FS también tiene un papel motivador y fortalecedor (refuerzo), por lo que no es conveniente detraerlo por largos periodos. Cuando la actuación del deportista es correcta hay que manifestarlo explícitamente sin rodeos, es natural y humano que todos deseemos que reconozcan nuestro esfuerzo y nuestro rendimiento, habría que vetar expresiones como "sí, pero", que no contribuyen nada más que a entorpecer la comunicación entre deportista y entrenador.

9. DISEÑO DE LAS CONDICIONES DE PRACTICA

"La práctica lleva a la perfección". "Si se quiere conseguir un rendimiento elevado es imprescindible practicar, practicar y practicar". Estas y otras sentencias parecidas las hemos oído como deportistas y las mantenemos como entrenadores. Para poder alcanzar la pericia es necesario practicar miles y miles de horas de entrenamiento. Pero, *¿cómo debe ser dicha práctica? ¿cuáles son los diferentes objetivos que se persiguen con la práctica?*, en definitiva, *¿qué debe considerar para diseñar las condiciones de práctica?*

Hablemos en primer lugar de uno de los fenómenos más interesantes dentro de la optimización del aprendizaje, el fenómeno de la transferencia. Deseamos que después del entrenamiento, lo adquirido sea aplicado a las situaciones reales, a la competición. *¿Ocurre siempre así? ¿trabajamos para favorecer la transferencia? ¿diseñamos unas condiciones de práctica que promocionen la capacidad del deportista para generalizar lo aprendido a nuevas situaciones?*

Podemos definir la transferencia como el fenómeno a través del cual las tareas aprendidas en una situación van a influir en el aprendizaje y la ejecución de esas mismas u otras tareas en una situación nueva o en una circunstancia diferente. Cómo se puede comprobar estamos refiriéndonos a un asunto capital y si no *¿para qué entrenar si posteriormente no sirve para alcanzar él o los objetivos previstos?*. Si realizamos un recorrido por los centros de entrenamiento y los lugares donde se practica, observamos como a veces las condiciones de práctica están muy distantes de la realidad final de la competición. Así en deportes donde la demanda decisional es muy elevada, el énfasis se da en el mecanismo de ejecución, o deportes donde la incertidumbre es la característica principal, se practican en condiciones de seguridad máxima, de certeza controlada.

Si todas estas consideraciones las trasladamos a la formación de los deportistas, nos encontramos que muchos alcanzan un nivel de élite a pesar de sus entrenadores. La idea tradicional de que *"la práctica tiene que ser como la que yo realicé cuando era deportista"*, de que no importa cómo sea la práctica que está se transferirá directamente al terreno de juego, debemos desecharla ya que la investigación sobre este asunto, desde hace décadas, nos indica que la transferencia no ocurre automáticamente ni en forma tan fácil como a veces parece asumirse, y que se debe planificar y promover, pero para poder hacerlo es imprescindible comprenderla.

9.1. PENSANDO EN EL FUTURO

Desde tiempo inmemorial la formación, la educación de las personas, se ha regido bajo el principio de la transferencia. Maestros, entrenadores e instructores han desarrollado progresiones de enseñanza con la intención de que los alumnos o los pupilos desarrollasen los conocimientos y competencias necesarios para conocer el oficio, manejar un arma o rendir en el deporte. En la mayoría de los casos las definiciones teóricas del fenómeno y la actividad de los profesionales han viajado por caminos diferentes, o al menos no se han encontrado todas las veces que hubiera sido conveniente. La teoría psicológica ha cambiado progresivamente su modo de pensar sobre esta cuestión y, directa o indirectamente, este cambio se ha hecho notar en el deporte, lo admitan o no los entrenadores.

Optimizar el aprendizaje para la competición

La finalidad última del proceso de optimización es conseguir que el deportista alcance el nivel de excelencia y pericia adecuado para poder rendir en las competiciones. Lo cierto es que la transferencia no es un fenómeno positivo por naturaleza, sino que en ciertas circunstancias se puede influir de manera negativa, o no influir en absoluto. En la literatura científica estas circunstancias han recibido la denominación de *transferencia positiva, negativa o nula.*

Se habla de que existe transferencia positiva cuando el aprendizaje o ejecución de una tarea motriz va a influir de forma favorable en el aprendizaje o la ejecución de una segunda tarea. Como contrapartida, se dice que existe transferencia negativa cuando el aprendizaje o ejecución de una tarea motriz entorpece (interfiere) en el aprendizaje o ejecución de una segunda tarea. La transferencia nula es la ausencia mutua de influencia entre el aprendizaje y ejecución de dos tareas motrices o deportivas.

Prácticamente todos los aprendizajes deportivos están basados en alguna forma de transferencia y lo que aprendimos en el pasado influye en la actualidad en lo que hacemos e influirá en lo que aprendamos en el futuro. Relacionándolo con el proceso de aprendizaje-optimización deportiva son muchos los aspectos que pueden verse favorecidos o que el entrenador puede promocionar en los entrenamientos. El alfabeto motor que el deportista aprendió en su infancia y la competencia motriz adquirida en sus años más jóvenes son el entramado en el que tejieron todas las adquisiciones posteriores, su futuro de excelencia en el deporte, de ahí que no nos cansaremos en destacar que lo que no aprenda el novato, tendrá más dificultades el deportista para aprender.

Cuando un deportista alcanza el momento de la optimización en su carrera deportiva, ha recorrido un largo camino, en donde la transferencia ha jugado, sin duda, un papel importante, probablemente no siempre con un carácter positivo de facilitación, pero en definitiva le ha aupado a las cotas de rendimiento necesarios en el deporte de alto nivel. Es evidente, que *en esta fase de optimización lo que se aprende en unos contextos se puedan aplicar a otros o, de lo contrario, en vez de una optimización podríamos encontrarnos con un descenso en la competencia*. De ahí, que la primera regla a seguir en estos casos es tratar de evitar por todos los medios el efectuar una práctica que pueda acarrear un efecto de transferencia negativo, pero, *¿cómo?*

El entrenamiento deportivo, al igual que la mayoría de las situaciones de aprendizaje, se ve afectado por este fenómeno, ya que *el planteamiento básico de toda preparación deportiva supone, por principio, que el deportista va a progresar, de forma que aquello que aprende en la situación de entrenamiento va a tener una aplicación y un efecto favorable en la situación «real» de la competición*. Sin embargo esto no sucede «per se», sino que el efecto positivo de la transferencia está sujeto a una serie de condicionamientos y limitaciones que el entrenador debe conocer para poder plantear de una manera adecuada el entrenamiento. Debe considerar qué elementos desea transferir, para lo cual nada como analizar el deporte y sus características, para establecer la progresión de práctica más adecuada.

Ya hemos indicado en capítulos anteriores la diferencia que existe entre *analizar* en su estructura profunda un deporte y analizarlo en su estructura más superficial (Hernández Moreno, 1994). Uno podría pensar que dado que son deportes de raqueta, entrenar al Badminton puede ser un camino apropiado para el futuro tenista. La cuestión básica es conocer si la raqueta es un elemento de análisis suficientemente importante como para tomar esta decisión. *¿Qué ocurre con el tipo de agarre? y ¿con el móvil, el campo o las propias reglas?* En definitiva, es necesario poner en una balanza los aspectos positivos y negativos que pueden ser transferidos con la práctica y promocionar los más favorables, aceptando que, a veces, es inevitable que aspectos negativos entren en el mismo saco.

Un psicólogo americano, Gagné (1977), indicó que además de los efectos de transferencia antes nombrados, existen otros efectos que él denominó *lateral o vertical*. El efecto es *lateral* cuando un deportista es capaz de ejecutar una tarea similar y del mismo nivel de dificultad, como consecuencia de haber aprendido otra previamente. Por ejemplo, podemos suponer que un deportista que ha aprendido a patinar sobre hielo encontrará más fácil el aprendizaje del patinaje sobre ruedas, que uno que no lo ha hecho.

El efecto es *vertical* cuando los aprendizajes realizados en el pasado son de aplicación útil a tareas similares, pero más elevadas o complejas, por ejemplo, un buen aprendizaje básico de la carrera puede ser de gran utilidad para que el deportista pueda llegar a ser un corredor de obstáculos. Alguien pensará que este ejemplo no encaja con lo que estamos acostumbrados a contemplar de los corredores africanos, que éstos no han tenido entrenadores en su infancia que les hayan enseñando el tandem de carrera, cómo mover los brazos o apoyar los pies. Puede que eso sea cierto, pero no nos cabe la menor duda que el conjunto de experiencias y esfuerzos que han tenido que realizar en su vida cotidiana son un conocimiento de base importantísimo para entender la pericia que llegan a alcanzar en sus momentos de excelencia.

Es probable que exista un componente genético, pero no debemos olvidar que la infancia es el momento óptimo para desarrollar el sistema de navegación del deportista y que, de forma menos estructurada que en occidente, los africanos tiene sus propias formas de crianza y entrenamiento.

La transferencia de tipo lateral afectará en las situaciones desarrolladas en el entrenamiento cuando éstas tienen una relación estrecha con la situación real de la competición. La transferencia de tipo vertical es de vital importancia para el diseño y planificación del entrenamiento. Es necesario recordar que tanto a medio como a largo plazo el conjunto de actividades que realiza el deportista puede dar lugar a interferencias que produzcan efectos nada deseables en el desarrollo de su deporte. Por tanto, la transferencia de tipo vertical es el principio básico de toda progresión. Vamos a poner algún ejemplo para ilustrar este concepto:

> - *Unos ejercicios de desarrollo de la fuerza inadecuados pueden interferir con la optimización y la ejecución de la técnica de manera notable.*
> - *Las actividades deportivas complementarias o de carácter recreativo que un deportista realiza y que son distintas a las de su especialidad, por ejemplo un lanzador de disco que practica frontón.*

No está mal pensar en estas cuestiones, sobre todo para decidir si realmente es necesario, o no, un programa de ritmo, con su profesional incluido, para los jugadores de baloncesto, algo que en alguna ocasión ha sido objeto de la curiosidad de los periodistas en algunas concentraciones de la selección española de baloncesto, o si es mejor jugar con los altavoces a todo volumen simulando un campo repleto de los hinchas contrarios, etc. En otras profesiones la ciencia ha entrado con mucha más fuerza y nos asombran los dispositivos de simulación que se han construido. En el deporte progresivamente los vamos encontrando, las máquinas lanzadoras de pelotas en tenis podría servirnos de ejemplo, como ya hemos comentado en otro capítulo: *¿Quién sabe lo que podrá diseñarse a partir de la realidad virtual?* El futuro nos lo mostrará en breve.

Las decisiones que tome el entrenador acerca de como va a desarrollarse la práctica y el entrenamiento deben ser hechas bajo la consideración de producir un efecto de transferencia positivo, tanto en lo que se refiere a la aplicación en competición como en su efecto de transferencia a largo plazo en la construcción del deportista. Por ejemplo, la enseñanza de las defensas de zona en baloncesto en las etapas de iniciación tiene un indiscutible efecto de transferencia lateral en los partidos de aquel momento, pero ayudarle a conocer y comprender las reglas que subyacen y son básicas a este deporte, le permitirán en el futuro integrarse en estrategias y tácticas más elaboradas y complejas, lo que indicará que se ha celebrado una transferencia de tipo vertical.

El actual movimiento de la enseñanza comprensiva de los deportes o la enseñanza que desea centrase en el juego, trata de favorecer más la transferencia vertical que la horizontal, de ahí su interés máxime cuando se trata de las edades jóvenes.

Pero, ¿cómo se produce el fenómeno de la transferencia? Diversas teorías han tratado de explicar el por qué y cuándo sucede dicho fenómeno, avanzaremos algunas ideas que se resumen en dos propuestas que recogen en esencia la evolución que en los últimos 50 años se ha llevado a cabo en este ámbito, nos referimos a la *Teoría de los Elementos Idénticos y a la Teoría de la Similitud de los requisitos de Procesamiento de la Información.*

La cuestión de los elementos idénticos

El psicólogo norteamericano Thorndike (1913) postuló que para que suceda el fenómeno de la transferencia deben existir *elementos idénticos* entre la tarea (situación originalmente aprendida) y la nueva tarea a aprender.

Hasta ahí parece lógico, es más fácil que las formas de agarrar el instrumento se transfiera entre deportes que emplean instrumentos para golpear o conducir una pelota, que con los que emplean una pala para deslizarse en el agua sobre una embarcación. La clave está en la palabra idéntico; así para Thorndike el concepto de «*elemento idéntico*» tiene un significado muy amplio, ya que dentro de este término engloba tanto a propósitos y actitudes, como a elementos de ejecución-movimiento propiamente dichos. Por lo tanto, debemos considerar qué es similar y qué no lo es cuando diseñemos nuestra practica ya que la similitud de la que se habla es tanto de los componentes del contexto como de la habilidad requerida.

Otro investigador, Osgood (1949) pensó que esta propuesta teórica necesitaba más claridad y la concretó más, de tal forma que propuso que la *cantidad y la dirección de la transferencia están relacionadas con las similitudes existentes entre los estímulos y las similitudes de las respuestas*. Aquí ya encontramos que se indica que debemos tener en cuenta las condiciones de partida y de llegada, ya que las apariencias pueden engañar, situaciones de partida similares pueden suponer respuestas distintas. ¿*Cómo considerar esta propuesta?* La máxima transferencia ocurrirá, según Osgood, cuando sea máxima similitud entre estímulos y respuestas en dos situaciones dadas, y en el caso de que esto no pueda ser así, es más favorable cuando las respuestas son similares.

Una particularidad de esta teoría, de gran aplicación a la optimización de la técnica, es el postulado de que si la similitud decrece en cierta proporción no sólo no se produce transferencia positiva sino que se pasa a una situación de interferencia significativa. La hipótesis es que la transferencia entre tareas con «elementos parecidos» puede ser muy negativa. Por ejemplo, lanzamiento de disco y frontón pelota a mano. Es muy probable que este modelo teórico no proporcione todas las respuestas necesarias, y que más allá de la superficie de los estímulos y las respuestas, están unos deportistas que deben procesar estas informaciones y relacionarlas con sus conocimientos anteriores, estableciendo los puentes cognitivos necesarios para que la capacidad de aplicar lo aprendido y optimizado sea posible.

Transferencia del procesamiento informativo

Como alternativa al concepto de transferencia basado en la *similitud* de las habilidades y los componentes del contexto, Morris, Bransford y Franks (1977) desarrollaron un concepto de transferencia basado en lo que ellos denominaron «*transferencia del procesamiento apropiado*», es decir, en la similitud entre los procesos cognitivos implicados en situaciones diferentes, idea que Lee (1988) vuelve a retomar.

Esta teoría no se opone frontalmente a los postulados de Thorndike y Osgood, pero argumenta, sin embargo, que no cubre o explica muchos efectos de la transferencia que sí quedan incluidos dentro del contexto del procesamiento de la información y en consideración a los componentes de carácter cognitivo que llevan consigo la realización de cualquier tarea motriz, se hace necesaria otra explicación. Para estos autores (Morris et al., 1977, pág. 528) su idea de transferencia del procesamiento informativo apropiado supone:

> "...dar énfasis a que el valor real de una adquisición debe contemplarse en relación a unos objetivos particulares y a unos propósitos. Más aún, la aceptación de la calidad y permanencia de los trazos de memoria resultantes sólo pueden determinarse, cuando se relacionan con lo apropiado de la situación de evaluación"

La esencia de esta idea para los especialistas y para los entrenadores es que las condiciones de entrenamiento promocionan ciertos procesos cognitivos y desechan otros, por lo tanto las sesiones de práctica que promociona cierto tipo de procesos durante el entrenamiento facilitarán la transferencia cuando las situaciones en las que actuará posteriormente también reclaman dichos procesos.

Sin duda esta vertiente del fenómeno de la transferencia nos lleva a volver a considerar la necesidad de valorar bien, al diseñar las condiciones de práctica, qué deseamos enfatizar, teniendo siempre en cuenta el objetivo y propósito final. Recordemos que en muchos deportes el objetivo final no es que sea el mejor ejecutante del mundo sino que sepa emplear sus recursos técnicos y tácticos cuando es preciso utilizarlos, es decir que decida con inteligencia.

9.2. DE LA TRANSFERENCIA DE LOS PRINCIPIOS A LA APLICACION DE CONCEPTOS

Las explicaciones anteriores no han sido, ni serán, las únicas de ahí que acerquemos al entrenador algunas propuestas más.

Teoría de la generalización de principios de Judd (1908). Este autor se basó en una idea nada descabellada, al pensar que un conocimiento mayor de las circunstancias en la que se lleva a cabo un acontecimiento, predispondría al sujeto para actuar mejor. Pongamos un ejemplo hipotético. *¿Es posible que un gimnasta llegase a dominar mejor las habilidades de su deporte si dominase los principios biomecánicos que los dominan?* Si esto fuera así todos los seleccionados debieran tomar cursos de biomecánica en los Institutos Nacionales de Educación Física. En 1958, Polanyi escribía que los ciclistas expertos no eran capaces de explicar cuál era el principio mecánico subyacente al mantenimiento del equilibrio en la bicicleta, algo hasta cierto punto normal ya que los ciclistas no son expertos en explicaciones físicas del mantenerse y desplazarse en una bicicleta, pero sí conocen qué hacer, cuándo hacerlo y cómo podrían hacerlo otros, cosa que un físico no competente con la bicicleta tendría verdaderos problemas para realizar.

La investigación no es muy abundante en esta línea, algunos autores en educación física han encontrado que dominan ciertos principios mecánicos sí ayudan a los alumnos a dominar algunas habilidades. El mismo Judd encontró que presentar a los sujetos el principio de refracción de la luz, les permitía lanzar con más precisión a una diana sumergida en un estanque. Holding (1965) mantiene que favorecer que los sujetos aprendan las reglas o principios generales de una actividad será más eficaz cuando dicha regla o principio no sea complejo y sí de fácil aplicación. Por lo tanto no estamos refiriéndonos a larga charlas o conferencias, aunque pensamos que las diferencias individuales es un elemento a considerar. *¿Por qué atletas con una formación universitaria no pueden leer o estudiar ciertos aspectos mecánicos, fisiolôgicos o psicológicos de su deporte?* No es descabellado pensar que aumentar el conocimiento de los deportistas elevará la comprensión de lo que le sucede una mejor autoevaluación de sus rendimientos. El mismo Puni (1980) indica como con los atletas soviéticos empleaban esta estrategia para que formasen de la forma más precisa posible la imagen de la acción deportiva a dominar en la cancha o el gimnasio.

Algo parecido ocurre con la idea de que se pueden aplicar conceptos de unas situaciones a otras; es la que ha sido denominada *"Teoría de la Transposición de conceptos"*, que puede considerarse como una extensión lógica de la *Teoría de la Generalización*, y fue promocionada por los Gestaltistas. Esta teoría propone que el conjunto global de relaciones causa-efecto que se aplica en una situación es la base a partir de la cual puede producirse una transferencia a otra situación de aprendizaje, en la cual intervengan, asimismo, ese tipo de relaciones causa-efecto.

Como se puede comprobar existe un interés notable por ir más allá de los estímulos y respuestas para contemplar los contextos, es probable que se esté hablando de trasferencia contextual, lo que nos lleva a defender la idea de que cuanto más se parezca la situación de práctica en sus aspectos materiales y de procesamiento informativo y motor con la situación final, más estaremos contribuyendo a que el fenómeno de la transferencia tenga lugar.

A propósito de esta cuestión, nos permitimos lanzar alguna sugerencia. En la formación-construcción de un deportista no todo son habilidades y gestos técnicos; un deporte en esencia es un conjunto de conocimientos que el deportista debe asimilar y dominar motrizmente, de ahí que llamemos la atención a los responsables de las etapas iniciales para que se planteen con seriedad las razones por las cuales esperan tanto para enseñar a los deportistas noveles los principios, reglas tácticas y estratégicas que rigen dicho deporte. Recuerde que existen momentos sensibles para aprender y que la infancia-adolescencia es uno de ellos, dejemos de reproducir lo que hicieron con nosotros y pensemos en qué debe hacerse y por qué, a la luz de los conocimientos actuales que disponemos, que no son los que existían hace 50 años, son más numerosos y de mejor calidad.

De cualquier forma hay que decir que todos los especialistas en este tema coinciden en señalar las muchas lagunas teóricas que aún existen acerca de la transferencia. De forma que es necesario para el entrenador ser muy cauto sobre este tema ya que determinadas *«ideas geniales»* podrían fácilmente producir una transferencia negativa. Con estas ideas en la mente le proponemos una serie de sugerencias o directrices para orientarle en el diseño de sus condiciones de entrenamiento en este importante aspecto del aprendizaje. Para esta labor nos apoyaremos en algunos autores importantes como Magill (1989), Schmidt (1991) o Sharp (1992). Tómenlo como nuestro particular **decálogo** sobre cómo promocionar la transferencia:

1. Maximizar la similitud entre la situación de entrenamiento y la situación real de aplicación de lo optimizado en competición.

2. Tener cautela y no esperar una excesiva transferencia cuando se practica una parte y se busca una aplicación a la ejecución total.

3. No introducir elementos que modifiquen substancialmente los condicionamientos de la ejecución deportiva respecto a las condiciones reales de aplicación.

4. No producir transferencia en la práctica inespecífica relacionada con componentes generales cualitativos de la técnica, por ejemplo, el equilibrio, por lo que se debe ir al desarrollo de la técnica en concreto con sus demandas concretas acerca del equilibrio.

5. Efectuar suficiente cantidad de práctica en el entrenamiento de aquello que se pretenda transferir al contexto de la competición.

6. Identificar y catalogar los aspectos más importantes de la acción deportiva que estamos tratando para el diseño de situaciones de simulación.

7. Antes de establecer grandes expectativas sobre la transferencia, asegurarse de que los principios generales implicados en la ejecución están bien entendidos; poco pero bueno, es mejor que mucho e incomprensible.

8. Proporcionar una variedad de ejemplos cuando estemos tratando que se asimilen conceptos y se apliquen principios es una buena estrategia pedagógica para desarrollar la adaptabilidad de los deportistas.

9. La intención específica de transferencia de la práctica deportiva debe ser conocida por el deportista. Hemos dejado claro que es un activo participante en el proceso de entrenamiento de ahí que tender puentes cognitivos es imprescindible. Cuando un deportista esta optimizando su rendimiento debe saber que aquello que realiza servirá para... .

10. Esta décima se la dejamos al lector para que la añada después de lo leído, hay muchas cosas por indagar y escribir...

9.3. OPTIMIZACION Y MANTENIMIENTO DEL NIVEL ADQUIRIDO

Considerando que el aprendizaje y optimización deportiva constituyen un proceso de cambio, relativamente permanente, en la forma de comportarse y actuar de los deportistas y que todo ello surge como consecuencia de entrenar y practicar duro, este proceso implica normalmente una secuencia de tres pasos:

1. *Adquisición inicial.*
2. *Retención de lo adquirido.*
3. *Uso posterior de lo adquirido.*

La optimización deportiva supone que el deportista empleará posteriormente lo aprendido en la competición, por lo que la orientación del aprendizaje debe estar encauzada hacia lograr la mayor excelencia, lo cual supone una elevada retención y la menor pérdida por olvido posible, como ya hemos presentado en el Capítulo 7.

A veces en esta fase de optimización deportiva una mejora sustancial es muy difícil o prácticamente imposible, sin embargo, es esencial el mantenimiento del nivel adquirido, ya que éste será la base de los incrementos posibles de mejora y de la estabilización y consistencia del rendimiento a un nivel elevado. Sobre este particular resulta especialmente interesante la investigación de Fleishman y Parker (1962) quienes, mediante un experimento en el que un grupo de individuos fue sometido durante seis semanas al aprendizaje de una tarea compleja, demostraron que el factor más importante para la retención posterior fue el nivel de aprendizaje inicial que alcanzó cada sujeto, siendo los individuos que demostraron más retención aquellos que lograron mayor nivel en el periodo de práctica y peor retención aquellos que lograron peores rendimientos en este periodo.

El experimento arrojó una correlación significativa entre la retención posterior y el nivel inicial de aprendizaje. Para muchos entrenadores esta es una constatación diaria, si el sujeto no domina bien la técnica en la fase de adquisición retenerla es más complicado. Pero sigamos con este experimento. Este resultado, muy lógico, por otra parte, ha tenido confirmación en investigaciones posteriores al respecto. Si a la conclusión de Fleishman y Parker le añadimos el hecho, constatado en el entrenamiento día a día, de que a mayor tiempo de práctica, se corresponde en general, una mayor cantidad inicial de aprendizaje, podremos comprobar cómo tenemos respondidas algunas preguntas claves. En nuestro caso partimos de la base de altos niveles de aprendizaje fruto de muchísima práctica acumulada (miles de horas) y, por lo tanto, de unos índices de retención muy altos.

Esta cuestión nos da pie para introducir un concepto, que no por conocido está bien definido, nos referimos a la noción de *sobreaprendizaje*. Este se define como toda práctica adicional una vez que el individuo ha llegado a cierto nivel previamente estipulado en una tarea motriz, es decir, cuando es capaz de ejecutar la tarea de acuerdo con ciertos criterios de eficiencia y eficacia.

Son numerosos los ejemplos que nos muestran su presencia. Dejamos de montar en bicicleta durante años y rápidamente volvemos a dominarla después de pocos ensayos de práctica. *¿Qué hizo que fuesen competentes tan rápidamente?* Sin duda una de las explicaciones está en la cantidad de sobreaprendizaje que recibió esta actividad durante nuestros años jóvenes, lo que se grabó en la memoria, en nuestro cerebro, este conocimiento. Necesitamos mucha, mucha práctica para dominar una tarea, sea esta escribir en el ordenador, manejar una moto de *Trial* o montar a caballo. Pero, *¿Cuánta?*

Melnik (1971) se planteó esta cuestión y realizó una investigación en la que demostró cómo a partir de cierta cantidad de sobreaprendizaje la mejora en la retención no es significativa, es decir, que la relación entre retención y sobreaprendizaje no es de tipo lineal y que, por tanto, el sobreaprendizaje, cuando supera ciertos límites cuantitativos, no aporta más retención. Además de este resultado confirmó la hipótesis inicial de que con sobreaprendizaje se produce una mejor retención que sin él.

Es este un hallazgo muy interesante para los entrenadores, como tales siempre hemos pensado que hacerlo muchas veces es la clave, pero pocas veces nos hemos parado a pensar que no todo es una cuestión de cantidad de práctica sino también de calidad, y que traspasados ciertos niveles la práctica se convierte en una rutina que puede secuestrar la motivación del deportista, y que esto es un peligro para su continuidad. De ahí que, sugiramos que los entrenamientos estén cargados de variación que incite a hacer lo mismo pero de todas las maneras posibles y cada nueva propuesta será concebida por el deportista como un nuevo reto. De acuerdo con los resultados de investigación expuestos pensamos que

1. La retención será mayor cuanto mayor sea el nivel del aprendizaje que se haya alcanzado.
2. La retención será mayor si después de alcanzar el nivel de aprendizaje previsto ha existido un «sobreaprendizaje».
3. Una práctica abundante e indiscriminada puede llevar a un gran esfuerzo con pocos resultados reales.
4. Un buen antídoto a los efectos de una práctica extensiva es plagarla de variedad y cambio.

La necesidad de una retención máxima para los deportistas en la fase de optimización, en el momento de la competición es evidente y el uso del sobreaprendizaje de una manera intuitiva está suficientemente extendido. Si buscamos una mayor eficiencia, no es conveniente emplear una dosis excesiva de sobreaprendizaje, ya que la ganancia no resultaría acorde con el tiempo invertido, y sin embargo, podría representar una pérdida de tiempo y una posible causa de aburrimiento o de deseo de abandonar por parte del deportista.

En este sentido, se recomienda que la práctica que se plantee para producir una cierta cantidad de sobreaprendizaje, no constituya una simple reiteración mecánica del movimiento, sino que tenga un carácter significativo, para el deportista, es decir tiene que poseer una finalidad concreta para que el deportista la pueda palpar. También debería considerarse poder ofrecer un sobreaprendizaje a partir de una amplia variedad de situaciones de práctica, es decir, una consolidación por medio de la variación.

Lo cierto es que la práctica, la esencia del aprendizaje, es mucho más compleja de lo que a priori se cree. Como entrenadores han adquirido una amplia experiencia sobre el practicar, sus atletas emplean su tiempo en esta tarea; es más, es probable que posean su propia teoría sobre cómo debe ser la práctica. Este es un punto de partida estupendo para integrarlo con las aportaciones que a continuación le vamos a presentar.

9.4. LA NECESIDAD DE CONTEXTUALIZAR LA PRACTICA

A lo largo de diferentes capítulos hemos resaltado la necesidad de contextualizar la práctica cuando de optimizar se trata. Ni aún en el caso de deportes de carácter cerrado, en el que las condiciones estables del entorno y su carácter autorregulado es la tónica general, se puede hablar de repeticiones idénticas, ya que siempre hay elementos que varían aunque sea de una forma sutil de un momento a otro. El tirador olímpico sabe que es muy difícil reproducir exactamente igual un tiro, que existen modificaciones corporales, una posición corporal que cambia, la presión sobre el disparador, en definitiva siempre existe la posibilidad de una modificación.

El propio deportista es una fuente continua de pequeños cambios, algunos en sus mecanismos psicofisiológicos más relacionados con la actuación, por ejemplo el cansancio, la actitud o la motivación. En el contexto de la competición existen siempre elementos de interferencia en la ejecución y de desestabilización del deportista, estos son consustanciales al hecho competitivo y a su carácter agónista. Por ejemplo (caso real), en una competición de salto de altura un participante es eliminado a una altura baja con relación a la calidad del saltador; una vez terminada la competición y tranquilizado dicho atleta coloca la barra en una altura que supone un nuevo récord del país y la salta al primer intento, los jueces que todavía estaban por allí sacan la cinta métrica y comprueban que en efecto la altura saltada supondría un nuevo récord; no importa, el salto ha sido efectuado fuera de contexto y por consiguiente el récord no tiene validez.

Como contrapartida a lo dicho, se observa que muchos entrenadores tienden a descontextualizar la práctica en los entrenamientos y deliberadamente producir situaciones en las cuales el efecto de interferencia se reduce a mínimos. Tanto la retención como la transferencia se ven fuertemente afectados por dichas estrategias de entrenamiento. Si la situación de competición es la de una caldera a presión, el hacer que la práctica en el entrenamiento se asemeje más a la sala de lectura de una biblioteca, no tiene sentido.

Pensemos en variar las condiciones de práctica

Los estudiosos del aprendizaje motor humano desde los años 1970 vienen considerando la posibilidad de que variar las condiciones de práctica tenga un efecto favorable en la retención y transferencia. Richard Schmidt en 1975 propuso una nueva formulación teórica que denominó Teoría del Esquema Motor que supuso un avance en la forma de concebir el aprendizaje motor y sobre todo, la práctica. Altera la clásica hipótesis de la constancia, es decir, hacerlo siempre de la misma manera; esta teoría justifica la necesidad de una *variabilidad contextualizada de la práctica* (ver Ruiz, 1995).

Como entrenadores nos hemos formado en la hipótesis de la especificidad y por lo tanto, la variación siempre la contemplamos con ciertos reparos. *¿Qué cambiar? ¿Cuándo? ¿Cómo?* Son cuestiones que siempre nos surgen al tratar este tema. Lo cierto es que promueve unos cambios radicales en hábitos muy enraizados entre los entrenadores deportivos acerca de determinados planteamientos de la práctica de los elementos técnicos, no sólo excesivamente repetitivos sino artificialmente repetitivos, es decir, creando un contexto de práctica propio del entrenamiento y cerrado en sí mismo.

El concepto de *práctica variable,* opuesto al de práctica mecánica y rutinaria, emerge de la teoría del esquema motor de Schmidt, que en resumen indica que, aunque la realización de un movimiento esté basada en un programa motor, su ejecución siempre estará sujeta a una serie de modificaciones adaptativas que afectarán a los parámetros de la acción, según sea la situación y el momento concretos en que la ejecución se va a producir (ver Ruiz, 1995). La variabilidad en la práctica deberá estar siempre relacionada con las características concretas de la disciplina deportiva de que se trate, de forma tal que, según Magill (1989), se respeten los condicionamientos fijos o estables, como invariantes en la práctica, pero se varíe todo aquello que es sujeto de cambio en el contexto de la competición del deporte en cuestión.

Una práctica variable significa que se va a alternar la realización de diversos elementos técnicos y tácticos. *En vez de efectuar una práctica reiterativa en bloques y series de un número de repeticiones preestablecido, se puede, por un lado, alternar la práctica de diversos elementos técnicos, y, por otro lado, hacer que el mismo elemento técnico o táctico tenga que ser ejecutado en unas condiciones diferentes de un ensayo a otro.* Pensemos en el Tenis, alternar la práctica del «*drive*», el revés y la volea, o en la Halterofilia; en este deporte González Badillo (1991, pág. 103) indica que es necesario aplicar el Principio de la Variabilidad consistente en :

> *"La introducción de cambios constantes y oportunos en la estructura del movimiento a través de la modificación de los distintos componentes del mismo: ejercicios, intensidades, volúmenes, frecuencia del entrenamiento, pausas, orden de las tareas, etc."*

Sin duda las acciones deportivas de carácter «*abierto*», «*perceptivas*», «*externamente reguladas*», «*continuas*» y con un componente táctico significativo, como en el Tenis, Fútbol, Esgrima, Karate, Boxeo o Baloncesto, presentan una mayor necesidad de variabilidad en la práctica, que aquellas que podemos considerar como de carácter «*cerrado*», «*habituales*», «*autorreguladas*», «*discretas*» y de escaso o nulo contenido táctico, como la Halterofilia, lanzamientos o saltos en Atletismo. La práctica de carácter variable puede establecerse según los criterios técnicos del entrenador, por ejemplo, según una secuencia lógica de ejecución o de directrices de tipo táctico, como por ejemplo, en Tenis podría ser la práctica del servicio seguido de práctica de la volea.

La variabilidad al practicar incide en el desarrollo de la adaptabilidad motriz, el deportista se ve ante condiciones que cambian, que le suponen retos nuevos, lo cual además de tener un efecto perceptivo-motor, provoca un incremento de la motivación en los deportistas. Son muchos los elementos que pueden ser variados ya que la posición, la distancia, las intensidades, los tamaños, pesos, estructura del juego, etc. pueden ser modificados de forma muy diferente por parte del entrenador, organizando esas condiciones variables de formas progresivamente más complejas, es en definitiva, abrir a los deportistas lo posible.

¿Organizar aleatoriamente la práctica?

En este apartado vamos a introducirnos en una noción un tanto difícil de proponer ya que entrenar supone método, orden y lógica en ese orden, por lo tanto, pensar que una práctica aleatoria puede favorecer el aprendizaje y la optimización, cuando menos, provoca cierta sorpresa.

Hace ya una década que los estudiosos venían observando un efecto paradójico cuando los sujetos debían aprender un conjunto de conocimientos y era el hecho de que, cuando la presentación de los materiales se hacían sin un orden preestablecido, a la larga, retenían más y mejor que cuando se practicaba de la forma tradicional. Es decir, las *condiciones y el orden de presentación de aquello que debe practicarse en el entrenamiento influye de forma notable en la retención.* Ciertamente, habría que aclarar que los efectos son a largo plazo y no inmediatos, quiere decir esto que los resultados inmediatos no poseen un valor predictivo, ya que el efecto necesita tiempo para manifestarse. A esta paradoja que ya avanzó Battig (1979) en el aprendizaje verbal, se le llamó *"el efecto de la interferencia contextual"* y que supone organizar la práctica de forma que el sujeto no repita de manera consecutiva más de dos veces el mismo gesto técnico (ver Ruiz, 1995).

Fueron dos investigadores norteamericanos, Shea y Morgan (1979) los que demostraron que dicho efecto ocurría igualmente con tareas motrices, lo cual supuso una abundancia de investigaciones en las que fueron apareciendo actividades deportivas (Voleibol, Badminton, Hockey). En esencia estos trabajos concluyeron que practicar de forma convencional en bloques de ensayos o de repeticiones siempre de la misma forma, tenía ventajas sobre la ejecución de carácter inmediato, justo después de haber dejado de entrenar (fase de adquisición). Cuando de lo que se trata es de conocer lo consolidado en términos de retención y transferencia, los resultados cambian y demuestran que, contra lo que en un principio se podría pensar, la práctica aleatoria era mucho más eficiente.

En el caso de la optimización deportiva, estas ideas toman un significado especial. Nos hallamos ante deportistas que han alcanzado un alto nivel de competencia y que necesitan condiciones de práctica que les sometan a nuevos retos, que les haga huir de la monotonía y que les enriquezca a todos los niveles. Como entrenadores tienen la obligación de establecer qué tipo de tareas serán practicadas en cada sesión de entrenamiento, lo que en estas páginas se propone es la posibilidad de que compruebe el efecto de ordenar al azar dichas tareas para que el deportista las practique, eso supone una mayor dedicación del deportista a la tarea, lo cual conlleva una mayor profundización en las características de la misma así como una mayor exigencia en el procesamiento de la información, ya que antes de que el sujeto pueda retener la tarea se la cambiamos introduciéndole en un constante proceso de construcción y reconstrucción, que a largo plazo es más eficiente.

Lo que estamos proponiendo es lo que Bernstein (1967) expuso con la frase: *"la práctica es una particular forma de repetición sin repetición"*. Nos proponemos ofrecer al deportista la posibilidad de desarrollar su capacidad de solucionar situaciones técnicas o tácticas y, no sólo darle las soluciones *"enlatadas"*, ya que en consonancia con lo que hemos defendido en este libro, el deportista debe de ser un individuo activo, constructivo y capaz de solucionar los problemas de su deporte. En consecuencia, el entrenador debe darle las oportunidades necesarias para que lo sea. Si las condiciones de entrenamiento suponen que, junto a la cantidad, se añada la calidad, lo cual conlleva obligar al deportista *a que tenga que activar procesos cognitivos para generar soluciones una y otra vez* y aunque los resultados no sean inmediatos, el rendimiento futuro será mayor. Recuerde el entrenador que no hay peor enemigo de un buen proceso de optimización que la prisa por alcanzar el mayor rendimiento.

Como todo proceso reclama tiempo y, por lo tanto, la paciencia debe ser una virtud del entrenador, ya que la adquisición puede estar en proceso intenso de transformación sin una manifestación patente, pero no tardará mucho en mostrarse la mejora en el deportista. De acuerdo con Schmidt (1991), los beneficios de la práctica aleatoria pueden ser resumidos de la siguiente forma:

> - *La práctica aleatoria provoca que el deportista olvide las soluciones de las tareas a corto plazo ya que se le cambia constantemente.*
> - *El olvido de las soluciones a corto plazo, fuerza al sujeto a generar la solución otra vez en el siguiente ensayo que intente esa tarea, lo cual beneficia el aprendizaje.*
> - *La práctica aleatoria fuerza al sujeto a implicarse más activamente en el proceso de aprendizaje, impidiendo la repetición rutinaria de las acciones.*
> - *La práctica aleatoria proporciona al sujeto elementos de retención más significativos de las diversas tareas, incrementando la fuerza de la memoria y disminuyendo la confusión entre las tareas.*

No estaría mal que recordásemos que junto al esfuerzo físico que puede provocarse con el entrenamiento, también se puede incrementar el *esfuerzo cognitivo-motor* y esta forma de organizar la práctica provoca dicho esfuerzo. Además de la variabilidad y la aleatoriedad al practicar, el entrenador debe tomar otra serie de decisiones en relación con la práctica a las cuales les dedicaremos los siguientes apartados de este capítulo.

9.5. LA CUESTION DE LA GLOBALIDAD O ANALISIS EN LA PRACTICA

Es ésta una de las decisiones que habitualmente los entrenadores toman, ya que tienen que decidir si el salto lo deben practicar de forma analítica en las diferentes partes que han sido diseccionadas (carrera, impulso, movimientos en el aire, caída) o debiera practicarse el salto globalmente, tal y como es en realidad.

Algunas actividades deportivas son sencillas de aprender y pueden ser ejecutadas razonablemente bien después de un número de intentos relativamente pequeño. No obstante, otras no pueden ser aprendidas mediante un proceso sencillo porque son demasiado difíciles o peligrosas. Para la facilitación del aprendizaje deportivo y teniendo en cuenta la complejidad elevada de la estructura del movimiento, el recurso más empleado en el entrenamiento ha sido la descomposición del movimiento en partes, y la consiguiente práctica por separado de cada una de ellas. Con esta estrategia se busca distribuir la dificultad global del gesto en una serie de fases, con el objeto de hacer más fácil su asimilación.

Sin embargo, el aprendizaje de las partes no es el objetivo que pretendemos, por lo que este procedimiento de enseñanza deportiva, sobradamente conocido y excesivamente empleado por los entrenadores, puede presentar como contrapartida la aparición de serias dificultades a la hora del ensamblaje de las partes en la acción deportiva global. Sobre este particular hay que decir, que a veces cuando después de una práctica analítica se intenta una ejecución global de movimiento, parece como si el deportista no hubiera retenido nada y tuviera que empezar de nuevo desde prácticamente cero.

Este fenómeno de la aparición de una gran dificultad para la ejecución global después de un proceso de práctica analítica, ha dado origen a una gran cantidad de controversias, a veces con el asunto no perfectamente enfocado, sobre la conveniencia de la utilización de una práctica global con preferencia a la analítica, o viceversa. En el proceso de optimización el trabajo del entrenador debe tratar de consolidar unidades de acción, unidades significativas, secuencias de acción relevantes para el rendimiento de su deporte.

Sobre este particular parece tener sentido el postulado de que si la tarea motriz rebasa ciertos límites de complejidad, su aprendizaje mediante la práctica global puede resultar sencillamente inaccesible al individuo. Pongamos como ejemplo, un movimiento acrobático complejo sobre trampolín, el doble mortal atrás con doble giro. Está claro que no sería una estrategia de enseñanza práctica ni prudente el intentar enseñarlo en principio «todo de golpe». Algunos trabajos de investigación como el de Naylor y Briggs (1963) parecen confirmar el anterior postulado y aconsejan una enseñanza mediante la práctica analítica para las tareas de estructura compleja.

En todo caso, también es cierto que en una serie de ocasiones puede ser difícil la determinación de complejidad de la tarea para necesitar la utilización de una práctica analítica; en estas ocasiones será conveniente tener en cuenta los siguientes criterios para tomar una decisión al respecto:

1. Que exista un modelo de ejecución bien definido susceptible de descomposición en partes bien definidas.
2. Que las partes a practicar sean las menos y tengan el mayor contenido y entidad propia posible.

3. Que no sea muy elevada la interacción que se requiera entre las partes.
4. Que se proceda al ensamblaje de las partes lo antes posible.

Un famoso psicólogo del deporte, Robert Singer (1980) nos indica que las tareas de alta organización y seriadas, por su carácter estable, son más susceptibles de ser aprendidas por partes que aquellas tareas de baja organización y continuas, que por su carácter adaptativo, son más propicias a un aprendizaje global y en un contexto de gran variabilidad. Por supuesto que cuando hablamos de tareas de alta y baja organización no nos estamos refiriendo a dos categorías cerradas, sino a un "continuum" en el cual las diferentes técnicas deportivas ocuparían su correspondiente lugar relativo, entre los dos hipotéticos extremos de máxima y mínima organización.

Por su parte Schmidt (1991), desaconseja fuertemente el uso de una práctica por partes cuando la técnica deportiva a optimizar constituya una tarea discreta de rápida ejecución. En experimentos realizados sobre este asunto por Schmidt y Young (1987), indicaron que cuando las acciones deportivas tienen que ser ejecutadas a gran velocidad y son descompuestas arbitrariamente en partes; estas partes aisladas son tan diferentes de los componentes integrados originales, que la práctica analítica no contribuye prácticamente nada al aprendizaje del todo.

Durán (1990, pág.140 y 206) nos ofrece una idea del proceso de aprendizaje y optimización de la técnica del Lanzamiento de Martillo, cuando escribe:

> "La estrategia del entrenador a la hora de abordar la enseñanza de la técnica de un movimiento tan complejo como el del lanzamiento de martillo, será en principio de tipo analítico, dividiéndolo en movimientos más sencillos y facilitando las condiciones de ejecución mediante la utilización de artefactos más pequeños y ligeros, dando informaciones sobre la estructura motora de la acción de una forma exacta y precisa... Una vez se halla conseguido la estructura primaria de la dinámica del lanzamiento se empleará de forma general. A partir de este momento en la mayoría de los casos, el método global va a permitir efectuar el aprendizaje y perfeccionamiento de los elementos nuevos sobre la técnica".

Si empleamos el concepto de «*programa motor*» este punto de vista se ve reafirmado ya que los pequeños cambios, inevitables en la práctica aislada de las partes, representan desviaciones significativas respecto al programa motor en su conjunto al considerar la ejecución integrada de dichas partes. De cualquier forma, las directrices que se han dado pueden resultar de un uso muy limitado si sólo tuviéramos como recursos, para la facilitación del aprendizaje, las dos posibilidades extremas de práctica por partes o mediante la globalización. Muchas deportes, como, por ejemplo, en el Fútbol, pueden plantear un conflicto, ya que al mismo tiempo, sus técnicas son complejas y propicias al análisis y de baja organización y propicias a la globalización.

Un recurso es la combinación de estrategias según la fase del aprendizaje, que se trate del conjunto o de los componentes. Otro recurso son las estrategias de tipo intermedio entre una práctica global u otra basada puramente en el análisis (Ruiz, 1994). En este sentido se dispone de un abanico de posibilidades, que a continuación vamos a presentar, de acuerdo a una escala progresiva de estrategias de enseñanza, desde la estrictamente global, a la que puede estar basada en un procedimiento completamente analítico:

1. *Global pura.* Ejecución en su totalidad de la tarea propuesta. Ejemplo: *Se propone la ejecución de una aproximación a la portería y se pide a los deportistas que la realicen en forma completa.*

2. *Global con polarización de la atención.* Ejecución en su totalidad de la tarea propuesta, pero se solicita al deportista que se fije, o ponga una atención especial, en algún aspecto de la ejecución. De una manera sucesiva el entrenador puede hacer que el deportista vaya dominando progresivamente una serie de aspectos, desde lo fundamental y sencillo a lo complejo y complementario.

Ejemplo: *En la enseñanza del nado de «crawl» el entrenador puede solicitar que el nadador ejecute el movimiento en su totalidad, pero poniendo atención o concentrándose en mantener una posición que favorezca una penetración en el agua con la menor resistencia, posteriormente, una vez asimilado este aspecto, se le puede indicar que se concentre en sentir la posición de máximo empuje con manos y antebrazos, y así sucesivamente.*

3. *Global con modificación de la situación real.* Ejecución en su totalidad de la tarea propuesta, pero las condiciones de realización se modifican de forma que, en un principio, la ejecución se vea facilitada. Poco a poco, según el alumno va adquiriendo dominio, las condiciones de ejecución se le irán presentando más y más parecidas a las reales.

Ejemplo: *En la enseñanza del esquí, el método de «esquí progresivo» puede ilustrar de una manera perfecta esta estrategia. Este método consiste básicamente en comenzar la práctica del esquí con unos esquís de tamaño muy reducido, en principio de unos 50 cm., e ir incrementando la longitud de los mismos de acuerdo con la progresiva adaptación del alumno.*

4. *Análítico-progresiva.* Descomposición de la tarea a realizar en partes componentes o elementos; la práctica comenzará con la ejecución de un sólo elemento, una vez dominado éste se irían progresivamente añadiendo elementos nuevos, y así hasta la completa ejecución de la tarea. Esquemáticamente lo podemos ilustrar de la siguiente forma:

```
┌──────────────────────────────────┐
│   Componentes: A, B, C, D        │
└──────────────────────────────────┘
```

1ª. Fase.   Ejecución de «A».
2ª. Fase.   Ejecución de «A+B».
3ª. Fase.   Ejecución de «A+B+C».
4ª. Fase.   Ejecución de «A+B+C+D».

Ejemplo: *Supongamos que en el salto de longitud distinguimos las partes, carrera de impulso, batida, vuelo y caída. Según esta estrategia, en primer lugar, pediríamos al deportista que realizase la carrera de impulso, en otras palabras, que se familiarizase con el problema del «talonamiento», en segundo lugar le pediríamos que practicase carrera de impulso y batida, y así sucesivamente.*

5. Analítica-secuencial. Descomposición de la tarea a realizar en las partes que la componen. La práctica comenzaría con la ejecución del elemento que en la secuencia temporal de ejecución va primero, después se practicaría también de forma aislada el que va en segunda posición y así sucesivamente hasta que una vez asimilados todos los componentes se proceda a la síntesis final. Esquemáticamente lo podemos ilustrar de la siguiente forma:

```
┌──────────────────────────────────┐
│   Componentes: A, B, C, D        │
└──────────────────────────────────┘
```

1ª. Fase.   Ejecución de «A».
2ª. Fase.   Ejecución de «B».
3ª. Fase.   Ejecución de «C».
4ª. Fase.   Ejecución de «D».
5ª. Fase.   Síntesis final («A»+»B»+»C»+»D»)

Ejemplo: *Refiriéndonos al mismo planteamiento de análisis del salto de longitud anterior, el atleta practicará, en primer lugar, la carrera de impulso, después realizaría ejercicios para la asimilación de la batida; a continuación para el vuelo y posterior para la caída. Una vez asimilados aisladamente todos estos elementos, practicará el salto completo.*

6. Analítica pura. Al igual que en los dos estrategias anteriores la tarea se descompone en partes, la práctica comenzará por la ejecución aislada del elemento que el entrenador juzgue que es más importante asimilar en primer lugar, y así sucesivamente se irán practicando aisladamente todos los componentes.

Una vez hecho esto, se procederá a la síntesis final. Esquemáticamente lo podemos ilustrar de la siguiente forma:

Componentes: A, B, C, D.

1ª. Fase: Ejecución de «B» (según el criterio del profesor lo más importante).

2ª. Fase: Ejecución de «A» (lo segundo en importancia).

3ª. Fase: Ejecución de «C» (lo tercero en importancia).

4ª. Fase: Ejecución de «D» (lo cuarto en importancia).

5ª. Fase: Síntesis final («A»+»B»+»C»+»D»).

Ejemplo: *El anterior esquema puede aplicarse al caso del salto de longitud ya expuesto.*

Las estrategias globales tienen la gran ventaja de que abordan la ejecución del movimiento en su contexto total y, por lo tanto, en la práctica el deportista se encuentra en relación directa con el objetivo que pretende conseguir, es por esto, que recomendamos su aplicación siempre que se estime posible ya que es mucho más motivante. Sin embargo, en ocasiones la complejidad de la tarea a aprender hace inaccesible su práctica de una forma global, en cuyo caso habrá que recurrir a otra alternativa, pero hay que considerar que este problema se presenta fundamentalmente en las fases de aprendizaje inicial y de desarrollo de la técnica.

Sin embargo, en la fase de optimización debe ser posible, en la mayoría de las circunstancias, poder realizar el entrenamiento con una práctica global, lo más cercana posible a las condiciones reales de aplicación solicitadas en la competición, ya que la estrategia analítica desvincula las partes practicadas del contexto deportivo de aplicación real, de forma que cuando se propone la síntesis de los elementos existen verdaderos problemas para que se muestre una actuación fluida.

9.6. TIEMPO DE COMPROMISO Y CANTIDAD DE PRACTICA

Pensar en la optimización del rendimiento deportivo sin una implicación directa, constante y plena del deportista es difícil. Una de las áreas tradicionales de investigación en el aprendizaje motor es la que se refiere a la cantidad y distribución de la práctica. En este apartado no nos vamos a extender mucho sobre la misma, sobre todo sobre sus tópicos más usuales, ya que muchas consideraciones que se pueden hacer al respecto se encuentran ampliamente desarrolladas en textos como el de Ruiz (1994) o Singer (1982).

Como ya hemos mencionado no se deben desvincular los aspectos de la optimización deportiva de los del desarrollo de la condición física. La óptima ejecución deportiva exige una adecuada condición física, lo que conlleva un concepto de condición física altamente específico para cada modalidad deportiva.

El rendimiento deportivo necesita de un alto grado de automatización motriz, de otra forma el deportista no podría elaborar sus decisiones con la suficiente rapidez y el flujo del movimiento no tendría la continuidad necesaria. Es importante destacar que el desarrollo de la automatización del movimiento es un proceso lento que implica una cantidad elevada (decenas de años) de práctica y, ya que la automatización es un factor clave en la optimización del rendimiento, las sesiones de entrenamiento necesitarán ser largas e implicar un duro trabajo con la realización de numerosos ensayos.

Esto, que es difícil de solicitar y de realizar con aprovechamiento en los niveles iniciales del aprendizaje, es la forma de trabajo para el deportista ya hecho y que aspira al Alto Rendimiento Deportivo. Por lo tanto, una práctica de una duración mayor y de carácter más masivo, contemplando siempre los principios de variabilidad que hemos expuesto, es la propia del deportista de élite. De cualquier forma, la duración de la práctica, aún en los niveles a los que nos estamos refiriendo, no tiene nunca por que ser tan elevada, que ocasione la disminución de la motivación del deportista con la consiguiente falta de atención y la pérdida de significado de la ejecución, o que ésta se vea desvirtuada por una excesiva fatiga, aunque también somos conscientes de que la fortaleza psicológica de los deportistas de alto nivel les lleva a soportar cargas de trabajo deliberado que, por sí mismo, no tiene por qué ser divertidas o motivantes.

Resumiendo, las **consideraciones prácticas** más importantes que pueden hacerse respecto a esta temática son las siguientes:

1. Es necesario invertir un mínimo de tiempo de «calentamiento» para la progresiva puesta en acción tanto a escala física como mental, centrarse y enfocar el trabajo adecuadamente.

2. El tiempo de práctica con los principiantes no debe ser muy prolongado ya que carecen de capacidad suficiente de atención para que sesiones de larga duración puedan tener un efecto positivo en el aprendizaje. En la fase de optimización las sesiones de práctica tienen que ser largas e intensas y acordes con el nivel de condición física de los deportistas.

3. Distribuir la práctica es una buena estrategia cuando las exigencias físicas de las tareas es muy elevada, con ello disipamos el cansancio, aunque en algunas ocasiones puede ser conveniente el trabajo bajo estas condiciones porque reproducen las situaciones reales de juego o competición.

4. Siempre existe un límite máximo de duración de las sesiones por encima del cual los factores físico y psicológico hacen que el aprovechamiento no sea adecuado. Este límite depende, fundamentalmente, de los siguientes factores:

- Nivel de ejecución
- Experiencia en el entrenamiento.
- Grado de adaptación al esfuerzo.

En tanto el deportista tenga un mayor desarrollo en estos tres factores soportará sesiones más prologadas. Una cuestión muy importante en este sentido es que el entrenador conceda prioridad al elemento cualitativo de la práctica por encima del cuantitativo, dentro del tiempo asignado. No nos cansaremos de insistir que el factor clave para que en la fase de optimización deportiva se cumplan los objetivos previstos, es que cada ensayo de la técnica que realice el deportista tenga una entidad y un significado propios respecto a dichos objetivos.

10. EL DESEO DE EXCELENCIA EN EL DEPORTE

No nos equivocamos al decir que si algo caracteriza a los deportistas de alto nivel, es su deseo de querer llegar a ser excelentes, los mejores en su deporte. Su aceptación del sacrificio y de la entrega es manifiesto, llegar a la cumbre y mantenerse es fruto de miles y miles de horas de trabajo, de un proceso de optimización concienzudo y de un deliberado deseo de mejorar.

> *«No ha sido fácil llegar hasta donde he llegado porque el sacrificio ha sido mucho, pero ha valido la pena. No me arrepiento de nada»... «Yo nunca pienso en el fracaso, no va conmigo. Sólo aspiro a triunfar»* (Iván de la Peña; Futbolista, 1996).

Como ya hemos comentado en diferentes capítulos de este libro, el proceso de optimización deportiva se quedaría muy incompleto si no dedicáramos unas páginas a lo que nosotros denominamos el *deseo de alcanzar la excelencia*. Las aptitudes, talentos o dotaciones naturales no son suficientes y los deportistas lo saben:

> *«Dios te da facultades, pero eso sólo no basta»* (Roberto Carretero; Tenista, 1997).

Se necesita una voluntad férrea de querer llegar donde otros no han podido, de arriesgarse y aceptar la posibilidad de no alcanzarlo, pero es en el propio reto de tratar de alcanzarlo y disfrutar de ello donde radica la recompensa. Para los entrenadores esta serie de asuntos relacionados con la excelencia deportiva y cómo promoverla resultan de capital importancia, ya que tratar de optimizar el rendimiento deportivo sin que exista la energía psicológica necesaria, es una empresa abocada al fracaso. Las relaciones del entrenador con el profesional de la psicología del deporte nos parece fundamental, del mismo modo creemos que el entrenador debiera poseer una formación psicológica acorde con el trabajo que desarrolla, para no dejar a la suerte del *«estilo personal de entrenamiento»*, la solución de los problemas que en este ámbito suelen presentarse.

El deseo de ser excelente y alcanzar la pericia en el deporte no está prescrito de antemano en los genes del deportista. No somos partícipes de la creencia de que una persona nazca predestinada para desear fervientemente ser un campeón, más bien, pensamos que este deseo esta generado a través de complicadas interacciones entre factores intrínsecos, relativos a la disposición del deportista y factores de carácter extrínseco, relacionados con el contexto en el cual se desarrolla y realiza el propio deporte. De forma, que a lo largo de la carrera del deportista, la interacción de estos factores, va configurando motivaciones, intereses y actitudes, hasta llegar a un momento en que el proceso de optimización del rendimiento coincide con un gran deseo de poder materializar al máximo el potencial que se posee.

· Este sentimiento de querer llegar al máximo, se manifiesta como un flujo que encauza el comportamiento del deportista y es característico de las grandes proezas deportivas. Este flujo no es algo que aparece repentinamente, sino que se ha ido construyendo a base de pequeños microflujos, de sentimientos, sensaciones y pensamientos favorables al propio rendimiento a través de todo un proceso, es el desarrollo de un optimismo hacia los propios rendimientos y posibilidades.

Goleman (1996) resalta el papel de la motivación positiva relacionada con sentimientos de entusiasmo, perseverancia y confianza cuando nos referimos al rendimiento. Ericsson (1994) en sus estudios con personas que han alcanzado rendimientos sobresalientes, tal como es el caso de los deportistas olímpicos, destaca que los deportistas de élite se caracterizan por una elevada motivación y la capacidad para seguir un programa muy exigente de entrenamiento desde edades muy tempranas.

En consecuencia, podemos afirmar que lo que diferencia a los deportistas que están en la *cresta de la ola* del rendimiento deportivo, de aquellos que con similares competencias, no alcanza unos rendimientos tan buenos, es la capacidad de ejercitarse a lo largo de muchos años con el propósito deliberado de alcanzar las máximas cotas de rendimiento deportivo. Como indica Goleman (1996), la práctica resultará efectiva cuando concurran factores emotivos, tales como el *entusiasmo mantenido* y la *tenacidad ante todo tipo de contratiempos*.

Por consiguiente, el deportista de alto rendimiento debe poseer una ética del esfuerzo y el trabajo que se debe traducir en una mayor motivación y perseverancia en la consecución de los objetivos previstos. Es ese sentimiento de confianza y autoeficacia el que permite que los deportistas de nivel soporten y toleren las diferentes vicisitudes de su deporte:

> «Desde el comienzo estaba muy confiado. En ningún momento pensé que el partido se podría complicar un poco. Estaba seguro de mi victoria» (Carlos Moyá; Tenista,1997).

Es esta fortaleza interior, esta resistencia psicológica y un aprendizaje optimista el que el entrenador debe promocionar en sus entrenamientos. Podríamos avanzar que este optimismo es un buen indicador para predecir el éxito en el deporte. Como nos muestra Seligman (1991), cuando el deportista ha aprendido a ser optimista, se genera en él una fuerte expectativa de que las cosas irán bien, a pesar de los contratiempos y de las frustraciones que puedan surgir. Contrariedades, que por otra parte, son elementos connaturales del proceso de llegar a ser excelente en el deporte.

Es necesario ser conscientes de que la diferencia entre el triunfo y el fracaso puede radicar en la capacidad del sujeto para afrontar la situación competitiva y que el deportista se encuentra ante la necesidad de dar todo lo que tiene de sí para alcanzar la meta propuesta con la esperanza de alcanzarla:

«Yo pongo toda la carne en el asador para conseguir las medallas que luego va a disfrutar todo el país» (Martín Fiz; Maratoniano, 1995).

Es esa búsqueda del triunfo, al mismo tiempo que una aceptación positiva de los fracasos, lo que se configura como los elementos motivadores fundamentales para futuros éxitos, en consecuencia, dicha búsqueda debe ser promovida entre los deportistas:

«Claro que voy a luchar por el triunfo, para eso estamos aquí» (Carlos Sainz; Conductor de Rallys, 1997).

Los deportistas deben aprender que el problema no es fracasar sino el tiempo que se tarda en recuperar de dicho fracaso:

«La derrota no me ha afectado» (Arantxa Sánchez Vicario; Tenista, 1995).

La literatura científica es abundante en datos que caracterizan la personalidad de los deportistas de élite y sin querer suplantar a excelentes manuales de psicología del deporte en español (Balaguer, 1994; Davis, 1991; De Diego y Sagredo, 1992; Lorenzo, 1996; Martens et al., 1989; Riera y Cruz, 1991; Roberts, 1995; Weinberg y Gould, 1996; Williams, 1991) hacia los cuales invitamos al entrenador para que los consulte, vamos a referirnos a algunos aspectos que guardan una estrecha relación con el asunto central de este libro: *El rendimiento deportivo.*

10.1. EL ROSTRO DE LA EXCELENCIA EN EL DEPORTE

En numerosas ocasiones los entrenadores han escuchado a sus deportistas explicar cómo se sentían el día que alcanzaron sus mayores logros. Las sensaciones de fuerza, plenitud, competencia y eficacia que le hacía fluir a lo largo del encuentro o de la competición o durante todas las sesiones de entrenamiento que precedieron a la consecución del éxito.

No exageramos si decimos que el deporte de alta competición es el ejemplo más claro de un modelo de excelencia, de voluntad de progreso y que la lógica de la competición deportiva es la lógica de la excelencia (Missoum y Selva, 1994). Pero, *¿Qué es la excelencia?* Sin duda parece una pregunta de fácil respuesta: sobresalir por encima de los demás. Tal vez, sea ésta la definición más cercana al origen etimológico de la palabra. En nuestro contexto, el deportivo, la excelencia podríamos definirla como la competencia para alcanzar las metas establecidas mediante el empleo de unos recursos específicos.

En este sentido, todos podemos llegar a ser excelentes con relación a unas expectativas personales bien planteadas. Pero si lo contextualizamos en el ámbito de la competición deportiva, no podremos negar que, el corredor de maratón Martín Fiz ha alcanzado la excelencia en su especialidad atlética, es decir, está por encima de la inmensa mayoría de los corredores de maratón y ha llegado a serlo después de haber recorrido un largo itinerario deportivo, que es expresión de un estilo de vida en el cual la dedicación al deporte constituye un aspecto fundamental:

> «*...sin duda el sacrificio y trabajar con humildad. He sido campeón del mundo pero no pienso en ello, simplemente lo dejo atrás y lucho por mi propio objetivo*» (Martín Fiz; Maratoniano, 1996).

Csikszentmihalyi (1990) ha estudiado estos relatos de los expertos sobre los pensamientos y sensaciones que rodearon su rendimiento excelente. Estos estudios le llevaron al empleo de la expresión inglesa *Flow* (flujo) para expresar este estado de llegar a la zona de rendimiento óptimo que el profesor Arruza y la profesora Balagué (1997) llaman ERO o estado de rendimiento óptimo. Es el momento de gracia que todos los deportistas desearían alcanzar, un estado que por naturaleza es de carácter efímero e inestable y que necesita constancia y compromiso para mantenerlo en el tiempo.

Para muchos autores esta capacidad para alcanzar el estado de flujo es una manifestación de la inteligencia emotiva (Goleman, 1996), esta situación favorece que los entrenamientos tengan sentido, que se deje de lado el aburrimiento y la ansiedad, de que se genere una mayor tolerancia psicológica ante las posibles adversidades, en definitiva, es sentirse atrapado en la actividad que se realiza y sentirse recompensado por ello.

El camino de la excelencia pasa por sentirse competente, lo que lleva al convencimiento de que se es competitivo. Asimismo es necesario poseer la voluntad de escapar de la rutina que desmoraliza y reduce la motivación, y en contraposición ser capaz de mantener una disposición personal de superación de obstáculos. Esto constituye para el deportista toda una dinámica actitudinal a largo plazo:

> «*No soy el mejor jugador del mundo, ni mucho menos. Ni siquiera sé si estoy entre los mejores futbolistas de España, me queda muchísimo por recorrer*» (Raúl González; Futbolista del Real Madrid C.F.).

Es muy probable que todos nosotros hallamos pasado por situaciones de casi-flujo o de microflujos en nuestras dedicaciones laborales, incluidas la del entrenador, en las que la concentración es elemento esencial, es trabajar en la zona óptima de rendimiento. En esta situación el deportista está totalmente conectado con la tarea que optimiza, tiene claros los objetivos que persigue, se siente controlando su rendimiento, en definitiva se siente totalmente en sintonía con el rendimiento requerido.

De acuerdo con Csikszentmihalyi (1993) se considera que son diferentes los factores que contribuyen al estado de flujo:

- Tener una elevada competencia para acometer retos.
- Estar atrapado (la atención) por la actividad.
- Tener claros los objetivos y tener retroalimentaciones inmediatas sobre su actuación.
- Sentir que controla la situación y a sí mismo.
- Perder la consciencia de sí mismo.
- Perder la noción del tiempo.

Jackson y Marsh (1996) han desarrollado un instrumento de medición de este estado óptimo de rendimiento, al que han denominado FSS (*The Flow State Scale*), en el cual se analizan aspectos de este estado, tales como el equilibrio competencia-reto, conciencia de la actividad, claridad de los objetivos, concentración en la tarea, sentimiento de control o percepción del tiempo, entre otros. Entre los items que forman estos instrumentos, a modo de ejemplo, presentamos los siguientes en la Tabla 10.1. :

Escala de evaluación del Estado de Flujo en el deporte (Jackson,1995)

Items seleccionados

	Muy en desacuerdo			Muy de acuerdo	
1. Me gustan los retos, pero poseo las competecias necesarias para superarlos.	1	2	3	4	5
6. Siento que controlo todo lo que hago	1	2	3	4	5
7. El tiempo se transforma (o es muy lento o muy rápido)	1	2	3	4	5
12. Tengo muy claro lo que deseo conseguir.	1	2	3	4	5
16. No me preocupo de mi rendimiento durante la competición .	1	2	3	4	5
20. Actuo de forma automática.	1	2	3	4	5
27.La experiencia me hace sentirme pleno.	1	2	3	4	5
34. No me preocupa los que otros piensen de mí.	1	2	3	4	5
36. Encuentro la experiencia extremadamente satisfactoria.	1	2	3	4	5

Tabla 10.1   Escala de evaluación del Estado de Flujo en el deporte (Jackson, 1995)

Tal vez habría que plantearse si no es conveniente dotar a los deportistas de la formación adecuada para que puedan aprender a alcanzar el estado flujo. Para conseguir esto parece necesario plantear unas situaciones de práctica en las que el deportista se sienta en disposición de poner en funcionamiento todos sus recursos para alcanzar los objetivos previstos. La literatura psicológica y pedagógica al respecto ha demostrado la necesidad de ofrecer tareas que se caracterizan por un nivel «dulce» de complejidad, que por una parte representa un reto y no aburre pero que, por otra parte, tampoco provoca ansiedad.

Como la psicología del deporte nos muestra, cuando los deportistas alcanzan un nivel de pericia muy elevado el sujeto se ve intrínsecamente motivado a continuar, por encima de todo, quieren actuar más allá de las comparaciones sociales, la fama o el dinero:

«*Juego por amor al juego*» (José Maria Olazabal - Jugador profesional de Golf, 1994).

10.2. ATRIBUTOS PSICOLOGICOS Y EXCELENCIA DEPORTIVA

Son numerosos los estudios que han analizado la personalidad de los deportistas de élite y es difícil llegar a conclusiones precisas sobre esta cuestión. La mayoría de los estudios que han analizado los atributos psicológicos de los deportistas de élite se relacionan con lo que se ha dado en denominar «*Personología Deportiva*» (Vanden Auweele, Cuyper, Van Mele y Rzewnicki, 1992). Junto con esta orientación son otros muchos los modelos los que se están ensayando en la actualidad: Modelos de autoeficacia, motivación de logro, atribución causal, estilos atencionales, etc.

El estudio de la personalidad de los deportistas es una de las líneas de investigación más clásicas en el ámbito del deporte. Este tipo de estudios han tratado de dar respuesta a cuestiones tales, como si los deportistas poseen una particular personalidad, lo que los llevó a la práctica de un deporte en concreto o si, por el contrario, la práctica de un determinado deporte conforma una personalidad específica en los deportistas. Vealey (1989) realizó una revisión de los estudios sobre este asunto concluyendo que los resultados de las investigaciones realizadas hasta ese momento eran bastante contradictorios. Es probable que este hecho sea debido a las muchas dificultades que se reúnen alrededor de estas investigaciones, tales como la diversidad de la metodología empleada en las mismas, las diferencias en la definición de los rasgos estudiados, la falta de homogeneidad de los grupos, los procedimientos estadísticos empleados o el empleo irregular de los instrumentos empleados para la evaluación de la personalidad.

Uno de los ámbitos de estudio realizado en los últimos tiempos con cierto grado de asiduidad por parte de los investigadores, es el estado de ánimo (*mood state*) de los deportistas. En España el estudio de Arruza (1996) constituye un destacado ejemplo.

Este investigador analizó el perfil de estado de ánimo en deportistas de nivel olímpico en el deporte del Judo. El estado de ánimo se convierte en una variable que medía el rendimiento deportivo en la medida que un perfil del estado de ánimo puede manifestar una situación de sobrentrenamiento que pudiera influir negativamente en la prestación (Arruza, 1996, pág. 28)

Este instrumento fue elaborado para detectar estados pasajeros en el ámbito de la psicoterapia, convirtiéndose con el tiempo en un instrumento capaz de predecir el rendimiento deportivo. Morgan (1974) es uno de los investigadores que han escrito más sobre el mismo, e identificó el denominado *perfil iceberg* referido a las puntuaciones obtenidas en él. Caracteriza este perfil el hecho de estar por debajo del percentil 50 en las variables: *tensión, depresión, hostilidad, fatiga, confusión*, y por encima del percentil 50 en la variable *disminución del vigor*. Esto quiere decir que el sujeto que esté en el denominado ERO no se siente deprimido, ni confuso ni fatigado, sino todo lo contrario, está disponible para ofrecer el máximo esfuerzo y disfrutar en ello. Animamos al entrenador para que consulte el estudio de Arruza sobre este particular consignado en la bibliografía de esta obra.

Para este autor este instrumento sirve para detectar los efectos negativos de un entrenamiento intenso y la existencia, en los deportistas estudiados, del perfil iceberg de Morgan, llegando a la conclusión de que el perfil de estado de ánimo (P.O.M.S.) es un instrumento de primera magnitud para evaluar el nivel de adecuación del afrontamiento de la competición por parte de los deportistas de élite. Según los datos obtenidos, cuando el estado de ánimo con el que se afronta la competición es óptimo, los valores de los factores: *Hostilidad, tensión y vigor* deben ser elevados, mientras que los referidos a la *depresión, fatiga y confusión* deben ser bajos (pág. 33).

Pero, *¿cuáles son las características de los deportistas del alto rendimiento deportivo (ARD)?* La forma de responder a esta cuestión ha sido muy variada, lo que nos indica que los resultados también lo han sido. Características tales como la morfología, el estilo de vida, las horas de entrenamiento, las capacidades fisiológicas o competencias perceptivo-motrices han sido tenidos en cuenta a la hora de intentar responder a esta pregunta desde un planteamiento sistemático y científico. En este sentido hay que destacar que han sido abundantes en el pasado más próximo los estudios psicológicos en los que se han empleado, e incluso desarrollado, instrumentos para analizar el estado de ánimo, la ansiedad, la motivación, la confianza en uno mismo, las relaciones interpersonales o el afrontamiento cognitivo.

Sin embargo, es preciso destacar que en la última década se ha dado un cambio a las tradicionales formas de estudiar estas cuestiones introduciendo, además de los estudios entre individuos, los estudios intraindividuo. A partir de estos últimos se ha detectado lo que anteriormente se ha denominado como experiencia de plenitud, o de flujo, en la cual se hace posible un rendimiento óptimo. Como podemos observar en la Tabla 10.2 que Vanden Auweele, Cuyper, Van Mele y Rzewnicki (1992) presentaron en su excelente revisión, ha sido un asunto recurrente entre los deportistas.

Csikzentminhaly	Orlick	Garfield	Loerh	Ravizza	Williams	Nideffer	Singer
•Fusión de acción y conciencia •Centrar la atención en un campo perceptivo limitado •Pérdida del ego •Control del medio y las acciones •Coherencia, claridad del feedback •Autotelismo	•Mantener la compostura ante el error. Frialdad •Determinación •Voluntad, automotivación, deseo	•Energizado •Centrado en el presente •Centrado en sí mismo-(cocoon) •Control •Mentalmente relajado, físicamente relajado. •Confiado, optimista	•Energizado •Alerta, focalizado •Control automático, económico. •Confiado, optimista •Orgulloso, alegre	•Centrado en el presente. Atención focalizada •Completa absorción, armonia •Perfección • Sin temor	•Preocupación positiva por el deporte •Control fluido Autoregulación de la activación •Confianza •Determinación •Compromiso	•Concentración óptima sin esfuerzo •Observación centrada en sí mismo •Control total	• Autocontrol • Confianza • Orientación a la maestria • Actitud positiva, compromiso

Tabla 10.2   Comparación de las descripciones sobre la Experiencia de Rendimiento Optimo realizada por diferentes investigadores en relación al estado de flujo de Csikzentmihaly (tomado de Vanden Auweele, Cuyper, Van Mele y Rzewnicki, 1992)

Como puede observarse son diferentes las características del deportista de élite, que determinan su deseo de ser excelente, y resumimos en la Fig.10.3

EXCELENCIA EN EL DEPORTE

- • CONDICIÓN FISICA
- • GESTIÓN DE LA INFORMACION
- • ESTRATEGIAS DE ACTUACION
- • VOLUTAD-MOTIVACION
- • SENTIMINEO DE AUTOEFICACIA
- • CONCENTRACION
- • CLARIDAD DE OBJETIVOS
- • PERCEPCION DE CONTROL
- • ANTICIPACION
- • AUTOMATIZACION
- • REGULACION DEL STRESS
- • CONTROL DE LA ANSIEDAD

Fig. 10.3

Con todo lo comentado podemos aventurarnos a decir que existe una tipología psicológica de los deportistas de élite que destaca la fortaleza, no sólo física, sino también psicológica, fruto de su preparación técnica, táctica y psicológica que le pone ante la posibilidad de alcanzar retos vedados para el común de los mortales.

Estas estrategias desarrolladas por los deportistas de ARD les hace conocer más y mejor sobre su propio rendimiento, sobre sus propias sensaciones:

> *«Yo siempre he creído más en mis propias sensaciones que en las máquinas»* (Miguel Induráin; Ciclista del Equipo Banesto-1996).

Provoca que exista fe en que es posible superarse constantemente y que merece la pena emplearse en esta labor y comprometerse en el empeño:

> *«Siempre he creído que si uno se pone a trabajar los resultados saldrán tarde o temprano. No hago las cosas creyendo a medias. Sé que al hacerlo así sólo puedo esperar resultados mediocres. Por eso me concentro en los entrenamientos tanto como en los juegos»* (Michael Jordan, 1995).

Es desarrollar lo que el profesor Arruza y la profesora Balagué (1997) denominan *Tolerancia Psicológica*, concepto muy interesante y definen como la posesión de la capacidad de mantener un estado óptimo de rendimiento (ERO), lo que permite al deportista soportar las exigencias y presiones en aquellas situaciones de competición que poseen una gran importancia para su carrera deportiva.

Un análisis de las investigaciones y de las biografías de los deportistas de ARD muestran como todo lo comentado va confluyendo progresivamente y conducen a la excelencia a la que nos hemos referido en esta capítulo.

Dejamos al lector para que indague en los textos sobre Psicología del Deporte y tome más conciencia de esta dimensión del alto rendimiento deportivo, lo conozca y comprenda su necesidad para tenerla en cuenta diariamente en sus entrenamientos. El papel del entrenador lo vamos a identificar con la confidencia que Michael Jordan realiza, a cerca del papel del compromiso personal, en su libro *«Mi filosofía del triunfo»* (1994):

> *«El entrenador Smith me llamó un día y me enseñó dos películas, uno del principio de mi año como novato y otro del comienzo de la segunda temporada. Eran totalmente opuestos. Estaba buscando caminos fáciles, atajos y la verdad es que éste no fue el camino que me condujo hasta allí. Conservaba la garra y el deseo, pero había perdido la concentración»* (pág. 25)

El entrenador juega un papel de primer orden en la medida que sirve para dar confianza, es el ancla en el que se amarrará el deportista cuando así lo necesite. Es el faro que alumbrará las dudas del deportista ante aspectos del deporte o de su propia vida. Tomar conciencia de ello es imprescindible para poder guiar convenientemente la carrera deportiva y planear su final de tal manera que el mismo sea un algo normal y la integración en la sociedad no sea traumática.

CONCLUSION

RADIOGRAFIA DEL DEPORTISTA EXPERTO

En las diferentes partes y capítulos anteriores hemos ido relatando cómo toda una serie de condicionantes personales y contextuales pueden tener una gran influencia en la optimización de los aprendizajes relacionados con el rendimiento deportivo. Tal como se ha podido apreciar, con el propósito de aportar ejemplos prácticos y reales para una mejor comprensión de nuestras explicaciones, hemos empleado numerosas referencias a una serie de personas, todas ellas con el común denominador de su gran dominio del deporte que practican, con un nivel de pericia que sin duda pueden ser catalogados como fenómenos, expertos o simplemente números UNO, es decir, *los Campeones*.

Nos dejó asombrados contemplar como Miguel Indurain era capaz de superar a sus rivales en una mezcla de tenacidad psicológica y poderío físico, o en el caso de Carlos Sainz como es capaz de alcanzar esas velocidades en recorridos infernales, o como Sampras en un alarde de dominio en todas las facetas del juego rompe los esquemas de sus oponentes y además declara que todavía siente que va a más y más en su rendimiento.

En los últimos años numerosos especialistas tanto desde el ámbito del deporte como desde el ámbito de la psicología se han detenido a reflexionar sobre el asunto que estamos tratando, para poder analizar con detenimiento qué es lo que hace que ciertos individuos se superen a si mismos y se sitúen por encima de sus contrincantes, en un intento de respuesta a la pregunta de *¿qué es lo que diferencia realmente a un deportista excepcional, a un campeón, de un deportista bueno, pero de los que hay muchos?*

A continuación vamos a intentar presentar al lector algunos de los conocimientos y hallazgos existentes relacionados con la pericia en el deporte, con el propósito de que pueda provocar una reflexión acerca del empleo de una serie de recursos y de sus posibles consecuencias en la formación y optimización de los deportistas. Las preguntas más importantes que pueden surgirnos en este sentido son las siguientes:

- ¿Cómo podríamos definir a un deportista experto?
- ¿Cómo se llega a este nivel de competencia?
- ¿Es absolutamente necesario ser un talento "natural" o un superdotado para alcanzar la pericia en el deporte ?

Es probable que muchos entrenadores puedan pensar que estas preguntas son meramente una especie de pasatiempo intelectual del agrado de los autores de este libro. Antes de realizar este juicio superficial, hay que considerar que dentro del ámbito del alto rendimiento deportivo, estas preguntas pueden tener un significado capital, ya que la respuesta a las mismas nos podría indicar el por qué es experto un deportista y qué es lo que le hace estar por encima de todos los demás.

Dentro ya del análisis del problema, una de las hipótesis de partida más manejadas la constituye el postulado de que el que llega a ser campeón es porque la naturaleza le ha dotado de ese don y lo que hace el entrenamiento es simplemente permitir su manifestación con más claridad ante los demás. Esta versión *nativista* (de naturaleza) del desarrollo de las élites deportivas, es decir, considerar que la naturaleza ha repartido una serie de dones y que a algunos les ha tocado del don de saltar 2,40 metros o el de ser capaz de dar la vuelta al mundo en solitario en un pequeño barco de vela, o alcanzar una cumbre de 8.000 metros, está bastante enraizada en el pensamiento de muchas personas relacionadas con el deporte.

Cierto es que no todos nacemos para llegar a ser premio Nobel o para tocar con el virtuosismo de Pau Casals, pero también es cierto que a veces se pasa por alto las decenas de miles de horas que es necesario emplear en alcanzar los niveles de pericia que tanto nos asombran, así como de los innumerables mecanismos de compensación de que dispone el ser humano para suplir muchas limitaciones de la naturaleza y alcanzar sus metas cuando está realmente decidido a hacerlo, de forma que unas potencialidades compensan otras debilidades.

Pongamos algún ejemplo, Zsuzsa Polgar, campeona del mundo de Ajedrez en 1996, posee una historia muy interesante de analizar. Su padre Lazslo Polgar estaba convencido de que un niño normal podría llegar a ser un genio si crecía en un ambiente apropiado, de ahí que con su esposa llevasen a cabo lo que ha sido conocido como el *"Experimento Polgar"*. Desde temprana edad introdujo a sus hijas en el juego del ajedrez, proporcionándoles un ambiente que fomentase el deseo de dominar los diferentes aspectos del juego, así como sus variadas estrategias, de forma que el objetivo de alcanzar la maestría en el ajedrez fue conviertiéndose en algo habitual en una familia de la que surgieron Zsusza, Judith y Sofía, tres genios de este deporte. El padre hace mención a algo que el denomina como *"los celos positivos"*, según su criterio, estos celos supusieron establecer un ambiente en el que si las hijas menores querían jugar con el padre, tal y como éste lo hacía con la hija mayor, debían aprender las reglas del ajedrez.

En nuestro país tenemos también ejemplos de los esfuerzos familiares para dotar a los hijos de las condiciones más favorables para que desarrollen todas sus competencias en un deporte. Un caso plasmado en un libro es el de la familia Sánchez Vicario, quienes en 1993 publican *"Forja de Campeones"* presentando cómo desde el inicio la familia optó por facilitar la posibilidad de que sus hijos e hijas pudieran llegar a ser campeones, a pesar de que como indican: *"de Emilio se dijera siempre (hasta los 16 años) que no era el tipo ideal de tenista..."* (pág.17).

Si bien los entrenadores se ocupan con afán de la detección y selección temprana de los futuros campeones deportivos, la investigación se ha preocupado por analizar los entresijos de ese *"llegar a ser campeón"* y lo *que supone serlo en comparación con quienes no lo son*. En la actualidad, a este área de interés investigador se la denomina como del *estudio de la pericia en el deporte* y en ella se trata de comprender los mecanismos y procesos que subyacen a tales proezas, de conocer el itinerario vital de los expertos y de atrapar las claves de llegar a serlo.

A lo largo de la historia, diferentes países, por razones muy diversas, en su mayoría políticas, han desarrollado planes de detección y captación temprana de talentos para el deporte, con la esperanza de que por la vía cuantitativa (evaluación específica de grandes cantidades de niños y adolescentes), se obtendrían resultados cualitativos (detección de los individuos con la necesaria calidad para llegar a ser campeones que engradecerían a la patria...).

1. EXPERTOS EN EL DEPORTE

La búsqueda de sujetos superdotados, en posesión de un talento específico para alcanzar el éxito en las ciencias y en las artes, ha ocupado el tiempo y dedicación de numerosos investigadores. En este esfuerzo se siguen empeñando muchas instituciones públicas y privadas y diversos sectores de la sociedad. Las Fundaciones CEIM o RICH en España tienen esa loable empresa y existe además una Asociación Española para Superdotados y con Talento que preside el profesor Esteban Sánchez. Son estos sujetos un 3% de la población, aunque en el Deporte es difícil conocerlo con exactitud.

Para Pérez (1993) los sujetos superdotados o talentosos son aquellos que por sus habilidades extraordinarias, son capaces de altas realizaciones en áreas tales como la competencia intelectual general, aptitud académica, creatividad, liderazgo, competencia artística y competencia motriz.

Como cabría esperar, entre las pesquisas de los organismos y asociaciones antes mencionados, no se encuentra la de detectar el talento para el deporte, esa labor se la dejan a los organismos competentes en materia deportiva, que desarrollan programas y campañas con este propósito específico y que apoyan a estudiosos en la materia, que por su parte prometen encontrar a edad temprana a aquellos individuos que podrían llegar a lo más alto en el deporte.

Si bien es verdad que está claro que, a lo largo de la historia han llamado la atención los rendimientos excepcionales de algunas personas en ámbitos y contextos muy diferentes, también es cierto que a este tipo de sujetos se les ha llamado de forma muy variada. En el deporte es muy común referirse a ellos como: *talentos o superdotados* para tal o cual deporte. Lo que nos indica que desde temprana edad dichos individuos han mostrado una especial aptitud para saltar, correr, girar o para manejar un instrumento. En definitiva se trata de detectar y seleccionar de manera efectiva talentos o superdotados para tal o cual actividad deportiva. En consecuencia, se diseñan campañas de detección y se crean por parte de organismos oficiales unidades especializadas en la evaluación del talento deportivo, cuyo resultado real deja mucho que desear.

Las expresiones *Experto o Especialista* denotan tiempo, trabajo y correcta tutoría y supervisión técnica, aunado con la voluntad del atleta por querer llegar a lo más alto y el conocimiento necesario para lograrlo, lo que conduce a la pericia.

¿Se nace o se hace?

En el ámbito deportivo esta disyuntiva siempre ha estado presente y son muchos los entrenadores y técnicos que aceptan que básicamente es la naturaleza la única responsable de que Raúl sea un extraordinario jugador, aunque él mismo declare que todavía le queda un camino por recorrer y muchas cosas que aprender. En este sentido es preciso decir, que negar la participación de la herencia en el desarrollo motor y en el rendimiento físico sería un error tan grave como aceptar que es la única razón de tales rendimientos.

A los partidarios de la tesis *biológico-genética del talento* habría que recordarles que los itinerarios en el camino para llegar a ser experto son muy variados y que todos ellos están cargados de trabajo, de entrenamiento abundante, de práctica muy pensada y bien calibrada, que puede que un sujeto con especiales cualidades para el salto o con un estatura portentosa podrá resaltar en la infancia, pero puede quedar sobrepasado, si se descuida, por aquellos otros algo menos dotados, pero que practican de manera programada para mejorar. No se puede ignorar que el fenómeno de la compensación existe en el deporte, de forma que una menor estatura puede verse compensada por una inteligencia para el juego excelente, aunque lo ideal es tener una estatura elevada y un sentido del juego hiperdesarrollado.

Si el carácter excepcional de ese talento fuese exclusivamente fruto de la herencia, debería mostrarse con fuerza a lo largo de los años y la evidencia nos muestra que no es así y que es un tópico considerar que el alumno con talento para el deporte no necesite de la práctica y el entrenamiento para llegar a ser un experto en un campo de actuación.

En resumen, podemos afirmar con un escaso margen para la duda, que en un momento determinado y con potencialidades diferentes coexistirán una serie de individuos con una oportunidades básicas equivalentes para alcanzar el éxito deportivo, dada esta circunstancia, aquel que sepa gestionar de forma más adecuada el complejo proceso de la preparación deportiva será aquel que sobrepase a los demás y se constituya en campeón.

Como indica Famose (1988), respecto de la detección temprana del talento deportivo, es posible que se estén estableciendo prematuramente las categorías de *dotados y poco dotados* al fijarse únicamente en los resultados iniciales, mientras que los datos obtenidos en laboratorio y en el terreno muestran unas débiles correlaciones entre los resultados iniciales y finales en el aprendizaje (Fig. C.1).

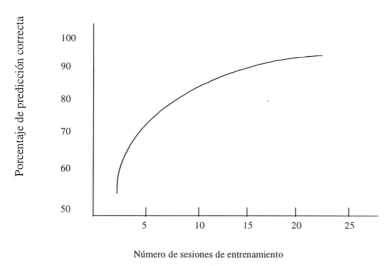

Fig. C.1   (Tomada de Famose, 1988)

Como se ha demostrado, la mayoría de los estudios sobre la detección y selección de talentos para el deporte se ha fundamentado en identificar los factores del éxito lo antes posible en los niños y niñas: factores morfológicos, fisiológicos, psicológicos, sociológicos, etc. por medio de procedimientos diferentes y que en la mayoría de los casos se ha concretado en la construcción de un instrumento de detección, es la vertiente aptitudinal de la detección la que prima en la investigación. *"Si se consigue atrapar las aptitudes que son necesarias para un determinado deporte y se detectan en la infancia, se habrá dado un paso de gigante"*, es éste el pensamiento de muchos investigadores del deporte, lo cual conlleva un excelente análisis de la actividad deportiva en cuestión y de la consideración de la naturaleza evolutiva de las aptitudes humanas.

Desde los seminales estudios de Bloom (1985) hasta la actualidad Ericcson, Krampe y Tesch-Römer (1993), la evidencia ha mostrado que los sujetos expertos en un dominio concreto (Ajedrez, música, matemáticas, deporte), además de manifestar un especial talento poseen una larga experiencia de más de 10 años de trabajo intenso. Con un dato adicional, como es qué esa elevada cantidad de años de entrenamiento se ha caracterizado por un *"deseo deliberado de optimizar sus aprendizajes"*. Es éste un apartado interesante sobre el que invitamos al lector a reflexionar con nosotros, ya que un talento sin un compromiso, no llegará a desarrollar lo que en potencia podría llegar a ser y un talento menor con gran compromiso puede llegar a alcanzar cotas de rendimiento excelentes.

Es difícil optimizar el aprendizaje de un deporte si el deportista no posee la energía psicológica necesaria, si no está convencido de que es posible alcanzar el objetivo marcado, si no manifiesta junto a la inteligencia motriz, la inteligencia emocional, aquella que le permite soportar las horas de entrenamiento, que le dota de un robusto autoconcepto, que le permite comprender que la fuerza está en verse cada vez mejor y que el fracaso surge cuando "superar a los demás" es la única meta en el deporte. Es un sentimiento de autoeficacia y de confianza o *de tolerancia psicológica* como gusta en llamar nuestro amigo y colega, el profesor Arruza, entrenador de campeones olímpicos.

Es un apartado que los especialistas en la detección de talentos no abordan con claridad, tal vez porque no sea sencillo su afrontamiento y, sin embargo está ahí, y es de una importancia capital. En este sentido, la Psicología del Deporte viene demostrando desde hace décadas que la voluntad de mejorar y de ser competente es una variable que condiciona el rendimiento y que los expertos en el deporte se caracterizan por poseer un metaconocimiento afectivo elevado, que les hace analizar mejor sus emociones, controlarlas adecuadamente, afrontar con eficacia los momentos difíciles, etc. Es este un punto clave, lo emocional se convierte en el motor de la optimización deportiva y, por lo tanto, debe ser tratado con mimo por el entrenador, pensemos en los equipos llenos de plenitud física pero bloqueados para conseguir los resultados esperados.

2. DESARROLLO DE LA PERICIA EN EL DEPORTE

Una de las tendencias que podemos encontrar en la actualidad acerca del problema que estamos tratando es que, la tradicional expresión de detección de talentos está siendo sustituida por la de *desarrollo de la pericia en el deporte* (Salmela y Durand-Bush, 1994), conceptualización que desea destacar más el seguimiento de los efectos del entrenamiento y de la práctica deliberada en los individuos que acceden a un deporte y que progresivamente van alcanzando niveles más elevados de pericia, dada la dificultad de predecir unos resultados futuros a partir de unos resultados iniciales, algo que los antiguos autores soviéticos ya habían destacado.

En este desarrollo y seguimiento de la pericia, es necesario considerar no sólo el componente biológico y fisiológico de los sujetos, sino también el cognitivo, lo aprendido, su conocimiento y cómo éste **conocimiento de base** influye en sus rendimientos deportivos de forma muy variada. Se asume en la actualidad que los expertos en el deporte han desarrollado una especie de *"configuraciones típicas de su deporte"* (Lerda, Garzuel y Therme, 1996), es decir, a lo largo de las miles de horas de entrenamiento han desarrollado esquemas de acción que poseen los rasgos característicos de las situaciones típicas del deporte pero que están abiertos a una modificación particular a cada situación nueva que surge (veáse Capítulo 2).

De forma concreta en el ámbito motor son numerosos los estudios que han analizado y explorado lo que hacen los deportistas expertos, para lo cual han empleado tareas de resecuenciación de acciones motrices, de conocimiento declarativo sobre el deporte en cuestión, reconocimiento de patrones de juego, protocolos verbales para analizar las estrategias en la toma de decisión o el análisis de las conductas visuales de los deportistas expertos y no expertos en modalidades tales como el Tiro con pistola, Escalada, Voleibol, Baloncesto, Fútbol, Béisbol o Gimnasia Artística.

Estas investigaciones han empleado procedimientos similares a los empleados en otros ámbitos de pericia (matemáticas, ajedrez, física, etc.), para lo cual se han presentado problemas de juego mediante diagramas o diapositivas, para progresivamente pasar a simulaciones más sofisticadas mediante ordenador o más cercanas a la realidad deportiva, en las que el sujeto estudiado es puesto en circunstancias muy parecidas a las del juego (filmaciones a tamaño natural), seguimiento del propio juego (protocolos verbales concurrentes), procedimientos basados en grabaciones en vídeo o mediante sistemas de observación del sujeto en situación (Ruiz, 1997).

Con todo ello se ha tratado de analizar la estructura del conocimiento experto en el deporte y sus estrategias y decisiones, para compararlas con aquellas de los que no muestran ese nivel de pericia (Thomas, French y Humpries, 1986). Otra línea de estudio es la que trata de analizar cómo los expertos han llegado a serlo, indagando en los itinerarios vitales de especialistas en diferentes deportes, tal es el caso de los estudios de Bloom (1985).

En definitiva, el interés por estudiar el desarrollo de la pericia en el deporte reside en:

1. Conocer cómo interactuan el conocimiento de base, las habilidades técnicas y las situaciones de juego.
2. Analizar el tipo de procesos cognitivos implicados en los diferentes deportes.
3. Dilucidar las relaciones entre conocer sobre el deporte y ser competente en dicho deporte.
4. Encontrar las posibles aplicaciones pedagógicas.

3. ¿COMO SE LLEGA A SER EXPERTO EN EL DEPORTE ?

La psicología del deporte no ha mostrado un elevado interés por la detección de los talentos dado que no existe un modelo claro de cómo los deportistas aprenden los deportes, para ser empleado en esta labor. Régnier, Salmela y Russell (1992) analizaron ampliamente la extensa variedad de procedimientos de detección y seguimiento de los talentos en el deporte.

La realidad ha ido mostrando como los diferentes investigadores han optado por defender propuestas distintas basadas en argumentos variados, en los cuales existe la coincidencia de emplear diferentes tareas/tests que permitan explorar cualidades físicas o motrices que se consideran fundamentales para el rendimiento deportivo, todo ello enmarcado en unos modelos a través de los cuales se especifica lo que debe ser tenido en cuenta en cada fase.

Gimbel, Drek, Monpetit y Cazorla, Geron, Bar-Or o Regnier, Salmela y Russell, son nombres asociados a diferentes modelos de detección de talentos para el deporte. En todos ellos se comprueban los intentos de solucionar los problemas inherentes al fenómeno de la compensación, el papel relativo de la herencia y del conocimiento adquirido y las aportaciones actuales científicas actuales.

En los años ochenta Bloom (1985) presentó una investigación de corte cualitativo sobre cómo sujetos con talentos en diferentes ámbitos habían llegado a dicha posición. De su pormenorizado estudio estableció la existencia de 4 fases que denominó: *Inicio, Desarrollo, Perfección y Aportación* (Tabla C.1.). Fruto de numerosas entrevistas con expertos en ámbitos diferentes incluidos el deporte (Tenis, Natación), Bloom encontró que existía un patrón común de desarrollo de la pericia, que sobrepasaba el hecho de que ésta fuera en deporte o en otra materia.

INDIVIDUO	FASES DE LA EVOLUCION DE LA PERICIA		
	Inicio	Desarrollo	Perfección
Deportista	Alegría, Disfrute Talento especial Responsabilidad Innovan, aportan	Compromiso Dedicación Práctica deliberada Promete	Obsesión Profesionalidad
Técnico/ Profesor	Amable, Cariñoso Centrado en que aprenda Apoya	Fuerte Respetuoso Competente Exigente	Exito Respetado Temido Emocionalmente implicado
Padres	Comparten la excitación Apoyan Buscan técnicos Actitud positiva	Se sacrifican Adaptan su vida Restringen sus actividades	

Tabla C.1

En él se destaca como los sujetos que han llegado a ser expertos tomaron contacto con el ámbito de pericia, a temprana edad, entre los 3 y 8 años, siendo apoyados de forma notable por profesores y entrenadores así como por los padres: *Es el conocimiento afectivo el que juega un papel muy relevante en la fase de inicio en la que el individuo muestra una especial facilidad para dicha actividad.*

Es a partir de ese instante en el que la *práctica deliberada* entra a formar parte del hacer habitual del futuro experto así como el compromiso y la buena dirección técnica, con un apoyo incondicional de los padres, dispuestos a modificar, en muchos casos, sus hábitos y costumbres para adaptarse a las peculiaridades deportivas de su hijo o hija.

Para la mayoría de los estudiosos es la correcta combinación entre el apoyo paterno, el buen aprendizaje y la correcta práctica deliberada, la que contribuye notablemente al desarrollo de la pericia a lo largo de, no menos de 10 años de compromiso serio con dicha actividad, en el que a las mejoras en la condición física, hay que añadir un enriquecimiento cognitivo notable.

4. OPTIMIZACION Y REFINAMIENTO DEL CONOCIMIENTO DEPORTIVO

Es esta dimensión cognitiva la que ha recibido una extensa atención en los últimos años. Los estudios antes comentados han permitido establecer un mapa de la estructura del conocimiento experto en diferentes dominios.

La noción de conocimiento se viene empleando en los últimos 10 años, para relacionarla con las adquisiciones motrices y deportivas, perspectiva denominada de *conocimientos deportivos* y que destaca cómo los conocimientos juegan un papel determinante a la hora de establecer diferencias entre los sujetos en el plano motor (ver Ruiz, 1995 para profundizar sobre esta cuestión). En línea con la psicología cognitiva y la ciencia cognitiva, esta orientación propone la existencia de diferentes tipos de conocimiento: declarativo, procedimental, estratégico y afectivo, comentados en capítulos anteriores.

El *conocimiento declarativo* es el referido a la información sobre hechos, conceptos, datos, el cual es conceptualizado en término de redes semánticas. Es el conocimiento que nos permite conocer qué números de jugadores componen un equipo de fútbol, o cuáles son las técnicas permitidas en Judo o qué tipo de estrategias de defensa o ataque son comunes en los deportes de balón, pudiéndolo explicar e incluso escribir.

El *conocimiento procedimental* es el referido al cómo realizar las diferentes acciones, a los procedimientos a emplear, a las reglas a utilizar para solventar los diferentes problemas. El conocimiento procedimental es conceptualizado como sistemas de producción *"si=entonces"*, o conjuntos de reglas disponibles para acometer la solución de los problemas. La mayoría de las evidencias sobre estos sistemas de producción se han obtenido mediante protocolos verbales durante la situación de juego. Tanto uno como otro son conocimientos específicos a los diferentes deportes.

Pensemos en el conocimiento declarativo y procedimental que reclaman el Tenis y el Waterpolo; son esencialmente diferentes. Mientras que en el tenis, el deportista conoce y domina unas reglas, técnicas y formas de actuación específicas de su deporte, éstas son muy diferentes en Waterpolo, como lo es el contexto de actuación, las exigencias del juego o las posiciones a adoptar, etc.. La aplicación de estas conceptualizaciones al estudio del deporte, ha permitido conocer que las diferencias entre expertos y novatos son debidas a que los expertos poseen unas redes semánticas mucho más complejas y densas que contienen numerosos conceptos interrelacionados. Asimismo, acceden de forma más eficaz a este conocimiento de base, organizado en bloques (*chunks*) con mayor cantidad de información, exigiendo un menor trabajo a la memoria operativa y una mayor economía operacional. Del mismo modo poseen unos sistemas de producción *(si=entonces)* mucho más elaborados, es decir, han desarrollado las *"configuraciones típicas de su deporte"* que le indican que ante una situación concreta existen ciertas posibilidades de actuación que son más eficaces que otras.

A todo ello habría que añadir que un elemento dinamizador del progreso es el impacto recibido por el individuo a lo largo de miles y miles de interacciones con el medio deportivo, siendo que el conocimiento afectivo se convierte en un elemento que establece diferencias entre los expertos en el deporte y los que no lo son. A todo ello habría que añadir unos factores de ejecución o la energía necesaria para poder manifestar al exterior todo lo comentado.

Cuando los niños y niñas acceden al deporte poseen un menor conocimiento declarativo lo cual puede influir de forma directa en las decisiones que toman en el juego, de ahí que en los más jóvenes la deficiencias en el deporte, no sean debidas sólo a la posesión, o no, de las habilidades técnicas de dicho deporte, sino a la falta del conocimiento necesario para poder y saber actuar con competencia, lo cual no impide que existan expertos en el deporte menores de 15 años. Tal es el caso, en la actualidad de Martina Hingins la cual ha derribado todos los registros de precocidad en el tenis al ser la nueva número uno del circuito.

Como curiosidad le aportamos lo que puede ser su trayectoria hasta la actualidad que con sus 16 años es una fuera de serie en el Tenis:

- 12 años: *Reina en tierra batida del Roland Garros, convirtiéndose en la campeona más joven.*
- 13 años: *Tenista más joven que gana un torneo profesional puntuable para la federación Internacional de Tenis.*
- 13 años: *Triunfa en la hierba en Wimblendon.*
- 14 años: *Jugadora más joven en ganar un partido individual en el abierto de Australia.*
- 15 años: *Gana junto con la checa Sukova la prueba de dobles en Winblendon 1996.*
- 16 años: *Deportista más precoz en superar el millón de dólares en premios en el circuito; Campeona más joven del Grand Slam en el abierto de Australia y en Marzo de 1997 número uno de Tenis mundial.*

Sin duda es una trayectoria meteórica que provoca numerosas reflexiones a cerca de cómo ha llegado a ese nivel de pericia, considerando que le regalaron su primera raqueta a los 3 años y comenzó a competir a los 5, no altera la premisa que los especialistas consideran de los 10 años mínimos de práctica enfocada hacia el rendimiento la competición, lo que puede provocar es reflexiones de carácter ético sobre la conveniencia o no de una especialización tan temprana.

Bajo esta perspectiva que proponemos, llegar a ser experto en un deporte supone desarrollar la capacidad de gestionar la base de conocimiento específico, las informaciones de las diferentes y variadas situaciones juego, con la competencia para realizar el repertorio técnico que caracteriza dicho deporte, todo ello coloreado del deseo de progreso y de llegar a ser excelente. Los expertos deportivos, poseen, en definitiva, una rica red semántica de conocimiento declarativo y un sistema de conocimiento procedimental que les permiten formar planes abstractos de solución de problemas con más facilidad que a los menos expertos.

Los expertos en un deporte son capaces de generar más posibilidades de solución ante las diferentes situaciones de juego que los no expertos; emplean su sistema visual de forma mucho más eficaz y extraen mejor y más pertinente información a partir de menos señales visuales en una situación deportiva.

Nos vamos a dejar llevar de la mano de Abernethy (1993), uno de los investigadores líderes en este ámbito y vamos a considerar las características que él destaca en los expertos en el deporte:

1. *Son expertos en un deporte concreto.* No se acepta una pericia universal deportiva. Es ésta una cuestión muy discutida en los foros deportivos, pero que demuestra que es difícil alcanzar niveles de excelencia similares en varios deportes. Recordemos el caso Jordan y su paso, sin pena ni gloria, por el Béisbol profesional americano, para volver, de nuevo al baloncesto con resultados excelentes.

2. *No muestran su pericia en las medidas o tests generales.* Así, en la mayoría de los estudios sobre la visión de los expertos y novatos no muestran diferencias significativas en medidas de percepción de la profundidad o agudeza visual, lo cual indica que es difícil evaluar la pericia con los instrumentos habituales de evaluación motriz o psicológica y que se hace necesario la construcción de instrumentos específicos para ese deporte.

3. *Son más sensibles a los contextos deportivos y conocen más y mejor sobre su deporte.* Esta consideración reclama que se empleen medidas específicas de evaluación en ese deporte para poder analizar sus excelencias. Cuando se analiza el tiempo empleado en la solución de un problema deportivo por parte de un experto, éste es mucho menor si se compara con el tiempo empleado por un novato.

4. *Detectan y localizan mejor la información relevante.* Cuando la información a considerar tiene sentido y significado para la actuación deportiva, son capaces de detectarla y emplearla con más rapidez y eficacia que los no expertos.

5. Anticipan mejor las acciones de su oponente o de los objetos y situaciones. Han aprendido a emplear su conocimiento del deporte para predecir y anticipar lo que pueden ocurrir en cada momento, de ahí que estén varias jugadas por delante de sus oponentes.

6. Poseen mejores habilidades de autocontrol. Captan e interpretan mejor sus errores, la dificultad de las tareas, gestionan de forma económica su esfuerzo físico, muestran mejores habilidades metacognitivas que los no expertos, poseen una inteligencia emocional más desarrollada que los no expertos.

7. Encuentran dificultad para informar sobre su pericia. El conocimiento del experto es esencialmente tácito, de ahí que los procedimientos para tratar de sacarlo a la luz sean múltiples y variados y no exentos de crítica, como ya hemos destacado. Sabemos de ello por lo que hace, lo que dicen que hacen y la relación que se establece entre estas dos condiciones y si es cierto que posiblemente no sepan con exactitud los diversos aspectos de las leyes físicas que rigen el equilibrio y la dinámica del desplazamiento en la bicicleta, lo que sin duda saben es cuál es la estrategia más adecuada para ponerse el chubasquero sin bajarse de ella o que hacer para descender a velocidades endiabladas.

Este conocimiento del que hacen gala los ciclistas expertos, no es fruto de la herencia sino de miles y miles de horas de entrenamiento y práctica, de una práctica correctamente planteada y deliberadamente propositiva, cuya duración se extiende más allá de los 10 años. Pero, recordemos que no de cualquier tipo de práctica, sino lo que en la actualidad se denomina una *"práctica deliberada"*, es decir, una práctica desarrollada con el expreso deseo de progresar y mejorar y no con el deseo de pasarlo bien o entretenerse.

La investigación ha demostrado cómo las mesetas en el aprendizaje podrían eliminarse con formas más adecuadas de practicar y entrenar. Al apoyo paterno, la dirección técnica y las aptitudes del individuo hay que añadirle la práctica deliberadamente realizada para ser mejor y alcanzar la excelencia, una labor de la que es responsable el entrenador. Esta noción de práctica deliberada implica un fuerte compromiso por parte del aprendiz y una claridad meridiana de dónde se está y lo que se desea alcanzar. La buena práctica favorecerá que el deportista reciba los consejos, instrucción y correcciones necesarias para progresar, desarrollando un sentimiento robusto de competencia, donde no tienen cabida pensamientos negativos, sino un deseo de sobrepasar los propios límites constantemente.

El compromiso en el trabajo, aprovechar cada momento para mejorar, no desperdiciar las oportunidades y una percepción de la propia excelencia dirigida intencionalmente a la mejora es la clave del éxito de la mayoría de los expertos y sus efectos son manifiestos cuando analizamos aspectos mediadores del éxito como es el conocimiento adquirido.

La práctica deliberada se caracteriza por estar especialmente diseñada para mejorar el nivel actual de rendimiento, estar altamente estructurada, reclamar esfuerzo y no ser de por sí agradable y placentera. Mejorar cualquier materia supone compromiso, esfuerzo y deseo de progresar es, a medida que el progreso se manifiesta, que la práctica se vuelve motivante intrínsecamente cuando el sujeto tiene una confirmación de su compromiso.

Es cuando las posibles limitaciones de la motivación se ven superadas por los resultados que se van consiguiendo. Es cuando la fortaleza del autoconcepto muestra toda su potencia: *"I can't accept not trying" (No puedo aceptar no intentarlo).* Es ésta la máxima de Jordan, quien no tuvo reparos en recalar en el Béisbol, darse cuenta de que su pericia no era la misma que la mostrada en el Baloncesto y volver de nuevo al deporte en el que levanta pasiones por sus excelencias y seguir maravillando con sus actuaciones.

Los estudios realizados con expertos en diferentes dominios muestran como sus mayores logros coinciden con una mayor tasa de práctica deliberada semanal supervisada por sus entrenadores. Como indican Ericsson, Krampe y Tesch-Römer (1993): *"El objetivo de la práctica deliberada no es hacer más de lo mismo"*, supone poner al sujeto ante la situación de tener que ir más allá de sus posibilidades actuales, lo cual resalta lo ya comentado, que junto a la noción de esfuerzo físico es necesario hablar del *esfuerzo cognitivo*, necesario para poder progresar en numerosas actividades deportivas en las que el componente perceptivo y de toma de decisión es clave y crucial. Es posible que muchas de las ventajas argumentadas en los expertos como debidas a la herencia, no sea otra cosa que adaptaciones al entrenamiento intenso y deliberado a lo largo de miles de horas.

De todo ello surgen numerosas reflexiones que nos llevan a pensar que si conocemos mejor a los expertos es posible que podamos mejorar nuestras intervenciones con los más jóvenes con el saludable objetivo de promocionar su excelencia.

PALABRAS FINALES

Estimado lector, si ha llegado hasta aquí es que su voluntad por conocer le ha permitido realizar todo el recorrido y coronar la meta de finalizar un libro que, como el presente, tenía el modesto objetivo de poner sobre la mesa de trabajo de los entrenadores, cuestiones actuales relacionadas con el proceso de optimización deportiva. Es seguro que han quedado cosas en el tintero que le animamos a que las solvente por sí mismo, la tarea es excitante.

Atentamente,
Los autores

REFERENCIAS BIBLIOGRAFICAS

Abernethy, B. (1987) Anticipation in sport: A review. **Physical Education Review**, **10** (1) 5-16.

Abernethy, B. (1993) The nature of expertise in Sport. En Serpa, S. et al. **International Congress of Sport Psychology**, Lisboa, Facultade de Motricidade Humana.

Abernethy, B. y Russell, D.G. (1987) Expert-novice differences in an applied selective attention task. **Journal of Spot Psychology**, **9**, 326-345.

Abernethy, B., Thomas, K. y Thomas, J. (1993) Strategies for improving understanding motor expertise (or mistakes we have made and things we have learned) En J.L. Starkes y F. Allard (Eds) **Cognitive issues in motor expertise**. Ansterdam, New-Holland.

Accame, F. (1994) **Fútbol en zona**. Madrid, Gymnos.

Adams, J. (1971) A closed-loop theory of motor learning. **Journal of Motor Behavior**, **3**, 111-150.

Alain, C. y Proteau, L. (1980) Decision making in sport. En C.H. Nadeau et al. (Ed.) **Psychology of Motor Behavior and Sport 1979**. Champaign, Human Kinetics.

Alain, C. y Salmela, R. (1980). Analyse des demandes perceptivo-motrices des Tâches Sportives. **Cahiers de Psychologie**. 23, 77-86.

Algarra, J.L. (1990) **Ciclismo**. Madrid, C.O.E.

Alvarez del Villar, C. (1995) **Atletismo Básico. Una orientación pedagógica**. Madrid, Gymnos.

Anderson, J.R. (1982) Acquisition of cognitive skill. **Psychological Review, 89,** 369-406.

Antón, J. (1990) **Balonmano. Fundamentos y etapas de aprendizaje.** Madrid, Gymnos.

Arranz, J.A., Andrade, J.C. y Crespo, M. (1993) Técnica, Táctica. Entrenamiento Técnico y Táctico. En AA.VV. **Tenis.** Vol. II. Madrid, C.O.E.

Arruza, J. (1995) Estado de ánimo, esfuerzo percibido y frecuencia cardiaca. Un estudio aplicado al entrenamiento del Judo. **Revista Española de Educación Física y Deportes,** Vol. 3, **2,** 27-33.

Arruza, J. y Balagué, G. (1997) **Tolerancia Psicológica.** Documento no publicado.

Atkinson, R.C. y Shiffrin, R.M. (1971) The control of short-term memory. **Scientific American, 225,** 82-90.

Balaguer, I. (1994) **Entrenamiento psicológico en el deporte.** Valencia, Albatros.

Bard, C. y Fleury, M. (1976) Analysis of visual search activity during sport problems situations. **Journal of Human Movement Studies, 2,** 214-222.

Bandura, R. (1986) **Pensamiento y Acción.** Barcelona, Martínez Roca.

Bakker, F.C., Whiting, H.T.A. y Van der Brug (1993) **Psicología del deporte. Conceptos y aplicaciones.** Madrid, Morata.

Batttig, W.F. (1979) The flexibility of human memory. En L.S. Cermack y F.J.M. Craik (Coord) **Levels of processing and human memory.** New Jersey, Erlbaum.

Benezis, C., Simeray, J. y Simon, L. (1986) **L'enfant, l'adolescent et le sport.** Paris, Masson.

Bernstein, N. (1967) **The coordination and regulation of movement.** London, Pergamon Press.

Beyer, U. (1992) **Diccionario de Ciencias del Deporte.** Málaga, Unisport- Andalucía.

Billing, J.(1980) An overview of task complexity. **Motor skill; Theory into practice, 1,** 18-23.

Bloom, B. (1985) **Developing talent in young.** New York, Ballantine.

Bonizzoni, L. y Leali, G. (1995) **El delantero. Características técnicas y Tácticas.** Madrid, Gymnos (Colección Jugadores de Fútbol).

Broadbent, D.E. (1958/1984) **Percepción y comunicación.** Madrid, Ed. Debate.

Bravo, J., Martínez, J.L., Durán, J. y Campos, J. (1990) **Atletismo. Carreras.** Vol. I. Madrid, C.O.E.

Bruner, J. (1975) **El proceso de aprendizaje.** Madrid, Narcea.

Castejón, F.J. (1995) **Fundamentos de iniciación deportiva y actividades físicas organizadas.** Madrid, Dickinson.

Christina, R. y Corcos, D. (1988) **Coaches guide to teaching sport skills.** Champaign, Human Kinetics.

Corraze, J. (1988) **Las bases neuropsicológicas del movimiento.** Madrid, Paidotribo.

Cratty, B.J. (1973) **Movement Behavior and Motor Learning.** Philadelphia, Lea and Febiger.

Czikszentmihalyi, M. (1990) **Flow. The psychology of optimal experience.** New York, Harper Perennial.

Czikszentmihalyi, M. (1993) **The evolving self.** New York, Harper Collins.

Davis, D. (1991) **Factores psicológicos en el deporte competitivo.** Barcelona. Ancora.

De Diego, S. y Sagredo, C. (1992) **Jugar con ventaja. Las claves psicológicas del éxito deportivo.** Madrid, Alianza Deporte.

De Knop, P. **El papel de los padres en la práctica deportiva infantil.** Málaga, Unisport.

Del Río, P. (1996) **Comunicación personal.**

Delegnieres, D. (1992) Risque perçu et apprentissage moteur. En J.P. Famose, Ph. Fleurance y Y. Touchard (Dir.) **L'apprentissage moteur. Rôle des représentations.** Paris, EPS.

Devis, J. y Peiró, C. (1992) **Nuevas propuestas curriculares en educación física. La salud y los juegos modificados.** Barcelona, INDE.

Drowatzky, J. (1981) **Motor Learning: Principles and Practices.** Minnesota, Burguess Publi.Co., 2º Ed.

Durán, J. (1993) Lanzamiento de Martillo. En Bravo, J., Martínez, J.L., Durán, J. y Campos, J. **Atletismo. Lanzamientos.** Vol. III. Madrid C.O.E.

Durand, M. (1986) **El niño y el deporte.** Madrid, Paidós/MEC.

Ericsson, K.A. y Charnes, N. (1994) Expert performance: It's structure and acquisition. **American Psychologist, 49,** 725-747.

Ericsson, K.A., Krampe, R.Th. y Tesch-Römer, C. (1993) The role of deliberate practice in the acquisition of expert performance. **Psychological Review,** vol. 100,3, 363-406.

Famose, J.P. (1983) **Tâche motrice et strategies pedagógiques.** Paris, Dossiers E.P.S., Paris.

Famose, J.P. (1988) Aptitudes et détection des talents en sport.. En J.P. Famose y M. Durand. **Aptitudes et performance motrice.** Paris, Revue EPS.

Famose, J.P. (1993) **Aprendizaje Motor y Dificultad de la Tarea.** Barcelona, Paidotribo.

Famose, J.P. y Durand, M. (1988) **Aptitudes et performance motrice.** Paris, Revue EPS.

Fleurance, P. (1991) Place et rôles des representations dans l'apprentissage moteur. En J.P. Famose, P. Fleurance y Y. Touchard (Ed) **L'apprentissage moteur. Rôle des representations.** Paris, Revue EPS.

Farfel, V.S. (1988) **Il controlo dei movimienti sportivi.** Roma, Societá Stampa Sportiva.

Fargas, I. (1993) **Taekwondo.** Madrid, C.O.E.

Farrel, J.E. (1975) The classification of physical education skills. **Quest, 14,** 63-68.

Fitts, P. M. (1965) Factors in complex skill training. In R. Glaser (Ed.). **Training research and education.** New York, John Wiley.

Fleishman, E. y Parker, (1962) Factors in the retention and relearning of a perceptual motor skill. **Journal of Experimental Psychology, 64,** 215-226.

Fulton, R.E. (1945) Speed and accuracy in learning movements. **Archives of psychology,** 300.

Gagne, R. y Briggs, E. (1974) **Principles of instructional design.** New York, Holt, Rienehart and Winston.

Gagne, R. (1977) **The conditions of learning**. New York. Holt, Rineart and Winston, 3° Edition.

García, J. (1996) **Oscar, Atleta**. Madrid, Alfaguara.

García, J.M., Navarro, M. y Ruiz, J.A. (1996) **Bases teóricas del entrenamiento deportivo. Principios y aplicaciones**. Madrid, Gymnos.

Gentile, A.M. (1972). A Working Model of Skill Adquisition with Application to Teaching. **Quest**. 17, 3-23.

Gentile, A.M. y col. (1975). The structure of motor tasks. **Movement**, 7, 11-28.

Gilovich, T. (1984) Judgmental biases in the world of Sport. En W.F. Straub y M. Williams (Eds.) **Cognitive sport psychology**, New York, Sport Science Associates.

Goleman,   (1996) **Inteligencia emocional.** Barcelona, Kairós.

Gómez. V., Luna, J. y Zorrilla, P.P. (1996) **Deporte de Orientación**. Madrid, M.E.C.

González Badillo, J.J. (1991) **Halterofilia**. Madrid, C.O.E.

González Badillo, J.J. y Gorostiaga, E. (1995) **Fundamentos del entrenamiento de la fuerza. Aplicación al alto rendimiento deportivo**. Barcelona, INDE.

González, J.L. (1996) **Entrenamiento psicológico en los deportes**. Madrid, Biblioteca Nueva.

González Villegas, I. (1996) **Análisis de la estrategia de percepción visual en esgrima.** Trabajo inédito. Instituto Nacional de Educación Física de Madrid.

Greahigne, J.F. (1992) **L'organisation du jeu en football.** Paris, Actio.

Grehaigne, J.F. y Godbout, P. (1995) Tactical Knowledge in Team Sports from a constructivist and cognitivist perspective. **Quest**, **47**, 490-505.

Grosgeorge, B. (1990) **Observation et entrainement en sports collectifs.** Paris, INSEP.

Grosser, M. y Neuimaier, A. (1986) **Técnicas de entrenamiento.** Barcelona, Martínez Roca.

Guthrie, E.R. (1957). **The Psychology of Learning.** Harper and Brothers. New York.

Gutiérrez, M. (1996) **Valores sociales y deporte**. Madrid, Gymnos.

Gutiérrez. M. y González, M. (1995) Deportes de riesgo y aventura: Una perspectiva psicosocial del Paracaidismo. **Revista Española de Educación Física y Deportes,** Vol.2,**3,** 30-39

Harrington, W. M. (1974) **Feedback diversity in teaching Physical Education**. Tesis doctoral no publicada. Wisconsin.

Harris, D.V. y Harris, B.I. (1992) **Psicología del Deporte.** Barcelona, Hispanoeuropea.

Hauert, C. (1987) Apports de la psychologie du developpement aux apprentissages sensorimoteurs. En M.Laurent y P.Therme (Ed.) **Apprentissages et developpement des actions motrices complexes.** Aix Marseille, Centre de Recherche de l'UEREPS.

Hernández Moreno, J. (1994) **Fundamentos del deporte. Análisis de las estructuras del juego deportivo**. Barcelona, INDE.

Hernández, M. (1989) **Badminton**. Madrid, Gymnos.

Higgins, S. (1977) **Human Movement: an integrated approach.** St. Louis, The C.V. Mosby Co.

Holding, D. (1965) **Principles of training**. Oxford, Pergamon Press.

Hotz, A. (1985) **Apprentissage psychomoteur.** Paris, Vigot.

Jordan, M. (1995) **Mi filosofía del éxito.** México, Selector.

Judd, C.H. (1908) The relations of special training to general intelligence. **Educational Review,** 36.

Keele, S. W. (1967) Movement control in skilled motor performance. **Psychological Bulletin,** 70, 387-403.

Knapp, B. (1963) **Skill in sport: The attainment of proficiency**. London, Routledge & Kegan Paul.

Lee, D.N. (1980) Visuo-motor coordination in space-time. En G. Stelmach & J. Requin (Ed.) **Tutorials in motor behavior.** Amsterdam, North-Holland.

Lee, D.N., Lishman, J. y Thompson, J. A. (1982) Regulation of gait in long jumping. En D. Ingle, M.A. Goodale y R.Mansfield (Ed.) **Analysis of visual behavior.** Cambridge, MIT.

Lirette, M., Paré, C. y Rivard, M.C. (1988) Les effects de la connaissance des résultats sur l'utilisation par le professeur des feedbacks extrinsèques. En J. Durán, J.L. Hernández y L.M. Ruiz (Comp.) **Humanismo y Nuevas Tecnologías en Educación Física y Deportes**. Madrid, Instituto Nacional de Educación Física.

Lerda, R., Garzunel, R. y Therme, P. (1996) Analogic transfer: A strategy for adapting to spatial constraints. The case of duel soccer. **International Journal Sport Psychology,** **27**, 133-145.

Logan, G.D. (1988) Toward an Instance Theory of Automatization. **Psychological Review**, 95, **4**, 492-527.

Magill, R.A. (1989) **Motor Learning: Concepts and Applications**. Dubuque, Iowa: WCB Pub.

Magill, R.A. (1992) Augmented feedback in skill acquisition. En R. Singer, M. Murphey y L.K. Tennant (Eds.) **Handbook of research in Sport Psychology**. New York, Macmillan.

Mahlo, F. (1969) **L'acte tactique en jeu.** Paris, Vigot.

Mandel, C. (1984) **Le medecin, l'enfant et le sport**. Paris, Vigot.

Marina, J. (1993) **Teoría de la inteligencia creadora.** Madrid, Anagrama.

Mata, D., De la Encarnación, G. y Rodríguez, F. (1994) **Voley Playa. Aprendizaje, entrenamiento y organización**. Madrid, Alianza Deporte.

Marteniuk, R. (1976). **Information processing in motor skills**. New York, Holt, Rinehart and Winston.

Martens, R. (1987) **Coaches guide to sport psychology.** Champaign, Human Kinetics.

Martens, R. (1989) **El entrenador**. Barcelona, Hispanoeuropea.

Martínez, J.L. (1993) Lanzamiento de Disco. En Bravo, J., Martínez, J.L., Durán, J. y Campos, J. **Atletismo. Lanzamientos**. Vol. III. Madrid C.O.E.

Martínez de Dios, M.C. (1996) **Hockey**. Madrid, M.E.C.

Matveev, L. (1983) **Fundamentos del entrenamiento deportivo**. Raduga. Moscú.

Mechling, H. (1990) Anticipation and automatization in teaching and learning motor skills. En R. Telama et al. (Ed.) **Physical Education and life-long physical activity.** Reports of Physical Culture and Health, 73, Jÿvaskÿla.

Mejier, O.G. y Roth, K. (1988) **Complex Movement Behaviour: The Motor Action Controversy**. North Holland: Elsevier Science Publishers.

Meister, E.L. (1976) **Behavioral Foundations of System Development**. New York, Willey.

Meinel, K. y Schnabel, G. (1988) **Teoría del Movimiento. Motricidad Deportiva.** Buenos Aires, Stadium.

Meléndez, A. (1995) **Entrenamiento de la resistencia aeróbica. Principios y aplicaciones**. Madrid, Alianza-Deporte.

Melnik, M.J. (1972) Lernsten, K.C. y Lackhart A.S., Retention of fast in slow learners following over learning on the retention of a gross motor skill. **Journal of Motor Behavior**. 4, 197-193.

Missoum, G. y Selva, Ch. (1994) **Le modelage de l'excellence**. Paris, ESF.

Morgan, W. (1974) Selected psychological considerations in sport. **The Research Quarterly, 45**, 374-390.

Morris, C.D., Bransford, J.D. y Franks, J.J. (1977) Levels of processing versus transfer appropiate processing. **Journal of verbal Learning and verbal Behavior, 16**, 519-533.

Navarro, F., Arellano, R., Carnero, C. y Gonsálvez, M. (1990) **Natación**. Madrid, C.O.E.

Naylor, J.C. y Briggs, G.E. (1963). Long-term retention of learned skills: A review of the literature. **A. S. D. Technical Report, 61-390. U.S. Departement of Commerce.**

Nideffer, R.M. (1976) **The inner athlete**. Crowell, New York.

Nideffer, R.M. (1992) **Psyched to win**. Champaign, Human Kinetics.

Nougier, V., Stein, J.F y Bonnel, A.M. (1991) Information processing in Sport and «Orienting of Attention». **International Journal of Sport Psychology, 22**, 307-327.

Olgivie, B. y Taylor, J. (1992) Career termination issues among elite athletes. En R.Singer, M.Murphey y L.K.Tennant (Eds.) **Handbook of research in Sport Psychology.** New York, Macmillan.

Oña, A. (1994) **Comportamiento motor. Bases psicológicas del movimiento.** Granada, Universidad de Granada.

Oña, A., Martínez, M., Moreno, F., Serra, E. y Arellano, R. (1993) Optimización de los componentes temporales de la salida de atletismo a través del control de la información. **Revista de Psicología del Deporte**, 3, 5-15.

Osgood, C.E. (1949). The similarity paradox in human learning: a resolution. **Psichological Review**, 56, 132-143.

Osgood, C.E., Succi, G.J. y Tannenbaum, P.H. (1957). **The measurement of meaning.** Urbana. University of Illinois. Press.

Pérez, L. (1993) (Dir.) **10 Palabras claves en Superdotados**. Navarra, EVD.

Personne, J. (1987) **Aucune médaille en vaut la santé d'un enfant**. Paris, Denoël.

Pew, R. (1974) Levels of analysis in motor control. **Brain Research**, 71, 393-400.

Platonov, V.N. (1988). **El entrenamiento deportivo. Teoría y Metodología.** Barcelona. Paidótribo.

Poulton, E.C.(1957). On prediction in skilled movement. **Psycological Bulletin, 54,** 467-478.

Pozo, J.I. (1989) **Teorías cognitivas del aprendizaje**. Madrid. Morata.

Pozo, J.I. (1996) **Aprendices y Maestros**. Madrid. Alianza Psicología.

Puni, A. (1980) **Sport Psychology**. India, The Netaji Subhas National Institute of Sports.

Regnier, G., Salmela, J. y Russell, S. (1992) Talent detection and development in sport. En R.Singer, M.Murphey y L.K.Tennant (Eds.) **Handbook of research in Sport Psychology.** New York, Macmillan.

Richard, J.F. (1990) **Les activités mentales.** Paris, Armand Collin.

Rigal, R. (1986) **Motricidad Humana. Fundamentos y aplicaciones pedagógicas.** Madrid, Pila Teleña.

Ripoll, L.H. (1982) Problémes posés par l'adaptabilitè du geste sportif aux perturbations imposées par le milieu. En G.Azemar y H.Ripoll (Coord.) **Elements de neurobiologie des comportements moteurs**. Paris, INSEP.

Ripoll, H. (1991) The understanding-action process in sport: The relationship between the semantic and the the sensorimotor visula function. **International Journal of Sport Psychology, 22,** 221-243.

Roob, M.D. (1968) Feedback and skill learning. **Researh Quarterly,** 39, 175-183.

Roob, M.D. (1972 a) **The dynamics of motor skill acquisition.** New Jersey, Prentice-Hall.

Roob, M.D. (1972 b). Task analysis: A consideration for teachers of skills. **Research Quarterly,** 43, 362-373.

Rotella, R. y Bunker, L. (1987) **Parenting your superstar.** Champaign, Leisure Press.

Roth, K.D. (1981) Motorische Lernen. **Sportunterricht, 7,** 254-256.

Ruiz, L.M. (1994) **Deporte y Aprendizaje. Procesos de adquisición y desarrollo de habilidades.** Madrid. Visor.

Ruiz, L.M. (1995) **Competencia Motriz.** Madrid, Gymnos.

Ruiz, L.M. (1997) Conocimiento y pericia en el deporte. En J. García Nicasio (Comp.) **Instrucción, aprendizaje y dificultades.** Barcelona, EUB.

Ruiz-Vargas, J.M. (1993) **Psicología de la memoria.** Madrid, Alianza-Psicología.

Sage, G.H. (1984) **Motor Learning and Control.** Dubuque, Wm.C.Brown, Iowa.

Salmela, J.H. y Durand-Bush, N. La détection de talents ou le développement de l'expertise en Sport. **Enfance, 2-3,** 233-245.

Sampedro, J. (1993) **Futbolsala.** Madrid, Gymnos.

Sánchez, J. y Magaz, S. (1993) La técnica. En AA.VV. **Piragüismo.** Vol. I,. Madrid, C.O.E.

Sánchez Bañuelos, F. (1977) Efecto del conocimiento de los resultados visual continuo, frente al conocimiento de los resultados visual final, sobre el aprendizaje de una tarea de destreza manual. **Revista de Investigación del INEF, 2,** 85-96.1977.

Sánchez Bañuelos, F. (1986) **Bases para una didáctica de la Educación Física y el Deporte.** Madrid, Gymnos.

Sánchez, E. y Vicario, M. (1993) **Forja de campeones. La familia Sánchez Vicario.** La Familia. España.

Schnabel, G. (1988) La coordinación de movimientos en la actividad motora. En K. Meinel y G.Schnabel. **Teoría del Movimiento. Motricidad Deportiva.** Buenos Aires Ed. Stadium.

Schmidt, R. (1975) A schema theory of discrete motor skill learning. **Psychological Review, 82,** 225-260.

Schmidt, R. (1976) Control processes in motor skills. **Exercise and Sport Sciences Reviews, 4,** 229-261.

Schmidt, R. (1986) **Motor Control and Learning. A Behavioral Emphasis.** Champaign, Human Kinetics.

Schmidt, R. (1991) **Motor learning and Performance: From Principles to Practice.** Champaign, Human Kinetics.

Semjen, A. (1977) From motor learning to sensorimotor skill adquisition. **Journal of Human Movement Sutudies, 3,** 182-191.

Sharp, B. (1992) **Acquiring Skill in Sport.** East Sessex, Eastburne: Sport Dinamics.

Shea, J, y Morgan, R. (1979) Contextual interference effects on the acquisition, retention and transfer of a motor skill. **Journal of Experimental Psychology/Human Learning, 3,** 179-187.

Singer, R.N. (1980) **Motor learning and human performance.** 3° Edition, New York, McMillan.

Singer, R.N. (1991) Attention and Distractors: Considerations for Enhacing Sport Performance. **International Journal of Sport Psychology, 22,** 95-114.

Solley, H. (1952) The effects of verbal instruction of speed and accuracy upon the learning of a motor skill. **Research Quarterly,** 23, 231-240.

Sparrow, W.A. (1983) The Efficiency of Skilled Performance. **Journal of motor Behaviour.** 15,3, 237-271.

Tanner, J.M. y Swets, J.A. (1955) A Decision making Theory of visual detection. **Psychological Review, 61,** 401-409.

Temprado, J. (1989) Prise de décision en sport: modalités d'étude et données actuelles. **STAPS, 19,**

Temprado, J. (1992) Les apprentissages décisionnels en EPS. En J.P.Famose, Ph.Fleurance y Y.Touchard (Dir.) **L'apprentissage moteur. Rôle des représentations.** Paris, EPS.

Thomas, J., French, K. y Humphries, C. (1986) Knowledge development and sport skill performance: Directions of motor behavior research. **Journal of Sport Psychology,** **8,** 259-272.

Thorndike, E. (1913) **The Psychology of learning.** Educational psychology, vol. 2. Teachers College Press. Nueva York.

Tulving, E. (1985) How many memory systems are there? **American Psychologist,** **40,** 385-398.

Usero, F. y Rubio, A. (1996) **Rugby.** Madrid, M.E.C.

VV. AA. (1991) **Pelota.** Madrid, C.O.E.

VV.AA. 1992) **Voleibol.** Madrid, C.O.E.

Vanek, M. y Cratty, B.J. (1970) **Psychology and the superior athlete.** New Jersey Prentice Hall.

Vanden, Y., De Cuyper, B., Van Mele y Rzewnicki, R. 1992) Elite performance and personality: From description and prediction to diagnosis and intervention. En R.Singer, M.Murphey y L.K.Tennant (Eds.) **Handbook of research in Sport Psychology.** New York, Macmillan.

Vealey, R.S. (1989) Sport personology: a paradigmatic and methodological analysis. **Journal os Sport and Exercise Psychology, 11,** 216-235.

Wall, A.T. (1986) A knowledge based approach to motor acquisition. En H.T.A. Whitig y M. Wade. (Eds.) **Motor development in children: Aspects of coordination and control.** Amsterdam, Martinus Nijhoff.

Wallon, H. (1959) La maladresse. **Enfance, 3-4,** 254-276.

Wein, H. (1991) **Hockey.** Madrid, C.O.E.

Weinberg, D.R., Guy, D.E. y Tupper, R.W. (1964) Variations of post feedback interval in simple moror learning. **Journal of Experimental Psychology, 67,** 98-99.

Weinberg, R.S. y Gould, D. (1996) **Fundamentos de psicología del deporte y el ejercicio físico.** Barcelona, Ariel Psicología.

Welford, A.T. (1968) **Fundamentals of skill**. London, Methuen.

Welford, A.T. (1976) **Skilled performance: Perceptual and motor skills**. Glenview, Scott, Foresman and Company.

Whiting, H.T.A. (1969) **Sports de balle et apprentissage**. Paris, Vigot.

Whiting, H.T.A. (1984) **Human Motor Actions. Bernstein Reassessed.** North Holland, Amsterdam.

Williams, J.M. (1991) **Psicología aplicada al Deporte.** Madrid, Biblioteca Nueva.

Williams, A.M., Davids, K., Burwitz, L. y Williams, J.G. (1992) Perception and action in sport. **Journal of Human Movement Studies**, 22, 147-204.

Woods, J.F. (1967) The effect of varied instructional emphasis upon the development of a motor skill. **Research Quarterly**, 38, 132-142.

Wright, E. (1966) **Effect of light and heavy equipment on the acquisition of sport type skills by young children**. AAHPER. Chicago.